任正非传

声名显赫又沉默如谜

林超华 著

华中科技大学出版社
http://www.hustp.com
中国·武汉

图书在版编目(CIP)数据

声名显赫又沉默如谜:任正非传 / 林超华著. -- 武汉：华中科技大学出版社，2016.6（2022.3重印）
ISBN 978-7-5680-1859-3

Ⅰ.①声… Ⅱ.①林… Ⅲ.①任正非-传记
Ⅳ.①K825.38

中国版本图书馆 CIP 数据核字(2016)第 125240 号

声名显赫又沉默如谜：任正非传
shengmingxianhe you chenmorumi：Renzhengfeizhuan

林超华 著

责任编辑：康　艳
封面设计：刘红刚
责任校对：李　琴
责任监印：张贵君

出版发行：华中科技大学出版社(中国·武汉)
　　　　　　武昌喻家山　邮编：430074　电话：（027）81321913
印　　刷：天津中印联印务有限公司
开　　本：710mm×1000mm　1/16
印　　张：15
字　　数：240 千字
版　　次：2016 年 6 月第 1 版第 1 次印刷　2022 年 3 月第 1 版第 6 次印刷
定　　价：38.00 元

本书若有印装质量问题，请向出版社营销中心调换
全国免费服务热线：400-6679-118　竭诚为您服务
版权所有　侵权必究

前　言

　　提起华为，大部分媒体会表现出极大的关注，许多人都会竖起耳朵，这不仅因为它是"唯一一家能够与国际顶尖电信制造商进行正面竞争的中国企业"，而且还因为华为掌舵人的神秘——被称为"华为教父"的任正非。

　　任正非自创办华为20多年来没有接受过任何一家媒体的正式采访，即使在今天，华为已全面调整对外宣传战略，允许华为高层对媒体自由发声，但任正非还是给自己申请了一项"特权"——"你们任何人都应该都可以接受采访，我就免了。我的性格不适合与媒体打交道。"

　　而人的心态就是这样，越是神秘就越想一探究竟。任正非渴望低调，而华为却"树大招风"。傲人的成绩总是让聚光灯兴奋、悸动。任正非不对媒体开口，华为企业不上市，甚至几乎不向银行贷款，外界的好奇堆积成山不得其解，流言四起却难有定论。外界认识任正非的渠道，只有任正非个人所写的文章、针对华为的各种讲话、华为员工的只言片语和一些从华为出走的员工写的各种小册子。

然而，仅靠这些只言片语和零星片段还不足以破解华为的快速成长之谜，一睹其全貌；不足以让我们认识一个真实的任正非，再现他艰苦打拼的传奇经历。因此，我们通过多种途径多种方式对涉及这位神秘人物的资料进行挖掘考证、走访调查，像拼接一张破碎的照片一样，使任正非的形象变得完整清晰起来。

1944年，任正非出生于贵州安顺地区镇宁县一个位于贫困山区的小村庄，饥饿感是任正非的少年创伤记忆；他的父母都是教师，家庭背景是他一生的第一个决定性因素。中国的知识分子对知识的重视和追求，可谓"贫贱不能移"。即使在三年自然灾害时期，任正非的父母仍然坚持从牙缝里挤出粮食来让孩子读书。不幸的是，任正非刚考上大学不久，"文化大革命"便开始了，他的父亲被关进了牛棚，学校也变成"枪林弹雨的环境"，但是他始终不为所动，坚持学完了电子计算机、数字技术、自动控制等十几门功课，甚至把高等数学的习题集从头到尾做了两遍，还学习了逻辑学、哲学，并自学了三门外语。大学毕业后，他参了军，成了一名建筑兵。在军工厂紧张工作之余，他钻研电子技术，并成为一名技术标兵。尽管14年的军旅生涯并没有给他带来多少荣誉和事业上的成就，但却深深影响了他的价值观并锻造了他的钢铁般的意志。

1987年，任正非从部队以团副的身份转业，来到成为改革试验田的深圳，在一家国有企业下属公司任职。没想到就在这一年多的时间里，他遭遇了人生的两次重大打击。痛定思痛后，他决心"下海"创业。

那一年，他43岁，被解职，离婚，处于人生的最低谷；他以2万余元起家创立华为，以"活下去"作为公司发展的最大动力，以"深圳速度"飞速发展——2015年实现销售收入3950亿元人民币，创利369亿；员工由6个创业"元老"发展到17万人。任正非带领华为不断发展壮大，从中国走向世界，使华为成为"土狼"走向世界的先行者，并改写了"全球电信业的生存规则"，成为全球电信设备巨头之一。

这个商业传奇，离开了任正非几乎是不可能的，他是一个少有的同时具备卓越的战略眼光、偏执狂般的执行力与商业雄心的企业家；也离不开任正非打造的优秀团队——"满世界拼命的华为员工"。尤其是在通往国际市场的漫漫征途上，一行行悲壮的脚印，给了有志于开拓国际市场的中国企业以无尽的启迪。在智利9级大地震中，华为员工失联，找到后还去地震中心维护设备。在利比亚战争后的撤侨行动中，任正非一声令下："不准撤，网络瘫了，死人更多。"军人出身的他，对现代战争有最基本的判断——"战争是精确打击，不在那个点，就没问题。"在日本，2011年发生地震海啸，很多人开始撤走，但华为人情绪稳定，背着工具背包，逆难民而走……华为员工凭着一股为"中国制造"四个字争光的精神，为华为公司拓土开疆，所向披靡。华为公司或者说任正非，影响了成千上万年轻人的生活乃至改变了他们的命运。

本书以探究事实真相的写实手法，以多述事件、少发议论为原则，以任正非的人生经历、创业历程为主线，重点讲述了他的独特个性、管理理念、精神追求和他学者的思辨、智者的胆识、军人的风度、大师的风范、哲学家的深刻和作家的浪漫诙谐，以及华为员工的自发性成长、艰苦奋斗，华为组织的持续自我否定和演进，伴随着20余年企业成长的风风雨雨，展示一个具有独特魅力的现代企业家形象。本书可以说是一本具有励志色彩的不可多得的企业家正传。

本书在出版的过程中，得到了李华伟、林中华、李华军、范高峰、林学华、张慧丹、林春姣、李雄杰、刘艳、李小美、林华亮、陈聪、曹阳、李伟、曹驰、庞欢、刘艳、张丽荣、李本国、林晓桂、李泽民、龚四国、周新发、林红姣、林望姣、李少雄、陈志、张鹏、李天昊、刘洋洋、沈文彬、向丽、杨城、曹茜、刘宇、杨卫国、孔志明、叶超华、金泽灿、罗斌、赵志远、汪建明、翟晓斐、林承谟、曹雪、林运兰、曹建强、陈娟、许伟、曹琨、赵生香、梁晓丹、张茗凯、吴佳琪、张昊、曹霞、汪鹏、刘昊宇、杨显辉、班跃鑫、刘宇、郭梦雅、崔佳生、田建兵、胡冬梅、李晓军、亢博剑、段勇、王映霞、郭松、王伟、林喆远等不少同仁的支持和帮助，在此特表示深切的谢意！

目 录
Contents

第一章　家族基因 1

　　一、"土狼"之说 1

　　二、任氏家族 3

　　三、穷也会有快乐 8

　　四、"饥饿"的印迹 12

第二章　艰苦攀登 16

　　一、知识就是力量 16

　　二、前路茫茫 20

　　三、大熔炉的锻炼 23

第三章　寂寞大佬 30

　　一、在转折点上 30

　　二、奋斗才能生存 33

三、独创的"床垫文化" ………………………………… 38

四、失败了只能跳楼 …………………………………… 43

第四章　土狼突击 …………………………………… 47

一、华为的"西乡军校" ……………………………… 47

二、豪言"三分天下" ………………………………… 52

三、"群狼围猎"争市场 ……………………………… 57

四、华为基因 …………………………………………… 64

第五章　黄金年代 …………………………………… 70

一、阻击？退避？合作？ ……………………………… 70

二、"再创业运动" …………………………………… 74

三、《华为基本法》 …………………………………… 82

四、扩充，扩张 ………………………………………… 87

第六章　冬天来了 …………………………………… 95

一、左芳右非格局 ……………………………………… 95

二、第一次寒冬警告 …………………………………… 103

三、怕冷的人如何过冬 ………………………………… 108

四、同城反目 …………………………………………… 115

第七章　冲向世界 ······ 121

一、重新打造"铁军" ······ 121

二、倔强地走出去 ······ 130

三、强攻欧洲，无法任性 ······ 136

四、客户至上 ······ 144

第八章　是非横生 ······ 151

一、对手与抑郁症 ······ 151

二、港湾回归 ······ 161

三、被质疑的企业文化 ······ 168

四、再一次寒冬警告 ······ 174

第九章　不断超越 ······ 182

一、为了打赢"班长战争" ······ 182

二、决战3G，超越对手 ······ 187

三、由"硬"变"软"的考量 ······ 193

四、甩手掌柜与轮值CEO制度 ······ 197

五、坚守？开放？ ······ 203

第十章　保持节奏 209

一、"喜羊羊"的故事 209

二、华为要拥有全世界 214

三、基业常青的秘诀 219

第一章 家族基因

物质的艰苦以及心灵的磨砺，可以说是我们的人生走向成熟的一个契机。这在任正非身上得到了验证，家庭环境以及特殊的生活经历，造就了他那战略性的领导力：无私，远见，低调和危机感。

一、"土狼"之说

1998年，华为技术有限公司（以下简称华为）以80多亿元的年营业额雄踞声名显赫的国产通信设备四巨头"巨大中华"之首。势头正猛时，华为的首领任正非不但没有从此加入到明星企业家和富豪榜行列中，反而对各种采访、会议、评选唯恐避之不及，甚至对有利于华为形象宣传的活动和政府的活动也一概坚拒，并给华为高中层人员下了一道命令：除非重要客户或合作伙伴，其他活动一律免谈，谁来游说，我就撤谁的职！整个华为由此上行下效，全体以近乎本能的封闭和防御姿态面对外界。

尽管任正非几乎完全远离公众视野，但他的一举一动总会引发外界的高度关注。2002年的中国国际信息通信展览会上，任正非在公司展台前接待客户，一位上年纪的男子走过来问他，华为总裁任正非有没有来？任正非问，你找他有事吗？那人回答，也没什么事，就是想见见这位能带领华为走到今天的传奇人物究竟长什么样子。任正非说实在不凑巧，他今天没有过来，但一定会把你的意思转达给他。

关于任正非的神出鬼没还有很多故事。有人去华为办事，晕头转向地交换了一圈名片，坐定之后才发现自己手里居然有一张是任正非的，急忙环顾左右，斯人已不见踪影。有人在出差去美国的飞机上与一位和气的老者天南地北地聊了一路，事后才被告知对方就是任正非，不禁懊悔不已。这些多少带点演绎成分的故事说明，想认识任正非的人太多，而真正认识任正非的人却太少。

当然，"一味地拒绝媒体会导致外界对企业的认识产生偏差"，因公司面临深层次的战略转型，从2008年开始，华为不愿再做鸵鸟。任正非说："在舆论面前，公司长期的做法就是一只把头埋在沙子里的鸵鸟，我可以做鸵鸟，但公司不能，公司要攻击前进，华为公司到了这个时候要允许批评。"于是，人们开始大力宣传华为，各种有关华为成功的"宝典"也纷纷出版发行。不过，华为的掌舵人任正非仍是神龙见首不见尾，仅偶尔在云端露出来一鳞半爪而已。

任正非的刻意隐身，使得他被贴上"神秘"的标签，在各种事实与臆测中，人们凭自己的理解给任正非加上各种名号，如"土狼头领""硬汉""商业领袖""华为教父"。对此，任正非表示："媒体记者总喜欢将成绩扣到企业老总一个人头上，不然不生动，以虚拟的方法塑造一个虚化的人。我不认为自己像外界传说的那样有影响力，但是很敬业、无私、能团结人。"他这话一出，又引来种种议论，有人说他"偏执狂""很暴躁""心理有障碍"，还有人说他平时衣着打扮太平常，像一个老工人，衬衫袖子永远是挽到胳膊一半，偶尔系回领带还往往不正。

如果说"硬汉""华为教父"不难理解的话，那么"土狼头领"又是从何而来，该作何解呢？

土狼又叫鬣豺，很多人常把土狼当成鬣狗，二者外貌相似而本质品行却有天壤之别。土狼是温顺的独居者，且行动较为迟缓，已从肉食动物中退化出来；而土狼的近亲斑鬣狗却飒爽、凶猛无比，是大自然界捕食动物的顶级猎手。显然，人们用来比喻任正非的不是这种土狼。这个"土狼"中的"土"是指中国本土，华为人把通信制造企业比喻成草原上的三种动物：狮子——跨国公司；豹子——跨国公司在中国的合资企业；土狼——地道的中国本土企业。在狮子眼中，华为这匹土狼以100：1的兵力蚕食狮子的边缘战场，直至腹心；就是以狮子难以理解的目的疯狂发动价格战，使狮子的利润直线下降；就是以对中国本土市场无与伦比的适应性和理解能力，运用各种"不规范竞争手段"，在复杂的利益关系中灵活穿梭，使狮子的技术优势变得苍白无力，使华为成功挺进世界500强，成为全球第二大通信设备供应商。

如果说华为人是一群土狼，任正非正是这群土狼的首领，而这位首领最终成为企业的一个符号，体现的是本土企业的狼性：对成功的强烈渴望，面对挫折屡败屡战的可怕执着和忍耐，对多变环境的适应和求生能力，以及不惜代价集体作战的方式，都向狮子证明土狼是凶猛而难缠的对手。"力量，来源于组织，不是个人"，"土狼"之说原来是指任正非在一个本土企业里缔造的"狼文化"。

接下来，我们通过"狼文化"这一核心，由内向外去探究任正非的创业足迹、心路历程以及华为和他的传奇。除了他曾经共事的同事的看法（包括已出版的著述）之外，作为一家大型企业的总裁，他的重要讲话一般会有记录，外界也因此多了一个认识他的机会，加上与他一起生活过的老乡、同学、战友的回忆，所有的碎片衔接起来，使我们认识到，华为这家中国本土的高科技企业成功的背后，有它令人信服的故事经纬和哲学架构，即一部简明的、基于人性欲望的价值观所牵引下的有血有泪、有欢乐与苦难、有希望与绝望的一部群体奋斗史和财富创造史，同时也是一部人性管理思想的探索史。

二、任氏家族

生物学认为，遗传和变异决定于物种的基因。但考证任正非的家族，我们发现在他之前的任氏几代人都没有半点狼性基因。

任正非的爷爷叫任三和，浙江浦江县任店村人（今浦江县黄宅镇任店村），年少时在金华火腿厂当学徒，由于他干活勤快麻利又谦虚好学，老板非常喜欢他。几年后，他成了腌火腿的大师傅。他制作的火腿皮色黄亮，肉色红润，香气浓郁，这一手绝活使他远近闻名。而金华火腿厂名闻天下，能在这样的大厂里当"技术员"，也算得上是"知识分子"，待遇顺理成章地越来越高。所以，任家当时家道殷实，有一栋雕梁画栋的四合院，很是气派。现今四合院还在，不过雕梁画栋已腐朽，只剩下杉树的雕花门窗了。

任三和在二十岁左右娶妻成家，不久有了一个儿子，日子过得挺舒畅。1910年11月16日，他们又得了个儿子，起名任木生，字摩逊，意指希望他"揣摩研究"学问和技艺，"不逊于"任何人。

任木生天资聪颖，说话作文很有条理，五六岁就被送进学堂。任三和学徒出身，没什么文化背景，一步步走到大师傅的位置，自然了解知识技术的价值，因此，他除了教给子女为人处世的道理外，还极力鼓励他们读书，多掌握文化知识。他的想法很朴实，家财万贯不如一技在身。在清末民初的纷乱世道里，即使读书不能晋身仕途，至少也有利于掌握一门好手艺和谋生技能，让生活的路子更广一些。任木生在兄弟姊妹中是学习最用功，也是成绩最好的一个，也因此获得了更多受教育的机会。但他没有走父亲的老路，不想将来靠手艺谋生，而且他进的是新式学堂，新式学堂开设了很多旧私塾没有的科目，少了些科举入仕的濡染，多了些新思想的熏陶。他思想活跃，向往新生活，为此学习非常努力刻苦，各科成绩都很不错。为了让儿子有个远大的前程，任三和在任木生十多岁的时候，就将他送到北平高等学校附属中学就读，以便考入高等学府。

果然，任木生不负父望，两年后考取了北平一所高校。他是任氏家族的第一个大学生，也是任店村的第一个大学生。任三和感到十分欣慰，对儿子有了"不逊于"任何人的期盼。

大学期间，任木生在努力学习文化的同时，为了实现自己的政治抱负，接触了不少进步青年，组织起校友会。"九·一八事变"后，他参加了北平抗日救亡宣传活动，并加入了共青团。不幸的是，大三这年，他的父亲病故，不久母亲也随之而去。没有了经济来源，书也念不下去了，任木生只得回老家找工作。当时有大学学历的人并不多，任木生找工作还算比较容易。1934年，他被聘入浙江定海水产职业学校任教，一年后转入南京农业职中，担任校领导工作。在两校任教期间，他娶妻吴氏，育有一子一女。

1937年"七七事变"后，日本发动了全面侵华战争，苏沪沿海集结了大批日军，大战一触即发。正在南京农业职中任教的任木生为躲避战火，忙把家眷送回浦江乡下。任木生在大学期间参加过中国共产党领导的秘密革命活动（据说还加入了共产党），被国民党特务组织列入黑名单，一直被暗中监视。大学校友会的朋友早就建议任木生南下，但他一直犹豫不决。就在他把家人送往任店村时，国民党特务对他突然离校返乡产生了怀疑，秘密跟踪而至，值得庆幸的是，他们匆忙之中抓错了人。第二天，任木生装病托村里人用皮龙（类似于轿子）抬到郑家坞火车站，南下广东。没想到他这次匆匆离乡，一别竟是50多年，直到1995年，他才找机会回了一趟浦江，一了生前最后心愿。

任木生逃到广州后，不久进了412军工厂，在会计处担任会计。412工厂是国民党开办的一家生产防毒面具的军工厂。在厂里，任木生依然很活跃，响应共产党的号召，积极宣传抗日，组织读书会。参加读书会的人，大多是坚决主张抗日的爱国青年，其中还有共产党地下组织成员。任木生的爱国举动引起了国民党特务组织的注意，但他毫不畏惧，经常和大家一起探讨抗日问题。不久，为了顺应民意，国民党地方政府和驻军也喊出了抗日口号，并表示誓死坚守广州。

到了1938年，战局进一步恶化，日军大举南进并多次派出飞机对广州等地进行人密度的猛烈轰炸。国民党军队并没有拼死抵抗，而是迅速撤至粤北，412工厂也向西撤到广西融水。到达融水不久，任木生和几个朋友利用业余时间开了一间书店，专卖进步书刊，还重新组织起读书会,取名"七七读书会"。同年10月下旬,广州沦陷,鉴于日军仍有可能继续西进,412工厂又迁到了贵州桐梓,任木生随厂来到这个偏僻之地。

桐梓素称"黔北门户""川黔锁钥",距离重庆(国民党中央政府已迁到重庆)不远,由于省外军工、学校、医疗等单位相继迁驻,这里人口日繁,商旅大增。在这个大后方,任木生的一腔抗战热血被冷却了,加上国共关系愈加紧张起来,他觉得继续在军工厂里待下去没有什么前途,1944年初,他做了一个对自己一生有着重大意义的选择:申请转地方继续干自己的老本行——教书。

他跟相识不久的一位叫程远昭的姑娘一起回到她的老家——安顺镇宁的一个小镇。这一带属于喀斯特石灰岩地形,享有"中华第一瀑"盛誉的黄果树瀑布就在这里,古人形容道:"白水如棉不用弓弹花自散,虹霞似锦何须梭织天生成。"虽然这里四周青山环绕,碧水长流,峭壁上的植被郁郁葱葱,但经济非常落后。

尽管没有太多的闲情逸致去欣赏景色,但任木生能感觉到这里山美水美人更美,老百姓勤劳善良、淳朴诚挚、热情好客,使他动了在此地安家扎根的念头。他与程远昭经过短暂的相互了解后,二人情投意合,心心相印。1944年初,34岁的任木生与17岁的程远昭喜结良缘。任木生一表人才,又在北平上过大学,才识不凡,谈吐儒雅;程远昭生在农家,勤俭诚实,模样俊俏,文静端庄,他们的结合可以说是天作之合。可惜两人不得不分居两地,新婚没几天,任木生便独自到上级安排的学校——黔江中学报到。

这年10月,程远昭临产,任木生匆匆从黔江赶回来守候。10月25日,一个健康、可爱的男孩降生了。新生命的到来给这个小家庭带来了无限的欢乐。任木生非常高兴地对妻子说:"我们的长子一定要取个好名字。"

程远昭说:"取个名字对你来说还不是信手拈来。"在她心目中,丈夫是个学问高深之人。

但是，任木生却感到有点为难，他苦思数日，才认真地对妻子说："我给儿子取名叫正非，正，正确的正；非，是非的非，你看如何？"

"正非？"程远昭说，"这个名字好呀，是不是跟你的名字一样也有别的什么含义呢？"

任木生笑而不答。这给后来研究任正非的人留下了一个小小的难题。有人说，或许这是对程远昭的安慰，程远昭是续弦，偏室即正室，正室即偏室，有正偏存乎一心的意味；有人说，正非就是要有正确的是非善恶观，体现了任木生对人生的感悟；有人说，"正非"二字本身，就是一个平衡，或称为中庸，非即正，正即非，非中有正，正中有非；还有人说，这是任木生告诉儿子：人世间充满了是是非非，究竟何为正，何为非，需要一个人用一辈子去探究、去领悟。只有将是是非非悟透，才能成为一个对社会、对国家、对世界都有用的人。名字只是人的一个代号，也许任木生根本没有想这么多。

1946年，任木生的大女儿降生，他给女儿取名叫正离。从这个名字的本意来看，如理解为"正即离，离即正"之意，那么，正与非就不是相对立的了。通过这一旁证，有人又说任木生的"正非、正离"说，是老子所揭示的"有无相生，难易相成，长短相形，高下相盈，音声相和，前后相随，恒也"。这是宇宙的运行规律。如此一说，越发把意思搞复杂了。

实际上，这反映了任木生的一种哲学理念，他给儿女种下了一颗种子：不要被是非善恶误导，别被狭小的自我圈圈套住，生活有无限的可能。不跟随主流，心里要有主流。离开主流，才是推动主流。这对任正非后来的人生与事业产生了极为重要的影响。

后来，任正非完全按照自己的理解去践行，他认为天道酬勤，号召员工跟公司的天敌——懒惰开战，力出一孔，利出一孔，聚精会神做独一无二的极致产品，这便是华为商业模式的基因。任正非大开大合，以狼性基因作为企业文化，淋漓尽致地彰显了中国企业对竞争力的渴望，走的正是通过颠覆现实与正统离合的路径（将是非暂且搁一边）。正

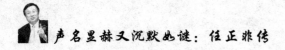

非、正离,还有点混沌之味。后来任正非还提出了管理的灰度理论,或许也可以在他的名字中找到某些启示。

如果一定要在任氏家族中探寻任正非的狼性基因,只能说,他与父母之间有灵魂的应和、意识的传递、气质的生养。

三、穷也会有快乐

从1944年到贵州解放前夕,任木生辗转于黔江、镇远一带,先后在黔江、镇远、关岭、豫章等中学任教,差不多一年换个地方,可以说居无定所。

1949年,任木生参加了土改工作队,随解放军剿匪部队一同回到镇宁,参与改建一所少数民族中学——镇宁县民族中学。当时山区还有很多土匪和国民党反动派残兵,他冒着挨冷枪开展工作,不计较个人得失,不畏艰难困苦,为学校的创建立下了汗马功劳。次年新校开学,他被任命为校长。

任正非在中学前一直和母亲及妹妹在小镇生活。这个小镇虽是个清贫之地,但一家人也过得其乐融融。母亲是高中学历,显然,外祖父家并非贫苦人家,而且外祖父母能破除女子无才便是德的封建观念,送她上学,说明他们是非常开明的。母亲受父亲的影响,努力自学,也成了一名数学教师。后来,任正非在一篇文章中说:"妈妈程远昭,是一个陪伴父亲在贫困山区与穷孩子厮混了一生的一个普通得不能再普通的园丁。"

刚刚经历过抗日战争和解放战争的新中国一贫如洗,农村很多和任正非同龄的孩子早早便下地帮着父母插秧,或光着背上山放牛,跟他们相比,任正非还是很幸运的。1951年,任正非进入镇小学读书。课余和假日,他和其他贫苦孩子一样下河摸鱼、上树抓鸟,或用自制的"顺风耳"跟小伙伴们打电话。土电话制作简单,两个圆形纸盒,一根棉线，两支火柴棒便可轻松制成。他们当时并不知其原理，只是觉得好玩，自得其乐。

后来，他们又得到了一个宝贝———一台笨重的旧收音机。这是一个小伙伴在县城的一个废旧堆里捡到的，任正非胡乱捣鼓了几下，竟然能出声，通过它听到了不少评书故事。大家还经常在一起复述故事情节，评说英雄人物，也闹过张飞杀岳飞的笑话。后来收音机没电了，任正非求父亲给买几节电池回来，但被父亲一口拒绝，父亲让他去找化学老师求教。化学老师告诉了任正非电池再生的方法：用钉子将电池正端一头扎两个小孔，再灌些盐水进去就行了。任正非和伙伴们又用再生电池听了一段时间的故事，直到电池彻底报废。这是任正非童年玩过的唯一一个非自制的高级玩具，从中他收获了许多快乐。

任正非自小爱听故事，母亲从成语故事到神话故事，她都给孩子们讲。对任正非影响最深的是"闻鸡起舞""凿壁借光""沉香救母""蜘蛛结网"之类的故事。

任正非读书的小学离家很近，学校的条件很差，教室简陋，透风漏雨。一到冬天，虽然有烧木材取暖的铁炉子，但室温和外面的温度也差不多；夏天则是蚊虫乱飞，既闷又热。为了鼓励儿子念书，程远昭给任正非讲了"囊萤映雪"的故事：

车胤生活在距今 1600 多年前的晋朝，是个非常勤奋好学的孩子，可是他家里很穷。父母微薄的收入维持一家人的吃穿都非常困难，根本没有多余的钱供他上学，甚至连给他买一盏油灯的钱都没有，所以，车胤从小就立志一定要好好学习，等到将来长大了做高官，以便摆脱贫困的家境，让父母都过上好日子。因为白天要干农活，他只能利用傍晚时间背诵诗文。

有一年夏天，天都已经黑了，车胤还在院子里背诵古诗文，他背了一首又一首，还不愿意停下来。这时，院子里有萤火虫高高低低地飞过，像一盏盏小灯笼，照亮了车胤的眼睛。车胤灵机一动，想出了一个

声名显赫又沉默如谜：任正非传

继续读书的好办法。他从屋子里找来一个透明又透气的绢布袋子，然后开始逮萤火虫，等到袋里的萤火虫足够照亮他的书本了，他才停下来，扎紧袋口。聪明的车胤想用萤火虫的光亮来帮他读书。他选择透明的袋子，是为了让光能透过袋子照射出来，有了这个"小灯笼"帮他读书，他进步很快。

自那以后，每个有萤火虫飞舞的夜晚，车胤都会抓一袋来，伴着微弱的光源继续学习。由于天性聪颖，加上后天的勤奋刻苦和不懈的努力，他终于做上了职位很高的官，不但自己过得很好，而且也让父母一起享福了。

"这就是'囊萤'的故事。"讲到这里，程远昭停下来，望着儿子，希望他能自己悟出点道理来。

任正非想了想，问道："'囊萤'这个故事是不是说，没有好的学习环境也能读好书？那'映雪'这个故事又是怎样的呢？"

程远昭看着儿子性急的样子，接着说："'映雪'说的是同一个道理，一样精彩。"便接着讲下去：

与车胤同朝代的一个人叫孙康，他的家境也很贫寒。因为没钱买灯油，晚上不能看书，他只能早早睡觉，眼睁睁地看着时光白白溜走却无能为力。一天半夜，他从睡梦中醒来，把头侧向窗户，突然发现窗缝里透进一丝光亮，他打开窗一看，原来是白色的雪光把天地照亮了。

"好美的雪景啊！"孙康不禁被眼前的美景惊呆了，如此耀眼的光芒，不正是读书的好时光吗？他倦意顿失，立即穿上衣服，取出书籍，来到屋外。宽阔的大地上映出的雪光，比屋里要亮多了。孙康不顾严寒，看起书来，手脚冻僵了，他就起身跑一跑，搓搓手指。此后，每逢有雪的晚上，他都不放过读书的大好机会，孜孜不倦地读书。正是这种孜孜不倦、不畏严寒的苦学精神，使他的学识突飞猛进，最终当了高官。

听完这个故事，任正非明白了母亲的意思，暗下决心，一定要努力学习，长大后做大事，做一个对祖国和人民有用的人。

后来，任正非的父母又生育了一子四女。一家九口人，全靠夫妻俩教书赚来的微薄薪水生活，而且任木生还要按月给浦江老家的家眷寄生活费。按说，一对知识分子组成的家庭，日子不会过得太差，可惜他们生不逢时，命运远比一般平民悲惨。那个年代，别说没有多少钱，就是拿着大把的钱也买不到东西。政府实行计划经济，重要的生活用品凭票供应。最少的时候一年每人只发 0.5 米布票，十几斤粮票，兄妹七人哪里够用！

尽管无法给七个儿女温饱的生活，但为了让他们都有书读，任木生和程远昭省吃俭用、四处借钱，即使几个人合用一条被子、缺衣少食，也不觉得苦。兄弟姊妹间也相互关心谦让，和睦相处，一家人虽苦却很快乐。

1995 年世界博览会（以下简称"世博会"）时，华为的一名员工陪同任正非的几位小学同学参观世博会。问起任正非小时候是个什么样的人，任正非的一个同学说，他是一个流鼻涕邋遢但成天笑呵呵的人。任正非自己也曾在法国对媒体说："我也不知道怎么解释自己是怎样的一个人，因为不知道应该从哪个角度来看。我认为自己从来都很乐观，无论身处什么样的环境，我都很快乐，因为我不能选择自己的处境。虽然小时候家境很贫穷，却很快乐，因为当时不知道别人的富裕是什么样的，直到 40 多岁以后，我才知道有那么好吃的法国菜。"

任正非后来被人称为"不可救药"的乐观主义者，恐怕也是因为他童年受到了父母的影响。他们教育孩子坦然地面对贫穷，接受贫穷，更要立志改变贫穷。他们的勉励让任正非从小养成了乐观上进、淡泊名利、崇尚知识的良好习惯。

四、"饥饿"的印迹

1958年,任木生在国家吸收一批高级知识分子入党时光荣地入了党,并被调到都均民族师范学校任校长。正遇"大跃进"时期,由于反右斗争扩大化,很多知识分子被划为"右派",遭到错误的批判,任木生也不例外,加上"三年困难时期"。贵州地处高原,经济欠发达,尤其山区俗称"天无三日晴,地无三里平,人无三分银",先天的地理环境不适宜于农耕。"大跃进"运动开始后,贵州农村大办公共食堂,谎报粮产高征购(多向国家交公粮),一度被誉为"红旗省",使得原本不能自给的粮食成了稀缺之物,因此任家的生活更是雪上加霜。

这一时期,任正非随父亲来到都均,进入都均中学读书。求知欲望使他一头扎进书本里尽情地吸取知识的"乳汁",但这只能解决精神上的贫乏,解决不了饿肚子的问题。任家的生活一直十分拮据,而弟弟妹妹们又在一天天长大,衣服一天天变短,而且一个个都到了上学的年龄,这就使原本紧张的日子过得异常艰难。任正非后来在一篇文章中写道:"每个学期每人交2元到3元的学费,到交学费时,妈妈每次都发愁。与勉强可以用工资来解决基本生活的家庭相比,我家的困难更大。我经常看到妈妈月底到处向人借几元钱度饥荒,而且常常走了几家都未必能借到。"

任木生为人父母,为了孩子可以舍弃面子和忍受屈辱,但即使如此,全家人还是经常饿肚子。为此,任家每餐实行严格的分饭制,控制所有人食物的配给,保证人人都能活下来。如果不这样,肯定会有弟妹被饿死。任正非作为老大,完全可以偷偷多吃食物,但他没有这么做。弟弟妹妹一个比一个小,都在长身体,他总是处处让着弟妹们。

在追求温饱的时代,对一个家庭来说,吃穿永远是放在第一位的。任正非回忆时说:"三年间从来没有穿过衬衫。有同学看见很热的天里我穿着厚厚的外衣,就说让我向妈妈要一件衬衣,但我不敢,因为我知道做不到。我上大学时妈妈一次送我两件衬衣,我真想哭,因为我有了,弟妹们就会更难了。"任正非的无私、舍己精神正是从母亲程远昭身上学到的,他感触最深的是母亲的勤劳与舍己。家里八口人的生活全仗着她支撑。八口人就是她的全部世界。八口人的吃饭穿衣是她巨大的挑战。她时常忘了家里的第九个人——她自己。其他人在吃饭,她在收拾锅灶,等她收拾妥贴了,桌上的饭菜早已干干净净。忍饥挨饿成了她的家常便饭。父亲有时外出参加会议,还有机会适当改善一下;而她除了自己的教学工作,还要煮饭、洗衣、修煤灶、寻野菜……她苦,还不让人见。她勤劳,无论是收过粮食的田野,还是路边的捡漏,她觅食的空间总比他人宽广。她手巧,常常能在没有米的窘境中,将各种各样的野菜和树叶,做成"美味"的食物。成功后的任正非曾感慨道:"我的不自私是从父母身上学到的,华为之所以成功,与我的不自私有一点关系。"

程远昭性格沉静,言语不多,因为每天有那么多事要做,每做一件事她都全心全意,没有时间就一些无关紧要的事说三道四。静心,这是程远昭给任正非最好的熏陶。高中期间,任正非食量增加,经常饿得昏昏沉沉、天旋地转,他的学习成绩忽上忽下,像过山车一样,很不稳定。高中二年级时,任正非多次补考才过关。他为此焦虑不安、脾气暴躁,程远昭见状,对他说:"无事心不空,有事心不乱,大事心不畏,小事心不慢。"

高三那年,任正非有时在家复习功课实在饿得无法忍受,就用米糠和着菜揉一下,放在锅里烙着吃。有几次被父亲发现了说道:"正非,你这样吃,会把身体吃坏的!"任正非若无其事地说:"没事,我年轻,身体好着呢!"父亲虽然疼爱儿子,但也没有一点办法。他拉着任正非的手,心痛得连连摇头。那个时候任家穷得连一个可上锁的柜子都没有,粮食是用瓦缸装着的,但任正非绝不敢去随便抓一把,因为这会让弟弟妹妹挨饿。由于生存所迫,全家人都想方设法寻找食物。程远昭领着孩子们上山采了一些红刺果，再把厥菜根磨成浆，青杠子磨成粉，代替粮食。他们还在山上开了一块荒地，种了一些南瓜。播种南瓜时，他们还意外发现荒地旁边美人蕉肥硕的根可以煮熟解饥。每天晚上，任正非和弟弟妹妹们围着火炉，等着母亲煮出一大锅美人蕉的根或南瓜来充饥。和睦的家庭气氛，共渡难关的信心，使这些食物吃到嘴里时充满了"香甜"的味道。

由于任正非正处于长身体的阶段，又面临高考，程远昭给予他特殊照顾，每天早晨额外给他一个小玉米饼，并叮嘱他不管多苦多难，都要安心复习功课，努力考上大学。

对于懦弱的人来说，清贫和苦难就是重重枷锁和铁链，会约束和限制其前进的方向。但在勇敢者面前，这两个"忠诚"的伙伴就会变成助他腾飞的一对"翅膀"。任正非每每回忆起这段辛酸往事，都不禁感慨万千："我能考上大学，小玉米饼功劳巨大。如不是这样，也许我创办不了华为这样的公司，社会上可能会多一名养猪能手，或街边多一名能工巧匠而已。"任正非对亲人的亏欠之情，在那时达到了高峰。"这个小小的玉米饼，是从父母与弟妹的口中抠出来的，我无以报答。"

任正非的父母作为当时社会底层的学校教师，无法给予孩子财富和事业上的帮助，但他们留给了孩子对知识的热爱，以及为人父母的舐犊之情。如果说长辈留下的基因只是传奇的基础，那么青少年时期的挫折和生存压力，就是任正非成才的第一课。他养成了一种独特的心性，不喜欢多话，常常一个人静心思考，思考自己的未来。

但精神上的充实仍然无法抵挡住饥饿的侵袭，在那样的特殊年代，饥饿给任正非留下了不可磨灭的印迹，使他无心读书，对未来充满迷茫。少年时期的任正非并没有鸿鹄之志，到了高三，他最大的愿望就是能吃一个白面馒头。最终帮助他实现这个梦想的是毕业前夕一个家境不错的同学请客，那次他拿到了大半个白面馒头，这大半个馒头他吃了整整两天，每顿饭都吃上一口，然后再装进口袋。

物质与精神上的磨难，促使任正非有了更强烈的改变现状的渴望，养成了坚韧的性格，百折不挠，懂得以身作则，不怨天不尤人，自强不息，由此也催生出他的冒险精神和原始生命力。他曾经感慨："我真正能理解活下去这句话的含义！""华为最基本的使命就是活下去。"在"活下去"这个简单的念头中，寄托着他不一样的追求。即使到现在，华为已经成为无可争议的中国IT企业老大，可任正非依然念念不忘活下去："我没有远大的理想，我只想这几年如何活下去。"

第二章 艰苦攀登

当我们探究任正非的人生轨迹时，不能只关注他登上峰顶的光辉时刻，更需要了解他艰难的攀爬过程，他对希望的追寻、对人生使命的理解。

一、知识就是力量

人穷志不穷，面对困苦的生活，任正非及其父母都抱持着知识改变命运的强烈信念。1963 年，19 岁的任正非考上了重庆建筑工程学院，这本是一件值得庆贺的喜事，但程远昭却发了愁。她为儿子穿针引线，缝制了两件新衬衣和一条拼接起来的被单。但上学还需要自带棉被，她实在没有办法解决，恰巧赶上学校住读的高中学生毕业，她便将毕业学生丢弃的破棉被捡回来，拆开洗净再精心缝制。这一用就是五年直至大学毕业。任正非拿着少得不能再少的生活用品，难过地哭了。因为他想到家里的经济状况将更加捉襟见肘，弟妹的处境也会因他超了定额标准而更加艰难。

任木生见儿子泪流满面，还以为他是嫌弃这些东西破旧，怕人笑话，便对儿子说："面子都是给狗吃的。只要你努力学习，成绩不比别人差，就没有什么丢脸的。"

任正非不知怎么跟父亲解释，哽咽着又是摇头又是点头。

他告别满怀期望的父母，告别荒凉贫瘠的小村庄，踏上了对美好未来不懈求索之路。

重庆是一座被长江、嘉陵江两江环抱的美丽山城，重庆建筑工程学院坐落于城北沙坪坝嘉陵江畔，于1952年10月建校，最初的校名是重庆土木建筑学院，1954年更名为重庆建筑工程学院。该校不但师资力量雄厚，实验设备齐全，而且是我国当时八所老牌的建筑名校之一。任正非读的是暖通专业，面对崭新的环境和陌生的男女同学，他没有自卑、没有消沉，相反，崭新的课堂知识和良好学习的氛围使他有了一种遨游于知识海洋的畅快感觉。他渴望通过获得更多的知识来改变自己的命运，因此学习很用功，专业课的成绩都很好，而且还不断探索、总结好的学习方法。他认识了几位西安交通大学的老师，这几位老师经常给他看一些油印的课外读物。另外，他还自学第二、第三外语。

一切似乎都走上了正轨，但就在任正非读大二的时候，"文化大革命"爆发了，大、中学校的学生率先起来"造修正主义的反"。在很短的时间里，由学生成立的"红卫兵"组织蜂拥而起，到处揪斗学校领导和教师，一些党政机关受到冲击。这场运动很快从党内推向社会，各种高帽子漫天飞，如"顽固不化的走资派""现行反革命""反革命修正主义""历史反革命""蜕化变质分子""牛鬼蛇神"等。一些会写文章、有独立政治思想的党政领导干部，首当其冲地成为被革命的对象。任木生谨小慎微，自知地位不高，从不乱发言，整天埋首于教学中，但在"文革"怀疑一切、打倒一切的运动中，他还是在劫难逃，被别有用心的人揪了出来，说他是"反动学术权威""走资派"，遭到批斗。不久，他又因曾经在国民党的兵工厂里工作过这个"历史污点"，被戴上"历史反革命分子"的帽子，被关进了牛棚。本来，一个知识分子的家庭，穷归穷，起码在精神上是富足的，而现在在精神上也跌入了十八层地狱，眼前一片黑暗。任正非的母亲是处于社会底层的普通教师，而且那个时候，教师都是"臭老九"，受人鄙视不说，工资也很少，任正非的家境之贫寒，几乎到了难以想象的地步。多年来，家里两三个人合用一条被盖，破旧的被单下面铺的则是稻草。当地的造反派到任家抄家时,本以为一个高级知识分子、专科学校的校长家境一定很富有,当他们看到这种被褥时,全都惊呆了。

任正非当时在重庆上学,没有亲眼看到过父亲被批斗的场面。他的父母也一直写信告诫他:"要相信运动,跟着党走,划清界限,争取自己的前途。"而他的弟弟妹妹则亲眼见证了父亲被一次次批斗的屈辱场面:任木生站在高高的台子上,头戴高帽,满脸涂黑,双手被反捆,被人拳打脚踢,甚至被踢倒在地。有时,他和几百个"走资派"挂着黑牌,被装在卡车上游街……基于这样的家庭背景,任正非在学校要求政治进步的权利都没有。后来他说:"大学时代,我没能参加共青团,因为优、缺点太明显。"实际上就是家庭出身不够好。尽管如此,任正非仍在"文革"的"枪林弹雨"中潜心苦学。他想,是碌碌无为、虚度韶华,还是踏踏实实、拼搏奋斗?这取决于自己。倘若不抓紧时间,奋斗进取,拼搏出属于自己的一片天地,他将成为一个既可悲又可怜的人。因为他的人生画卷是如此空白,如此缺乏光彩。本来应该由他涂抹的画卷,却因为虚度光阴而被白白地弃用。

任正非原以为这样的动荡会很快过去,坚信知识能改变自己的命运,没想到这场悲剧愈演愈烈,学校里的教授们绝大多数都被打成"臭老九",面对疯狂的批斗,他们哪里还有心思教书育人?红卫兵的文斗武斗成为家常便饭,随时都有可能把一个正站在讲台上讲课的教师拉出去批斗。在这场"火热"的"大运动"中,重庆建筑工程学院的课堂里已经没有几个学生能坐得住板凳了。可任正非很少参加课外的各种活动,只要有老师讲课,他就坚持去教室里上课;如果没有老师讲课,他就去图书馆看书。有一天,他正在图书馆看书,一个同学兼老乡跑来告诉他:"你父亲挨批斗,都生病了,你怎么还有心思坐在这里看书?"

任正非听了又气又急,再也坐不住了,丢下书就往火车站跑。到了火车站,他才想起自己囊中空空如也,根本没有钱买车票,于是做了一个冒险的决定——扒火车。恰好当晚有一趟车去贵阳,任正非就斗胆按自己的计划攀上了这列火车。

第二章 ｜艰苦攀登｜

当时的运输秩序非常混乱，扒火车的人不少。因为火车里超员太多，拥挤不堪，列车员也懒得在车厢里挤来挤去地查票，因此，人多就成了无票乘车的极好掩护。但红卫兵小将们比列车员更会管事，一旦查出没票的人，免不了要痛打一顿。快到目的站时，扒火车的人还得提前跳下车，不能走出站口。

任正非第一次扒火车就运气不好，中途被发现了。当他们盘问的时候，任正非说："我是重庆建筑学院的学生！"

一个红卫兵小将继续追问："那你父亲是什么成分？"

任正非据实回答说："我父亲是老师！"

听说是"臭老九"的儿子，小将们立刻来劲了，把任正非揍了一顿，然后赶他下火车。被推下车后，任正非又遭到了车站工作人员的打骂。但为了回家，他只得再次扒火车。这次他吸取教训，巧妙躲过查票，但他不敢直接在父母工作的城市下车，而是在前一站青太坡下车，步行了十几里回家。当满身淤青的任正非于深夜回到家里时，父母既惊讶又心疼。

父亲问："正非，你怎么半夜三更回来？你身上的伤是怎么回事？"

任正非说："我听说您生病了，所以回来看看，我身上的伤没什么事！"

"谁说我病了，这不好好的吗？是你自己想逃学吧？"

任正非一个劲地摇头。程远昭说："不管什么原因，你都不该在这个时候回来。要是被别人发现，会受牵连的。"她担心影响孩子的前途，劝任正非赶紧回学校去。

第二天，天刚蒙蒙亮，任木生便催促儿子回学校。临走时，他脱下脚上的一双旧反毛皮鞋交给任正非，语重心长地说："孩子，记住，知识就是力量，别人不学，你要学，不要随大流。"他将儿子送出门后，又叮嘱道："你的弟弟妹妹因为受到我的影响，已经不能进一步求学了。你是长子，是任家唯一的希望，以后弟弟妹妹还需要你的帮助。"

父亲这两句话，令任正非刻骨铭心。等他回到重庆，已经是"枪林弹雨的环境",但是他不为所动,不随大流,硬是自学完了电子计算机、数字技术、自动控制等课外专业书。他的一个朋友还开玩笑说,没什么用的东西也这么努力学,真是很佩服、感动。任正非还把樊映川的高等数学习题集从头到尾做了两遍,同时又读了许多逻辑学、哲学方面的书,他还先后自学了三门外语。

在专心学习同时,任正非也免不了为家人担忧,家庭遭受巨变,父亲处境艰难,但他又无能为力,于是收集了许多传单,夹在信中寄给自己的母亲。其中一张传单上印有周恩来总理的一段讲话:干部要实事求是,不是的不要乱承认,事情总会搞清的。程远昭把周总理的这段话藏在饭碗里,送给关在牛棚中每日挂着牌子遭受批斗的任木生。后来任木生说,是这张条子救了他的命,有段时间他想着结束自己的生命,看了这张条子才没有自杀。他明白,自己一死,就成了自绝于人民的"罪人",会让孩子们背上沉重的政治包袱,一辈子该如何生存?为了无辜的孩子们,他决定忍辱偷生。

心灵的磨砺,让人无法忘怀。每当回忆起这段心酸往事,任正非都格外动情。"文革"对国家是一场灾难,但对他则是一次人生的洗礼,使他政治上越来越成熟,不再是一个单纯的书呆子,逐渐成长起来。

二、前路茫茫

1968年,任正非大学毕业了。学制为四年的大学本科,由于"文革"造成的混乱,学校被迫停课而耽误了一年。任正非对未来满怀憧憬和热情,准备迎接毕业后的新生活。在等待分配的这段时间,由于控制不住对家人尤其是父亲的担心,他找时间回了一趟家。

回到家后,他才知道家境越来越糟糕。"由于父亲受审查的影响,弟弟妹妹们一次又一次的入学录取被否定,那个年代不知剥夺了多少孩子接受教育的权利。弟妹们有的只念到高中或者初中,有的只念到高小

第二章 艰苦攀登

或初小就被迫辍学，受当时环境影响，不得不回家务农，他们后来谋生的技能，只能是自学而来。"

任木生仍在蹲牛棚，除了挨批斗，还被逼着参加繁重的劳动。

弟弟妹妹们都不能继续求学，但这并不算是最大的问题，穿衣吃饭活下去更要紧。任正非想起自己有个同学在街道办事处工作，于是便求同学给弟弟妹妹谋点事干。这个同学见任正非一家生活如此窘迫，便好心介绍他那四个岁数稍大的弟妹到河里挖沙子、修铁路、抬土方。这些活很苦，累死累活也挣不到多少钱，但当时能有一份糊口的工作已经很不错了。实在难以想象，任正非四个未成年的弟弟妹妹，站在冰冷的水里挖河沙，冒着塌方的危险抬土方，是怎样一种折磨？繁重危险的修路工作，又岂是几个孩子能干得了的？看到弟弟妹妹们遭这样的罪，更加重了任正非对家人的愧疚感，他后来回忆说："我当年穿走父亲的皮鞋，没念及父亲那时是做苦工的，泥里水里，冰冷潮湿，他更需要鞋子。现在回想起来，感觉自己太自私。"他期盼自己能找到理想一点的工作，帮助家人脱困。俗话说："读书改变人生。"有的人发奋读书是为了改变自己的命运，有的人是为了改变家族的命运，而有宏伟大志者，则是为了改变天下更多人的命运。任正非也相信知识改变命运，但此时的他还没有更远大的理想，最大的愿望就是改变父母的命运和帮助弟弟妹妹们活下去，让他们过上有饭吃有衣穿、不再被人随意侮辱的日子。

但踏入社会后，任正非发现，现实并没有他想象的那么美好。尽管当时的大学毕业生比较走俏，并由国家统一安排工作，但由于国家的路线方针已经有所转变，大学生毕业分配也受到了很大影响，普通大学生基本都得去基层锻炼，比如去当一名农村技术员或工厂普通工人，接受工农兵"再教育"。任正非看不清前方的道路，心里十分矛盾，到底何去何从，他一时拿不定主意。倘若去农村当技术员或到工厂当普通工人，他学到的专业知识就派不上用场了，更别提改变一家人的命运。

就在任正非感到前路茫茫的这段时间，一个四川妹子走进了他的生活，她叫孟军，父亲孟东波是四川省某厅正厅级干部，与任正非的父亲遭遇相似，被当作"走资本主义道路的当权派"、"修正主义分子"，遭到"四人帮"的残酷迫害，被下放到米易县湾丘"五七干校"（集中容纳党政机关干部、科研文教部门的知识分子，对他们进行劳动改造、思想教育的地方，去干校的人被称为"学员"），进行"劳动改造"。与任木生不同的是，孟东波的问题属于"人民内部矛盾"。

任正非对于自己怎样与孟军相识相爱，何时结婚成家都讳莫如深，外人很难获知详情。任正非只对外界说："大学毕业后我是当兵了，当的是建筑兵。当然是军官，不是士兵，在中国'当兵'这个说法是指行业，而不是职位。我当兵后的第一个工程是法国公司的工程。当时法国德布尼斯·斯贝西姆公司向中国出售了一个化纤成套设备，设备在中国的东北辽阳市。我在那里从这个工程开始一直到建完生产，然后才离开。"

据知情人透露，任正非参军前虽然没有与孟军结婚，但至少与孟家建立了某种关系（与孟军订亲或者是孟东波认了干儿子）。这种说法比较合乎情理。人们谈到的旁证是，当时恰好有一个军工企业——辽阳化纤总厂需要一批有专业技术的人。任正非毕业于建筑学院，他的专业知识正好可以派上用场。但是，去承担这项工程的人除了专家就是军人，而任正非刚刚大学毕业，显然不算专家，也就是说，任正非必须先参军，才有资格去那里工作。20世纪六七十年代的中国，主流价值由工人、农民和军人（即工农兵）所主导，那时没有外企、私企，最好的企业是国企，工农兵三种身份对受过大学教育的任正非来说，无疑当兵进军工单位是最好的选择。他如果当兵了，不仅自己光荣，生活有所保障，而且以他的学识，在部队中一定能够有一番作为。另外，他也许能给家庭和父亲带去一点荣耀，军属会享受到一些优待，完全有可能影响父亲的社会地位。基于以上考虑，他坚定地选择去当兵。

但是，那个年代要穿上军装可不是一件容易的事情，除了身体健康、年龄、学历合乎标准外，更重要的是要通过政审。所谓政审，就是政治审查，要本人表现好没有污点，还要调查直系亲属是否历史清白。

按当时的标准，任正非无疑政审不合格。他的父亲被关在牛棚里，天天被人拉出去批斗，这样的家庭出身，他哪有资格去当兵？他后来感叹道："被时代所抛弃，没人可以听你讲道理。"

有人说，当时国家正处于军队急需技术人才之时，扩大招兵规模，进入全面备战状态。在这一历史背景下，任正非因为有专业技术特长，被"破格"招进了部队。不过，这一说法难免牵强，要知道，在"知识越多越反动"的年代，任正非即使品学兼优、技术过硬，也不可能被破格招入部队，除非他是不可替代的专家。为此，人们不能不猜想这次"破格"离不开孟家的背后运作。孟东波曾任华东军政委员会副秘书长，还担任过辽宁某大型军工企业的厂长，一个党的高级干部，虽然进了"五七干校"，没有实权了，但并没有被开除党籍，仍是干部身份，且待遇不变。孟家多少还有点势力和人际关系，借助旧友的帮助，让任正非去当兵应该不是什么难事。

不管怎样，任正非的军人背景确实给他的人生带来了不小的影响。华为出名后，在欧美开展业务时遭遇重重的政治障碍，当地政府人员最大的理由是，任正非一直像一个军人一样，保持着高度的警惕和对市场的敏锐，他领导的华为可能会通过网络窃听他们的秘密。美国国防部也曾对华为和任正非展开各种调查。事实上，当年从军队转业的一位技术干部在深圳这座新兴城市简直无足轻重，军人出身对于事业能够起到的作用非常有限。经过一番考证后，美国才认定任正非并非中国军方秘密派驻华为的代表。

三、大熔炉的锻炼

军人背景给任正非带来的影响都是后话了，现在我们来看看任正非的军旅生涯。1974年，任正非应征入伍成了一名基建工程兵。他从贫困的大西南来到相对富裕的辽宁省辽阳市，开始了火热的军营生活。

工程兵是 1966 年成立的一个新型专业兵种，主要担负着国防基础设施建设、维护、抢修等任务，比如挖山洞储备战略物资，在偏远地区修建战备铁路、公路、桥梁，承担三线军工企业基础工程和军港码头、机场、导弹基地工程施工等。

辽阳化纤是从法国引进的一套世界先进的化纤项目，总投资 28 亿元人民币。任正非主要从事自动化控制设备安装调试工作，实际上与他所学的暖通专业没有太大关系。当时有数百个法国专家在现场亲临指导，他们教会了中国工人化工自动化操作等必要的技术。任正非入伍的初衷就是锤炼自己，他没有工夫计较公不公平，始终坚持学习，钻研技术，并从中受益匪浅。当然，在军队里除了自学一些专业知识外，更重要的是政治学习。按照领导要求，他把生产劳动与学习军事、政治、文化紧密联系起来，并经常写学习心得。

一年多以后，化纤厂的基建基本完工，任正非所在部队又接到了一项新任务——参加代号为 011 的工程施工。他随一支从几个连队里抽调的技术骨干队伍一起奔赴大西南。

所谓"011 工程"，就是在贵州西部高原修建一个军事工业基地，是三线战备建设的系列重点工程之一。这一系列工程包括几个机械厂、军用飞机发动机制造厂、飞机试飞机场等。基地总部在安顺地区城郊，机场、机械厂则分散在另外几个县市。这一带虽然地处偏僻、十分荒芜，但总部所在地正是任正非的老家，这使他非常高兴。他可以抽空去看望父母和弟弟妹妹，还可以去看女友孟军及其父母（孟东波一家都在米易县）。

不久，任正非与孟军结婚了。在条件艰苦的高原上，由于准备时间和经济条件都十分有限，婚礼很简单。任家的经济依然拮据，但任正非的弟弟妹妹还是为他结婚辛苦地凑了 100 块钱。这 100 块钱代表了任家兄弟姐妹之间最浓、最真、最深的情谊！

婚后，任正非没有跟父母住在一起，反倒跟孟家来往更加频繁，因此，有人认为任正非是孟家的上门女婿。不管怎样，成家后的任正非就

第二章 艰苦攀登

像一艘孤舟终于找到了可以停泊的港湾,心归于平静。不过,因为夫妻俩不在一个地方工作,他与妻子聚少离多,浓浓的相思之苦只能靠拼命工作来冲淡。那时011基地总厂已经建成,并研制出用于飞机的首台涡喷-13发动机;1970年9月18日,011基地自行研制生产的第一架歼击机在安顺双阳机场飞向蓝天。任正非所在部队最初的任务是负责修建新的试飞机场和维护教练机场,新厂的基建施工及铺路架桥等。部队陆续完成了包括总装厂改建、飞机洞库、试验场地在内的几十个建设项目,这些项目分布在黔中区域(贵阳、平坝、安顺一带)公路两侧的山沟里,绵延400多公里。

因"三线建设"属于国防战略体系(相对于全国独立的、"小而全"的国民经济、工业生产、资源能源、军工制造、交通通信、科技研发体系和战略储备体系),是军事秘密,所以从1964年始到1978年止,很少有官方资料透露详细情况,只有亲身参加过"三线建设"的人才能深切体会其中的苦与乐。在荒芜的大山中,在"备战、备荒、为人民"的口号下,以工人、干部、知识分子、军人为主的一代建设者,倾注了全部的热情和期望,把自己的宝贵青春和满腔热血奉献给了"三线建设"。其中,军人往往承担最艰巨、最危险的任务。任正非最确切的感受是"一把炒面一把雪",三块石头搭口锅,帐篷搭在山窝窝,露宿风餐,肩扛人挑。这是任正非挥洒青春热血的一个证明。每一个男儿心中都有一个英雄主义的梦,任正非也不例外。尽管他的部队不曾上阵杀敌,不曾金戈铁马、攻城拔寨,但那些艰苦的国防工程施工建设经历,使他内心同样充满了英雄主义的悲壮情怀。他把这份情怀埋藏在内心深处,用平淡的言语来掩饰。这与他以后的性格和处世作风很相似。

几年的军旅生活,除了使任正非得到了经验、技术方面的锻炼外,最大的收获是让他明白了得失的内涵。他一有空就会去攀枝花看望老丈人孟东波(时任渡口市委第三书记兼攀枝花钢铁厂厂长)。孟东波的领导杨超曾担任国家领导人的秘书,任正非也曾多次拜见他,从他们身上学到了不屈不挠的精神,并开阔了视野。任正非曾经说过:"我为老一辈的政治品德感到自豪，他们从牛棚中一放出来，一恢复组织生活，就拼命地工作。他们不以物喜、不以己悲、不计荣辱、爱国爱党、忠于事业的精神，值得我们这一代人、下一代人、下下一代人学习。生活中不可能没有挫折，但一个人为人民奋斗的意志不能动摇。"

任正非虽然耐得住寂寞，但却是个闲不住的人，工作之余他还努力钻研电子技术。知识的高峰是没有顶点的，对于20多岁的年轻人来说，激情是他们最宝贵的东西。任正非靠着自己的勤奋、吃苦和电信技术水平突出，被调到了通信连。与普通通信兵不同的是，他主要从事通信设施装备的调试、维护等，还包括军用电子系统方面的研制工作。这时，他才真正用上自学的通信专业知识。

面对大好机会，任正非加倍努力工作，搞了很多技术创新和发明，但因为父亲的"政治原因"，使他多年与应得的表彰无缘，也不被批准入党。部队里都是根红苗正的人，对人才的要求是"又红又专"，红是排在第一位的。而一向对政治活动不感兴趣的任正非注定红不起来，而且他父亲的问题还没有得出明确结论，所以，入伍后的三四年间，无论任正非如何努力，一切立功、受奖的机会均与他无缘。尽管他被提干升职，但在他领导的集体中，战士们立三等功、二等功、集体二等功的比比皆是，唯独他从未受过嘉奖。任正非在《我的父亲母亲》一文中称："我已习惯了我不应得奖的平静生活，这也是我今天不争荣誉的心理素质培养。"话虽如此，但羡慕是人的本性，对于一心报国、一心为家争光的任正非来说，恐怕内心也不能轻易释怀。这件事使他得出了一个基本经验，那就是"一个人再有本事，也得通过所在社会的主流价值认同，才能有机会"。

在艰苦的军营生活中，任正非除了发明创造，还通读了马克思的《资本论》，对四卷本的《毛泽东选集》也有深刻的研究、认识。《毛泽东选集》的精华已经深深印在了他的脑海中。后来，任正非在华为活用毛泽东的思想、言论。当然，他对毛泽东思想的理解和传承并不仅仅是形式上的模仿，他从毛泽东身上吸收到的更多是哲学思想方面的传承，其中最核心的就是辩证思维和自我否定的意识。

任正非的种种努力，虽然只换来一个象征性的奖励，但他毫不气馁，养成了宠辱不惊的心态。俗话说，机会总是留给有准备的人。因为没有荒废自己，在动荡中坚持钻研技术，他在部队中表现出了良好的科技素养，有多项技术发明创造，两次填补国家空白，得到了领导和战友们的一致认可。对此，任正非在他的一篇文章中说："因为我两次填补过国家空白，又有技术发明创造，合乎那时的时代需要，突然一下子'标兵、功臣……'部队与地方的奖励排山倒海式地压过来……"那时候的任正非是幸福的，任何人在自己的努力受到重视、得到肯定的那一刻都是甜蜜的。但是，长期的冷遇也使他无法完全开心起来，他甚至有些发懵，很多奖品都是别人去替他领回来的，最后他还将奖品分给了大家。

1978年3月，任正非出席了全国科学大会，在6 000多人的代表中，仅有150多人年龄在35岁以下，任正非时年33岁，同时也是军队代表中少有的非党员人士。

随后，在部队党委的直接关怀下，部队未等任正非的父亲平反，就直接派专人对任正非的背景进行外部调查，否定了一些不实之词，并把他们的调查结论寄给任木生所在的地方组织。这之后，任正非终于入了党，晋升为某研究所副所长。任木生的冤案也得以平反，并被任命为都均中学校长。不久，任正非又出席了党的第十二次全国代表大会。任木生也为儿子的成就感到高兴，专门做了一个相框，将任正非和党中央领导人的合影放进去，高高挂在自家的墙上，全家人都引以为豪。

任正非从军十四载，从技术员到工程师再到副团级干部，可以说，他得到的不仅是职位的升迁，更重要的是他的性格特征及后来华为狼性文化的形成，都与这段军旅生涯密切相关。而"三线建设"的大熔炉中锤炼出了一批优秀人才，任正非的战友们，这些从事通信工作的战士，在未来的日子里，作为通信人才，被分配到全国各地的通信管理岗位。这种深厚的人脉关系，为日后华为的快速发展起到保驾护航的作用。

熬过了那些落寞的岁月，任正非的人生开始灿烂起来，他安然地享受着这段平静而又幸福的日子。然而高峰之后，等待他的却是一次深深的打击。他自己三言两语作了简单叙述："我有幸在罗瑞卿同志逝世前三个月，有机会聆听了他为全国科学大会军队代表所做的讲话，说未来十几年是一个难得的和平时期，我们要抓紧全力投入经济建设。我那时年轻，缺乏政治头脑，并不明白其中含义。过了两三年大裁军，我们整个兵种全部被裁掉，我才理解了什么叫预见性的领导。"

其实，早在1975年，国家领导人邓小平在领导军队整顿工作时，就很有预见性地指出，军队问题的解决要从"消肿"切入。但那时的任正非并不了解这将与自己产生怎样的联系，更无法预知这次裁军会成为他人生的一个重要转折点。

1981年，部队的裁军工作正式启动。任正非是部队的技术骨干，在（第三十三）研究所任副所长（相当于副团级），部队领导非常希望他能留下来，并准备将他调到另一个科研基地工作。任正非征求了爱人孟军的意见，夫妻俩决定先领着儿女到基地参观一下，再根据实际情况选择去留。

当时任正非的儿子还小，被他抱在怀中，尚不懂事。而不满十岁的女儿看完科研基地周围连绵的群山，说了一句让他心情复杂的话："爸爸，这地方好荒凉！"

自从结婚后，任正非夫妻就长期两地分居，转业对他们来说也许是一件好事，至少可以一家团聚，过上正常的家庭生活。任正非很想留在军队的科研单位，继续自己的研究工作，但他又不愿意让儿女也陪着自己在这个荒凉的山区生活和学习，他已经亏欠儿女太多了。孟军也希望他转业，争取到大中城市安排一个稳定的工作，让浮萍一样的家扎下根来。

将近不惑之年的任正非面临着艰难的抉择，他已经将自己的青春和热情都献给了他所热爱的军营，现在让他离开，实在有些不舍。没有在最想做的时候去做自己想做的事情，这是人生的一大憾事。经过反复权衡，他最终决定去科研基地工作。

任正非被平级调动，从文职副团级转为副处级干部。这个科研基地地处山区，条件艰苦，这对任正非来说不算什么，但让他无法忍受的是手头没有具体的科研项目，整天坐在办公室里无所事事，他已经习惯了热火朝天、井然有序的军旅生活，现在一时不知道该干点什么。之后，孟军转业去了深圳，在中国南海石油联合服务总公司任工会主席。为了家庭，任正非不得不重新考虑自己的去向，再次做出人生的重大抉择。

第三章 寂寞大佬

在深圳遭遇人生的第一次"滑铁卢"后,任正非的婚姻也亮了红灯,为了活下去,他义无反顾地走上了下海干实业的道路。目光远大的他,不满足于做"二道贩子",决定另辟新路,开始研发自己的产品并取得了初步进展。

一、在转折点上

1983年初夏,在深圳经济特区罗湖火车站,一个三十八九岁的中年汉子从人群中挤出来,他肩上搭着黄挎包,手提着褐色行李袋,脚步匆匆。这个人就是任正非,因为要去总部设在南头的中国南海石油联合服务总公司报到,他急着赶上罗湖去南头的汽车。

沿着深南大道走,只见两边尽是高低不平的土包洼地、丛生的灌木,原来这个被称为特区的城市只是一个贫瘠的边陲小渔村,一点也不比贵州的山区强多少,任正非的心都凉了。

从罗湖车站到南头中国南海石油联合服务总公司有二十几公里,要过边检站,没有公交车过去。任正非不知道有这么远,事先也没有给妻子打电话,而当时附近根本没有可以打电话的地方,望着阴云密布的天空,他感到有些不安。这时,一阵腥臊的海风吹来,他还没有做出反应,豆大的雨点就洒落下来,打在地上劈里啪啦直响。乌云被阵雷炸裂开了,把金箭似的闪电从密布的浓云中射向大地,令人胆战心惊。任正非愣在路边，任由暴雨洗礼。没想到深圳特区竟以这种轰轰烈烈的方式迎接他，真是出师不利，也许这预示着前路坎坷吧。

到了南海石油联合服务总公司总部，任正非才了解到这个公司是由招商局集团有限公司、深圳市投资控股有限公司、中国南油石油联合服务总公司及中国光大集团股份公司共同投资的大型合资企业，也将作为招商局集团和深圳市政府全面合作的一个重要平台，主营业务为地产、物流、高新技术、商贸等。任正非作为一个无关紧要的中层干部，被派到开发服务公司工作，主要任务是盖房子，但施工由专门的建筑公司负责，他只是个监工而已。这样一来，他在部队学到的电子技术和大学里学到的建筑知识都派不上用场了，在这个国有企业里，闲散生活的慢节奏与深圳的快节奏城市文化格格不入，他接下来的人生似乎只有可以想见的平淡无奇。

此时的深圳已经成为"冒险者的乐园"。20世纪70年代末，邓小平到南方视察，大手一挥，将广东宝安的小渔村变成改革试验田，一时间，深圳这个名字便家喻户晓，人们谈论这里遍地黄金，把这里当成"下海"的首选之地，四面八方的"淘金者"汹涌而来。大家互不相识，却聚集在一起，操着方言味十足的普通话，奔波在已建或在建的高楼大厦之间，为的只是一个梦想——挣钱，成就事业。

短短几年间，深圳发生了翻天覆地的变化，迅速崛起。1984年，邓小平又到特区来，看到深圳由过去"水草寮棚"的渔民村变成"家家万元户、户户小洋楼"，看到企业开发的计算机软件，看到国贸大厦建设工程中"三天一层楼"的"深圳速度"，欣然题词："深圳的发展和经验证明，我们建立经济特区的政策是正确的。"也就是在这一年，中国南海石油联合服务总公司重组成为深圳南油集团有限公司（以下简称南油集团）。不甘平庸的任正非受到了极大鼓舞，主动向公司领导请缨去主持集团旗下的一个电子公司（国营）。集团公司领导答应了他的要求，任命他为电子公司经理。

任正非认为这是一个不可多得的展示自己才华的机会，因而一走马上任便大展拳脚。为了适应新的工作岗位,他又开始了学习。经过一段时间的适应,他对深圳这个正在飞速发展的城市有了新的认识和了解,并迅速融入到这种快节奏的生活中去。然而,就在这个重要的转折点上,任正非遭遇了人生的一次"滑铁卢"。

20世纪80年代是"下海"的第一个高潮期,各行各业的人纷纷"下海",力求在"第一时间"捞到"一条大鱼";20世纪80年代是淘金的时代,各行各业的人都争取在最短的时间内淘到"第一桶黄金"。有的人胆子大,敢想敢做,抓到了"大鱼",淘到了"黄金",钱袋鼓起来了;也有的人"葬身大海""赔兵又折将",任正非便是其中之一。改革开放之初,商场泥沙俱下,充斥着尔虞我诈。任正非为人正直忠厚,对朋友极重感情,他诚恳待人的军队作风很不适合处处皆是陷阱的商场。这个爽直的汉子在某些奸商眼里,简直就是一个"傻子"。

急于有所建树的任正非很快就谈成了一笔200多万元的大生意。他既兴奋又极为慎重,这是他的第一笔大单,从生产到发货,他都亲自把关,奋战了几个月,总算按照合同要求准时将货发了出去。他本以为大功告成了,可是发货后很长时间都没有收到对方的货款。一开始收货方还找理由推托,但到后来,对方甚至连电话也不接了。那时的生意不做账期,任正非意识到自己被人骗了,200多万打了水漂。

任正非后来说,自己栽过跟头,被人骗过,因为无处可以就业,才被迫创建华为。对于这一惨痛教训,他只是一言带过,其实他当时的境况更为复杂:由于对待家庭(任正非太看重父母与弟弟妹妹)和事业的理念不同,任正非与妻子孟军产生了矛盾,就在他们的婚姻正处于危险期的时候,偏偏又传出任正非真假难辨的绯闻,将家庭维持下去已无可能;电子公司又要解除任正非的经理职务,任正非曾求集团领导让他留任或"立军令状"到其他下属公司任职均遭拒绝。43岁的任正非不但老了,最后还被一撸到底,被离婚、被炒鱿鱼,几乎成了孤家寡人,他怎能不倍感辛酸、凄凉?

已过不惑之年,生活却让人如此迷茫。此时任正非下有一儿一女要抚养，上有退休的老父老母要照顾，还要兼顾6个弟弟妹妹的生活。他担心两个孩子跟着他受苦，便将女儿任晚舟和儿子任平送回老家去念书，已上高中的任晚舟将名字改成了孟晚舟，这多少跟任正非与孟军离婚有点关系。离婚后，任正非和父母、侄子住在深圳南头一个租来的十几平方米棚屋里，每天只能买死鱼死虾，或晚间到市场买一些卖不掉的菜来吃。房内太拥挤，只能在阳台上做饭。任正非的父母不忍心给儿子增加负担，不久便回老家去了。

任正非身心疲惫，时常望着透得进阳光、也漏得进雨水的小棚屋沉思默想。英雄总是需要经过千锤百炼，直面最惨痛的现状，才能甩掉一切包袱重新开始。面对无情的打击，有人倒下，有人哭泣，有人认命，有人怨天尤人。任正非也曾感叹过生活无常，人生难测，认为所谓的人生理想、雄心壮志、家国情义等都是如此的微不足道，如今活下去才是人生最基本的需求。他没有更多的时间去感伤，家庭的责任、生存的需要，促使他孤注一掷，走上了一条"下海"干实业的道路。

二、奋斗才能生存

1987年，在人生的转折点上，任正非义无反顾地选择了创业。要创业，首先要解决资金问题。当然，他并非一无所有，工作那么多年也有点积蓄，勉强够得上"万元户"（那个年代的"万元户"算是比较富有了），他想把这笔钱拿出来做生意或者办实业。这笔钱如果仅仅维持生活，在深圳还能支撑一两年，但用来创业，实在是捉襟见肘。为此，他想拉人入伙，在同事、朋友、熟人中一游说，还真找到了几个志同道合的人，纪平、张燕燕、郭平等人先后加入进来。纪平是任正非在南油集团的同事，也是最先支持他创业的人。而郭平与任正非结缘则非常偶然，还传下了一段佳话。

当时，郭平在华中理工大学（今华中科技大学）读研究生，有一次，大学的一位教授带着郭平等几个研究生到深圳参观调研，遇上了正在物色人才入伙的任正非。交谈一番后，郭平被任正非身上特有的气质、做大事业的抱负、待人的热情和诚恳所吸引。任正非当即"拿下"郭平，邀他入伙，郭平爽快地答应了。

几位合伙人的热情很高，总共筹集了2.4万元，计划用这笔钱开办一家技术公司。

公司要注册，得先取个名字。在南方，为公司取名字有不少讲究，他们想取一个响亮点的名字，但思来想去，都觉得不是特别好。对于取名字，任正非后来这样解释："我们当初注册公司时，起不出名字来，看见墙上'中华有为'标语响亮就拿来起名字了，有极大的随意性。'华为'这个名字应该是起得不好。因为'华为'的发音是闭口音，不响亮。所以十几年来我们内部一直在争论要不要改掉'华为'这个名字，大家认为后面这个字应该是开口音，叫得响亮。"

1987年9月，华为技术有限公司以"民间科技企业"的身份获工商局批准，注册资本2.1万元，员工14人。43岁的任正非为法人，与另外5人均分公司股权。办公场所是租用的南油新村杂草丛中的一栋居民楼，这栋楼的每一层都是在仓库的基础上改装的，而仓库的另一头则是用砖头垒起的墙，隔出一间间的单间，就成了员工的宿舍。这比租用写字楼要便宜好几倍。

华为初创时名为技术公司，实际上却是一家小型贸易公司，人们习惯于称这种拎起包来就可走人的小公司为"皮包公司"。华为最初的业务主要是采购一些有点科技含量的电子产品，如火灾警报器、气浮仪等，转手卖出，赚点差价。这并不是任正非创业办实业的初衷，但为了生存，公司什么业务都得做，除了电子产品倒卖（贸易），他们也卖其他紧俏商品，甚至卖保健品、减肥药。有一次，听说深圳有一家台湾人办的唐京公司，卖墓碑的生意很火，赚钱快，任正非积极性很高，专门派人去调研。公司的两个女将立即出动，结果发现他们经营的是存放骨灰盒的塔位，其经营合法性尚未得到认可，任正非这才打消了卖墓碑的念头。零敲碎打的小生意终非长久之计，为了让这个小公司存活下来，任正非百般尝试，费尽心思。

1988年的一天，任正非出席一个老战友的酒宴，意外见到了一位熟人。经过了解，任正非得知这位熟人正担任辽宁省农村电话管理处处长。这位处长见任正非为人厚道、心诚，就介绍他做电话交换机生意。于是，华为成了生产用户交换机（PBX）的香港鸿年公司的销售代理。

这虽然还是转手生意（二道贩子），但公司的业务稍稍稳定下来了。他们从香港鸿年公司和珠海一家公司买（赊）来交换机，再卖给国内县级邮电局和矿山等单位。20世纪80年代后期供单位使用的小交换机市场，还是一个买家找卖家的市场，作为卖家的日子要好过得多。皮包公司有极高的毛利，"倒爷"们过着很舒适的"先富起来的少数人"的日子，大都"早上皮包水（喝早茶），晚上水包皮（泡澡堂）"。正因为钱好赚，仅深圳一地一个月之间就涌现出几十家皮包公司，卖方市场很快变成了买方市场，因此代理公司的夭折率也很高。

代理交换机数月后，任正非认识到，在市场对抗和竞争中，"没有什么只有你会做，别人不能做的，关键是客户给不给你做"。代理销售是一种主要凭关系、价格、服务而没有自身技术差异化可讲的行当，所以，任正非一再强调："客户是我们的衣食父母。""大家对客户再好一点，大家对客户的服务再好一点，客户给大家的订单就会多一点。"任正非对养活公司的客户始终充满感激，这与他做代理时打下的服务意识和服务基础是分不开的。"当得人下人，方为人上人"，任正非在客户面前的屈伸能力是超强的。这个40多岁的男人亲自做市场、做销售，绝大多数时候，他出门都是孤身一人，可以想象，一个中年男人、曾经的副团级军官要跑到各地的偏远邮电局去俯首哈腰给客户（其实真正打交道的多是20多岁的年轻人）说好话、拍马屁，个中滋味只有他自己才知道。中国人习惯在上班时间聊天，在酒桌上谈工作谈生意。任正非不会喝酒，所以每谈一笔生意都要比别人多讲好话，费尽口舌。

建立客户关系，说到底就是建立信任的过程。有些人通过做事或送礼来建立信任和感情,而北方人更喜欢通过喝酒来建立信任和感情。

有一次,任正非到北方某地县城去推销交换机,他跑了县局六七趟,好不容易见到分管局长,好说歹说总算得到答复说可以跟其手下谈谈。只要有1%的希望,任正非就不会放弃。他想拉近关系,于是请分管局长吃饭。但华为只是个小小的代理商,这位局长根本没放在眼里,叫了两位年轻的副科长去应付一下。吃饭的时候,任正非热情地给这两位年轻人敬酒,自己却不喝,因为他根本不会喝酒。两位副科长都不高兴了,一位说道:"局长不来,是不是瞧不起咱俩?今天这顿酒不喝,生意也就别谈了。"任正非立刻给两位小伙子赔不是,又讲了一大堆不能喝酒的理由,但都没有得到谅解,无奈之余,他只得端起酒杯舍命陪君子。没想到两杯酒下肚,他就醉了。回到宾馆,他稀里哗啦吐了一顿,又连夜做了一份技术建议书和报价单,第二天大清早就给客户送过去。自那以后,好长一段时间,任正非一闻到酒味就想吐。

任正非之所以能从创业初期那种艰难的环境中生存下来,应归功于其贫寒出身和艰苦的军旅生涯赋予的坚韧性格和奋斗精神。

当时我国交换机市场被国外的公司垄断着,跨国巨头们以傲慢的姿态,在中国市场上高价倾销产品,并享受着某种市场征服者的胜利的快感。任正非没有实力代理昂贵的国际品牌,而且即使是代理香港鸿年公司的产品,也还是付不起天价的供货费,只能采取赊账式交易模式,即先提货,卖完后再付款。为此,他说尽了好话。香港鸿年公司的老板被他非凡的气质、不俗的谈吐和忠厚坦诚感染,给了他2 000万元的赊货额度,持续两年,相当于香港鸿年公司给了华为1亿多人民币的无息贷款。因此,任正非对上家供货方也得十分客气,稍有不恭,供应商就可以"掐脖子"断货。那时候,许多经销商、大型用户都派采购人员在厂家外排队等货。珠海有一家台资企业的订单甚至都排到了第二年。有的企业为了早日提到货,还会给厂方负责人送礼。

许多早年加入华为的人都还记忆犹新,每当有人在办公楼下喊"来货了!"从任正非到所有人,全都欢呼一片,冲到楼下,从大卡车上卸货——"像过年似的……"有时睡到半夜，突然来车到货，大家都立即从床上爬起来，一起卸货，卸完再睡。如果不是任正非胸怀的梦想和一群人的"野心"，华为也许会跟其他皮包公司一样被湮灭在历史的风尘中。

当代理赚钱，总会不可避免地遇到各种进出口政策的限制，以及来自原厂的各种风险。当时一些单位用户机（也叫小总机）市场紧俏，地方政府都很重视，如果一台500门的用户机开通，当地省级领导都要去现场剪彩。要想订货，单位用户需要至少提前半年以上下订金给华为，然后华为再下订金给香港的原厂。但因为产品供不应求，香港的原厂经常发不出货，以及产品出了问题，无法及时修理，备板、备件等也不提供给代理商，这些使华为在为客户服务时非常被动。任正非意识到，没有自己的产品、没有自主研发，为客户提供优质服务就是一句空话。他深深体会到了产品、客户、订单、公司的现金流、公司的命运都卡在别人手上的痛苦。他这样坦陈道："中国当时正面临着社会转型，我们这种人在社会上，既不懂技术，又不懂商业交易，生存很困难，很边缘化。"

由于用户小交换机的市场太火爆，一年之间，全国有200多家国营单位参与了用户小交换机的生产和销售，国家限制信贷控制设备进口，华为的代理业务越来越艰难。

1988年秋，任正非跟公司的其他业务员一样背着40台交换机到武汉联系客户，特意到华中理工大学拜访了郭平的导师，这位导师是国内极少数研究程控交换机的专家，任正非向他请教程控交换机的发展前景。当然，他还有一个重要目的是将郭平带到深圳去。郭平这年正好研究生毕业，学校准备安排他留校任教，经任正非一鼓动，郭平的心早飞到深圳去了。从此，任正非与华中理工大学结下了不解之缘。

郭平是个才华横溢、很有点书生意气的人，但又很具商业头脑，他的到来，给华为增添了不少活力，更重要的是，他跟任正非的想法基本一致。科技公司不能长期当二道贩子，代理只是权宜之计，必须自己研制生产产品。这是一个很大胆的想法,对因国家信贷政策收缩造成资金链濒临断裂的代理商来说,他们通常没有勇气冒更大的资金风险来自己研制交换机,但任正非却敢做他人之所不敢做。

1989年底,华为的代理之路走到了尽头。其时通信设备业内烽烟四起,群雄争霸,进入了草莽英雄起家的年代。任正非要研发产品,可一没有人才,二没有足够的资金。国内许多企业都知难而退,纷纷依附于实力雄厚的外国大品牌,但代价是受制于人,而任正非偏偏想为华为另外开辟一条生路。他自己虽然懂些电子技术,但要开发产品,还得靠郭平这样的年轻人。经过一番盘算,任正非决定集中全部资金和人力,破釜沉舟,大干一场。他与几个创始人商量了一下,先成立两个组,一个是以郭平为首的研发组,另一个是以纪平为首的财务组(或者说是资金筹募组),分头去招人,去筹钱。

这天晚上,任正非亲自下厨为所有员工煮了肉丝面,然后对大家说:"感谢各位同志过去为华为做出的努力,现在华为面临重大转型,也意味着面临更大风险和生存难题。如果你们谁对华为没有信心,吃完这碗面条,领了工资明天一早就可去另谋生路。而愿意留下来的人,则要过更艰苦的日子,可能会有好几个月甚至更长时间没有工资发。不过,公司不会欠你们一分钱,到了有钱的时候会一起发给你们,或者将你们的部分工资入股,让大家都成为华为的股东。"

大家听了任正非的话,都默不作声,慢慢地吃面条。第二天早晨,一个人也没走,大家仍各自做好本职工作。华为自此开始摸着石头过河,走上了一条全新的探索之路。

三、独创的"床垫文化"

1989年,郭平在华为立下的首功就是为公司挖得一"宝",这个宝就是郑宝用。

郑宝用长得胖胖的，憨态可掬，一看就是一个值得信赖的人。他是福建莆田人，出生于1964年，比任正非小整整20岁。1984年，他从华中理工大学光学系本科毕业时才20岁，可见其天资聪颖。1987年，他从华中理工大学激光专业研究生毕业后，考上了清华大学的博士。1989年，他架不住老朋友郭平的再三劝说，还没拿到博士学位就奔赴深圳，加入华为这家成立还不到两年、工资都没有保证的小公司。华为正缺乏这种研发骨干，任正非如获至宝，当即任命郑宝用为总工程师。

20世纪八九十年代，深圳的诱惑力是巨大的，一直是中国年轻人最向往的城市。"时间就是金钱，效率就是生命"，那里有太多白手起家的奇迹和迅速致富的神话。人们从四面八方聚集到这里，奔波在这片新兴的热土之上，为的只是一个梦想——开创事业，功成名就。也许郑宝用也怀着同样的梦想，一到华为便开始日夜苦战。他工作勤奋，待人随和，与下属打成一片，没有任何架子，同事们都亲切地称他"阿宝"。

研发产品必须进行市场调研。摆在任正非和研发组面前的，是美国AT&T（1996年4月，其网络系统与技术部门独立为朗迅科技）、加拿大北方电讯公司（1998年与海湾网络公司合并成北电网络公司，以下简称北电）、瑞典爱立信公司（以下简称爱立信）、德国西门子股份公司（以下简称西门子）、比利时贝尔公司（以下简称贝尔）、法国阿尔卡特公司（以下简称阿尔卡特），以及日本电气股份有限公司（以下简称NEC）和富士通集团（以下简称富士通）的产品，这8家公司几乎垄断了中国所有的通信设备市场，俗称"七国八制"。本土企业要想占有一席之地，必须要有自己的核心技术。任正非后来解释华为这一次转型的原因时，说："外国人到中国是为赚钱来的，他们把底交给中国人，他们转让技术的手段，都是希望引进、引进、再引进，最终不能自立。以市场换技术，市场丢光了，哪一样技术真正掌握了"

郭平、郑宝用带领的研发组从1990年开始，全力以赴研制工作。因为各种条件的限制，最初他们只是开发用作配件的板件（SKD半散装），与买来的其他配件组装成整机，第一批产品型号是BH01。产品新外壳上贴着华为标签，其实里面的配件大部分还是别人的，并没有太高的技术含量。任正非的出发点是先换掉二道贩子的身份，以低成本的改装产品攻占农村市场，在外国企业的夹缝中寻求生存。先活下来，再谋求发展。

这一年，研发组的管理层人员工资不过330元左右，远低于外资企业的平均工资，但他们工作起来很拼命。几乎每个开发人员都有一张床垫，卷放在铁柜的底层，办公桌的下面。午休时，席地而卧；晚上加班，整夜不回宿舍，就这一张床垫，累了就拿出来睡。四周老化的测试机架，设备上一闪一闪的信号灯，高频电流的振荡声，伴随着他们进入梦乡，醒了就爬起来继续干。整层楼都没有空调，只有吊扇，高温下作业，经常是汗流满面。大多数员工以此为家，领料、焊接、组装、调试、质检、包装、吃饭、上厕所，一直到睡觉都在这一层楼上。除了到外协加工厂及公司生产部，不少人一连几天都没下过楼，有时连外面天晴天阴，有没有下雨都不知道。没有人强迫他们这样做，大家都是自觉自愿的，这就叫创业。

一张床垫半个家，华为人携着这张床垫走过了一段创业最艰辛的日子，但一张张疲惫的脸上绽放出希望和梦想。这种"床垫文化"说明华为人艰苦创业、坚韧不拔，努力把智力发挥到最大值，它成为华为人奋斗精神的一种象征。这种精神弥补了当时公司物质极度短缺的劣势，使大家都为一个美好的明天而齐心协力。没有艰苦创业经历的人很难理解这种精神，认为这是对人身心的摧残。但试想一下，在快速成长的城市里饿着肚子、生存受到威胁的时候，有几人能一觉睡到自然醒？任正非主导的单纯正向的企业文化氛围如业绩优先、人才优先的战略导向，正是成就日后华为王者地位的基础。

任正非的办公室里也有一张简易小床，他平时跟员工一样在工作间干活，有时甚至比一般员工干的时间更长，几乎每天都只睡五六个小时，而且经常是睡在办公室的小床上。

1990年夏天，张建国辞掉大学教师的工作后来华为应聘，面试当天天气格外闷热，进了任正非的办公室，张建国发现任正非满头大汗。听说是来应聘的，任正非对张建国说："我先冲个凉再说。"他出去后，张建国又打量了一下办公室，他从来没有见过哪个老板的办公室如此简陋，也不知是什么原因使他立刻对这家仅有二十几人的小公司产生了好感。过了一会儿，任正非穿着裤头，光着膀子走进来，坐下来跟张建国交谈。任正非简单问了一下他的基本情况，看了看简历，然后说："你下午来上班吧。"

张建国愣了半天，低声问道："老板您面试完了吗？这么简单，我去哪个部门上班？"

"你不是兰州交通大学电子通信专业研究生毕业吗？曾获得过省里的科研二等奖，在国家重点刊物上发表过几篇论文，是吧？当然是去研发组了。你当过老师，我还有一项重要工作交给你，在正式设置人力资源部之前，凡是来应聘的人都由你来面试。"任正非认真地说。

张建国就这样成了研发组的一名工程师，兼管人事。他第一次从这个土里土气的老板口中听到了一个新名词——"人力资源"。

1991年，华为租下了深圳宝安蚝业村工业大厦三楼。一层楼分隔为单板、电源、总测、准备四个工段，既是生产车间、库房，又是厨房和卧室。十几张床挨着墙边排开，床不够就用泡沫板加床垫代替。50多人吃住都在里面，无论是领导还是员工。华为的"床垫文化"在这里继续发扬光大。

工业大厦后面有一栋11层的大楼叫亿利达大厦，是中意合资公司深意压电技术有限公司的办公楼。刚来华为不久的张建国特别羡慕在亿利达大厦工作的人——深意压电技术有限公司的规模太大了，他甚至幻想自己也能到这样规模大的公司上班，那该有多神气！为此，他悄声问任正非："任总，不知华为什么时候能有一栋这样的大楼？那样的话，什么人才都能到华为来。"

任正非看了张建国一眼，语气肯定地说："不出十年，华为就会有比这更高、更宽敞的写字楼。不过，你得先给我招揽足够的人才，然后才能靠我们自己的才智和双手来建新楼。"

张建国见任正非一点也不像开玩笑的样子，心里暗暗地笑了。

乔迁新址后，任正非带领的华为团队才真正开始研发局用模拟程控电话交换机。华为研发要跨越用户小交换机的"红海"到局用交换机的"蓝海"，首先得在技术上有一次大的飞跃。而华为业务员在市场上推销的真正属于"华为制造"的新机是BH03，仅为24口容量。随着电信业的飞速发展，这种小交换机即将被淘汰。任正非任命郭平为项目经理，技术突破的重担则交给总工程师郑宝用。当时研发组仅五六个人，郑宝用既要与技术人员一起设计电路主板，又要负责编写数控程序，还要进行整机的调试，忙得焦头烂额。而且公司没有数控点焊机，没有中试检测设备。主板要拿到外面去请人加工，拿回主板后再对焊点一一进行检查，看是否有虚焊、漏焊或连焊，而这些全靠技术人员用放大镜目测。待交换机组装完成后，还要进行性能检验，人手不够，他们便把全公司的人集中起来，一人拿两部电话用耳朵试听，一旦发现问题，就要重新设计、反复修改完善，这是一个十分烦琐的过程。

尽管如此，为了兴趣，为了事业和理想，他们都拼了。研发组成员全力以赴，群策群力，克服重重困难，使新机型HJD48模拟空分式用户交换机（简称HJD48）的各项技术参数都达标了，测试通过后，再将它拿到位于南头西乡翻身村胜邦大厦的生产部去生产，任正非几乎每天都到现场检查生产进度，遇到吃饭时间，他和公司领导就在大排档和员工一起吃工作餐。当然，费用由其中职位最高的人掏腰包。

年底，HJD48模拟空分式用户交换机作为新产品正式推出。这虽然不算换代产品，但至少可以算是BH03的升级版，容量扩大了一倍，而且全部是华为自己的技术，大幅度降低了产品成本。任正非十分高兴，他一贯主张"败则拼死相救，胜则举杯相庆"，新产品研发成功当然要庆祝一下。他性子急，立马在南头西乡开会庆功并进行产品推广。

除公司全部员工外，任正非还邀请了几个老客户。四川来的陈先生对任正非自主研发的战略思维和决心十分佩服，称赞道："当一家家小公司、小店铺正在为自己的销路一筹莫展时，只有任总长于预知未来，带着华为走出最大胆、最有远见的一步，所以只有华为最有成效，也最有前景。"面对客户的称赞，任正非谦虚地说："其实，我们现在就像红军长征，爬雪山过草地，拿了老百姓的粮食没钱给，只有留下一张白条，等革命胜利后再偿还。华为还面临着很多问题和困难，更希望陈经理一如既往地支持我们。"

这一天，淅淅沥沥地下了一场小雨，屋外冷风嗖嗖，屋里却热气腾腾，庆祝仪式极为隆重。当然，庆功宴只是简单的自助餐，加上啤酒，让每个人都轻松一下。任正非在会上宣布，华为从下一年（1992年）开始实行工号制，这意味着工号越靠前的员工进入华为的时间越早，获得的股权越大。唯一例外的是郑宝用，他的工号是0002，这可能是任正非对这位有着突出功劳的总工程师的一种奖励。

开完庆功会从西乡回来的路上，他们遇到了一点小状况，乡下的路不好走，天黑又下着雨，公司的一辆车陷进了泥坑，进退两难。就在大家犹豫之际，只见任正非跳下车，脱掉皮鞋，挽起裤腿，迈进泥坑推车。众人见状，也纷纷下车，合力将车子推出了泥坑。

任正非上车后，语重心长地告诉大家：当一个公司像这辆汽车一样陷入困境的时候，不能犹豫，更不能退缩，只有齐心协力帮助它，才能使它走出泥淖，继续前进。

四、失败了只能跳楼

任正非信心满满地推出新产品HJD48后，市场的最初反响很不错。在华为这款自主研发产品的宣传手册最上方印有这样的广告语："祝您早日走上成功之路，电子通信是您发达的催化剂，一种优良的小程控交换机会使您的办公发生较大的变化。"图案中有几行小字："每月10—18日在深圳举办用户学习班，月月如此，不再另行通知""生活费用自理，技术培训免费，无论是否订货，一视同仁！"

这种以技术为主导的推广策略产生了非常好的绩效，因为华为的产品质优价廉，受到了很多单位用户的好评。1992年，凭借HJD48模拟空分式用户交换机系列早期的单位用户机产品，华为销售额首次突破1亿元。自主研发的决策被证明是正确、有效的。华为依靠"代理＋自主研发"两条腿走路活了下来，一直走了好几年，"生存第一"始终是任正非内心的第一要务。

尽管任正非长于预知未来，善于把握时代发展的趋势，但时代列车前进得太快，市场的变化有时让人措手不及。其时，中国邮电部（1998年3月，信息产业部成立，邮电部正式撤销）下面有几家国有企业都已在生产34口和48口的单位用小交换机，华为的产品并非处于领先地位。任正非知道，要想保住华为的市场份额，必须不断革新技术，投入更多的资金进行产品研发。但这条路走得很辛苦，因为研发投入几乎是个无底洞，而且成败难料，就像赌博一样，运气占了很大成分。任正非后来说："当时我们不懂事，误上了电信设备这条贼船，现在想下都下不来了。如果当时我们开的是饭馆，现在利润可能更高，我也更舒服。"

的确，积累了不少原始资本的任正非有很多选择。一个真正的企业家总是能在自然选择之上，做出必然的选择。就在华为人为自己能够独立开发通信产品而群情振奋的时候，一股不亚于十级台风的经济风暴刮来了。1992年春，邓小平再次视察深圳并发表重要谈话，强调改革开放的胆子要大一些，敢于试验，看准了的就大胆地试，大胆地闯。没有一点闯的精神，没有一点"冒"的精神，没有一股气呀，劲呀，就走不出一条好路，一条新路，就干不出新事业。此后几年，中国经济进入恢复性的高速增长。地产业、高新技术开发区火爆的投资、急剧的扩张，使得经济开始"发高烧"。上千亿的资金飞向南方的房地产和经济开发区，海南800亿，北海300亿，惠州150亿……迅速掀起了一场圈地狂潮。

做地产就是通过某种途径和方式找政府部门拿一块地，再找银行贷款盖房子，待房子盖好了就坐地收钱。当然也可以不修房子，直接转让土地。深圳作为特区样板，无疑成为一块投资热土。"到处都在开工，房子还没有盖，甚至还只有一张图纸就进行转让。项目转让了一手、二手、三手。开发的人还没有炒作的人赚钱快，开发的可能赚 500 元一个平方，炒作的人一下可以赚 1 000～2 000 元一个平方。"一位亲身经历过这股地产热潮的地产商人回忆说，"那时候甚至国内各省的政府部门都筹集资金到南方来捞一笔，一个人能在一夜之间变成百万富翁。"

在这种情况下，有人想拉任正非入伙炒房地产，但任正非对这种傻瓜都能做的生意似乎兴趣不大，因而一口回绝。他并非不想快速发财，而是有自己做企业的原则，他要做企业家而不是做老板，毅然选择了一条独自修行之路。他强调，未来的世界是知识的世界，不可能是这种泡沫的世界。因此，华为的基因与许多企业不同，敢赌却从不抱投机幻想，看准的事就要花血本投入，否则宁可放弃。任正非看准的下一个产品是开发局用交换机，主攻公用电话电信领域。

进入这个领域，不但技术要换代升级，而且市场竞争也升级了。竞争对手除了国际巨头外，还有国内的几位带头大哥。中国的交换机市场，大型局用机和用户机基本上被来自国外的电信企业及其在中国国内的合资企业的产品垄断。通信圈里的人都清楚，国外产品成熟、性能稳定，技术更新快速，国内企业做高端产品研发具有很高的风险性。华为起步较晚，无论是技术、经验、资金，还是研发方法和设备，都严重滞后，而且它的身份是民营，受到政策上的不少制约，尤其是融资方面容易陷入瓶颈。从 1992 年第三季度开始，为防止经济过热，银行已经从严控制专业银行的贷款发放，信贷扩张的势头降了下来，任正非从银行根本贷不到款。

但是，人的坚韧往往是被恐惧磨炼出来的。电信行业竞争非常残酷，不发展就死亡，没有中间道路。死亡的恐惧使任正非只能选择往前走，毫无退路。他咬紧牙关坚持着，甚至向大企业借贷，利息高达 20%～30%，实际上就是高利贷。他还制定了一个内部政策——谁能够给公司借来 1 000 万，谁就可以一年不用上班，工资照发。这是任正非最大的一次冒险，华为前后投入1亿元人民币，是死是活全在此一举。这一役只能胜不能败，他要让全公司的员工都认识到这一点。

由于华为发展很快，员工人数迅速增加，华为不得不租用更多的办公大楼，不断地搬家。任正非在西乡租用了一栋六层的楼房作为生产基地，办公室则从蚝业村工业大厦搬到深意工业大厦。就在这栋大厦的五楼，任正非召开了全公司员工动员大会，号召大家发扬红军爬雪山过草地的革命精神，团结一心，全力以赴地打好这一仗。他曾说："处在民族通信工业生死存亡的关头，我们要竭尽全力，在公平竞争中自下而上地发展，决不后退、低头。""不被那些实力雄厚的公司打倒""为了点滴的进步，大家熬干了心血，为了积累一点生产的流动资金，至今绝大部分的员工都还住在农民房里，我们许多博士、硕士，甚至公司的高层领导还居无定所。一切都是为了活下去，一切都是为了国家与民族的振兴。世界留给我们的财富就是努力，不努力将一无所有！"

动员讲话后，他像带兵出征的将军一样，又带领大家唱军歌，鼓舞士气。此后，唱军歌成为华为动员会上的保留节目。

唱完军歌，任正非站在五楼会议室的窗边，严肃地对身边的管理人员说："这次研发如果失败了，我只有从楼上跳下去，你们还可以另谋出路。"言语间充满了悲壮。

华为全体员工都被任正非置之死地而后生的顽强拼搏精神感染，所有人心中都燃烧起一股激情：一定要推出华为自己的数字交换机，为公司的生存和发展杀出一条血路来。尤其是开发人员，抱定了不成功誓不罢休的决心，开始研制大容量模拟空分局用交换机。任正非依然以郑宝用为总工程师，将研制的第一台局用交换机命名为JK1000。

但华为没有研发大容量局用交换机的经验，研发组全体人员只能以勤补拙，刻苦攻关。由于空分模拟技术用于大容量机上有一定的局限性，必须采用数字技术，而国内只有上海贝尔公司（以下简称上海贝尔）拥有全数字式的局用程控交换机，需借用它的技术和经验，因此，研发组采取了折中办法，将JK1000设计成模拟与数字混用机型。

第四章 土狼突击

任正非带领一批充满理想主义精神、献身精神、家国情怀，甚至清教徒精神的小人物，采取"群狼围猎"的方式，进则同进，退则同退，协同作战初步奠定了华为的企业文化基调。

一、华为的"西乡军校"

在研发组进行新产品开发的同时，任正非的销售队伍也在全国各地马不停蹄地四处奔波。

一天中午，任正非来到人事部问张建国："这段时间人事部招了多少人？新产品研发出来了，急需大批销售精英。"

张建国回答："任总，我们现在已经有200多名销售人员，从公司目前的产能来看，这支队伍已经足够大了。"

任正非听了不客气地说："答非所问。我是个老业务，知道多少人才够用。我们需要几倍于现在的销售人员，甚至可以做到来者不拒，只要这个人勤勉、不怕吃苦又有头脑。"

张建国听了不由得有点紧张，结结巴巴地说："对不起，任总。您知道，我是学电了通信的，本应该在研发部学习，您却让我来人事部，我的工作没有做好。"

"那你的意思是说我用人不当了？在我们这个公司，没有哪个人是天生该干什么事情的！搞开发、管生产、英雄儿女上前线，这是我们的口号。如果你在这个岗位上做不好，那你就上前线去试试（做销售）。"任正非平日朴实随和，但脾气一向火爆，一旦骂起人来，一般人可受不了。

张建国了解任正非的个性，便低头不再搭理他。上前线就上前线，做销售总比闷在这里强。

当然，任正非并不是来问责的，他在考虑两个问题，想从侧面听听下属的意见：一是新产品如何定位及保持怎样的研发节奏；二是销售人员应该采取怎样的方式快速切入大市场。他见张建国不再说话，便缓了缓语气，说："难道我不知道你是学电子通信的？既然如此，那你说说，你对我们现在开发的JK1000有怎样的评估和预期？"

涉及专业性的问题，张建国的胆子大了起来："据我所知，目前国外厂商多采用数字程控交换机技术，我们研制的模拟技术的空分交换机市场前景不容乐观。我国的电信业相对落后，这种机型还能派上用场，但只能低价快销，作为一个过渡产品，不可有太大的依赖。"

任正非点头道："你说得对，我们的技术还不高，新产品刚开发出来就有过时的风险，现在只能以勤补拙，以快补短。所以，请你记住，招销售员要不限名额，招技术天才要不惜代价！"

他们正说着话，从外面走进来一位陌生女子。她三十左右，穿着西装套裙，显得精明、干练、洒脱和成熟。任正非觉得她初看像职业女性，细看又不乏女性所独具的韵味和优雅。他愣了一下，问道："你找谁？有什么事吗？"

"我找人事部经理，我是来华为学习的。"女子说。

"是来华为参加培训的客户吧？"任正非转身对张建国说，"你把这位女士安排一下。"

没等女子再开口，张建国就迎上前，连声说："欢迎，欢迎！"

女子一下子满脸通红，解释道："对不起，我不是客户，我是来应聘的。我叫孙亚芳。"

任正非对孙亚芳的第一印象很不错，本想多问她一些基本情况，但想了想又觉得不妥，便对张建国说："这件事还是由你来处理吧。"说完转身走了。他完全没有想到，这个女人对华为日后的发展起到了不可估量的作用，后来被《财富》杂志评为中国最具影响力的25位商界女性之一。

孙亚芳毕业于成都电讯工程学院（后更名为电子科技大学）无线电技术系通信专业，1982年在河南新乡电子工业部的一个下属厂（燎原无线电厂）里当技术员，1983年在中国电波传播研究所附属学校任教师，1985年在北京信息技术应用研究所任工程师。她原本是想到华为应聘市场部工程师（产品经理），但因为只是本科毕业又没有研发经验，结果去了培训部。

华为最初的入职培训分为两部分：客户培训和销售人员培训。客户培训主要是通过对客户进行基本技术培训，与客户建立更紧密的联系。实际上，华为最让竞争对手胆寒的是其严密的市场体系，而不仅仅是技术优势，在与对手技术相差不大的情况下，华为能通过市场获得更大的优势。而华为的市场几乎完全依赖销售人员拓展，市场一线销售是企业中最辛苦的岗位，销售人员每天忙于开发新客户，维护老客户，上门拜访，下走市场，一个月下来不仅经常遭遇白眼与闭门羹，还可能完不成任务，导致身心俱疲。所以，任正非想通过对销售人员的强化培训，提升他们的市场开拓能力和客户维护能力。在这方面，孙亚芳很有天赋。她的聪慧、干练以及对任正非的脾性、思想的领悟，是其他人所不能及的。另外，她极好的英语水平，也是任正非所倚重的。任正非的意图，说得专业一点，是建立一个强悍的人力资源管理系统；说得通俗一点，就是要培养一群在饥饿中依然能顽强战斗的狼群。任正非阐释道："企业发展就是要发展一批狼。狼有三大特性：一是敏锐的嗅觉；二是不屈不挠、奋不顾身的进攻精神；三是群体奋斗的意识。"做市场开拓，尤其要如此。"每个部门都要有一个狼狈组织计划，既要有进攻性的狼，又要有精于算计的狈！"

为了实现这一目标，孙亚芳对销售人员的培训十分严格，几乎搬用了军营的管理模式。培训基地设在西乡，因此被谑称为"西乡军校"。

华为的半军事化训练包括两大方面的内容：

第一，灌输企业文化，如自我潜能发掘、诚信、价值观、责任感、团队意识、服从组织和敬业精神，重点培养销售人员的纪律性（服从命令）、执行力、归属感和统一性。

其中最为突出的是狼性企业文化，辅以极具吸引力的激励措施。通过企业愿景或使命的提出，为华为建立一个充满责任感和企业道德的公共形象，提升品牌说服力，大力提倡以客户为中心、以奋斗者为本的核心价值观。通过这种文化的提倡，从而使公司的薪酬体系向一线的市场及研发部门倾斜的导向性得到广泛的认可，保障客户与产品这两端的强大执行能力；而核心价值观的反复强调，又让客户与华为进行交易时产生高度的信任感，并让运营商相信华为具备可持续发展的意愿和能力。

第二，专业技能培训，包括通信技术、市场开发、客户维护等内容。相对而言，专业技能培训比较烦琐。对新员工培训时，华为先进行营销理论与知识的培训，其中有一条铁的纪律：穿皮鞋、西裤、衬衫、打领带，一个也不能少。从进入公司的第一天起，所有新员工都将被仔细检查，不合格者立即改正，否则就有可能被辞退。孙亚芳认为，这一规定是促成新员工完成学生向职业转变的标志。

所有新人在培训的第三节课上，还会进行两天的扎线练习。这是一种将机器设备内部的大量连接线，按照一定规则捆绑，从而使其整齐、便于检测。这种培训和考核看似简单，实则不易。新员工必须严格按照流程，将电源线、告警线和半波线等分别插上，再按照一定的顺序捆绑整齐，彩色线在外，不能有交叉。有的员工按照流程，一个小时就搞定了；有的员工不遵循流程，一上午的时光白费了还弄不好；还有许多老员工，按照自己的习惯想当然地进行处理，结果总是出错。通过这种严格的培训，以增强员工按流程办事的意识。

对技术一窍不通的新人更要从通信原理学起，还必须参加车间实习和组装操作培训，去生产一线装机实习，拧螺丝、调设备、放话线。培训的内容很多，密度很大，考试又严格，要是不努力就会被淘汰，很多人由衷的感受就是——比高考更折磨人。

培训结束后，公司还会给新员工搞一次"实战演习"，主要是让员工在深圳的繁华路段以高价卖一些生活用品，规定销售价格必须比公司规定的价格高，不得自行降价，做到理论与实践相结合。以上培训可以驱除员工的书生气，为被派往市场第一线做好心理和技能上的准备。

这些派往"前线"的销售人员，在相互配合方面效率之高让客户惊叹，让对手心寒，因为华为从签合同到实际供货只要四天的时间；国外电信运营商需要一年甚至更长时间才能完成的开发工作，他们加班加点一个月就能干完。

孙亚芳在培训部的时间虽然很短，但为华为后来建立的人力资源系统打下了基础。

由于JK1000是一个过渡产品，必须要利用好时间差，所以这一年招收的销售人员特别多。孙亚芳在培训中发现，并非每个员工都与华为的目标一致，尤其是新来的员工，他们没有经历过创业初期的艰苦，也没有共同创业的远大目标，只是想着以工作赚取薪水，养家糊口。如果用华为的愿景目标激励他们，作用并不大。恰在此时，华为因货款回收太慢，现金流出现严重问题，不但新产品研发要被迫停止，而且全体员工连续几个月都发不出工资，员工士气低落，不少人请求辞职。

这时，任正非再次动员公司干部融资。孙亚芳又展示出了她在公共关系方面的超群才能和广泛的社会人脉资源，帮助任正非解决燃眉之急。不久，华为收到了一笔货款。公司高层一起研究这笔款项应该怎么用，任正非一时也拿不定主意。最后，培训部经理孙亚芳站出来说："各位领导，作为培训部一员，我认为培训就是将老板的理念转化为下属的行动，独一无二的理念体系是成功的企业战略所需的要素，但并非全部。对于员工的激励方式还是要因人而异，一群饥饿的狼，有的可能不顾一切地扑向猎物，有的可能会因为没有力气而直接倒下或者另谋活路。根据眼下的实际情况，我建议先发放员工的工资再说！"

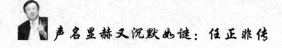

孙亚芳说话干脆，毫不拖泥带水。任正非十分佩服她的胆识，这个相貌秀气、文雅的女子竟然具有这样的决断力。他深知，凭华为现在的实力参与跨国集团在中国市场的竞争，就像一个刚离开母亲的孩子要与狼搏斗。要想胜券在握，只有迅速让孩子也成长为战斗力很强的狼。他当即表示同意孙亚芳建议。于是，等待多月的员工们领到了拖欠的工资，一支庞大的销售队伍迅速奔赴全国各地城乡。

二、豪言"三分天下"

尽管华为的销售人员一直在努力，但JK1000、CT2及其他小型交换机所带来的效益却十分有限。

推出JK1000才几个月，一向特立独行的任正非又做出了一个惊人的决定：投资过亿元研制C&C08数字程控交换机（简称C&C08）。

人们之所以惊讶，是因为任正非既没有足够的研发人才，也没有足够的研发资金。但是，任正非非走出这一步不可。狼拥有敏锐的嗅觉，距离2 000米就可以嗅到被捕猎动物的味道。任正非就像狼一样，对市场的血腥争斗异常敏锐。电信市场的血腥争斗比任何一个市场都激烈，一是技术进步很快，硬件更新换代周期短，软件更是日新月异；二是市场越来越狭窄，几乎没有蓝海地带了。但信息产业在高速发展中的不平衡，给弱小公司留下了许多机会。

任正非是一个酷爱学习、胸怀远大、眼界开阔、富有思想的人，他知道功能、性能、成本都占优势的数字程控交换机更有优势，启动C&C08 2 000门数字程控交换机的开发项目刻不容缓。他从1992年底、1993年初开始大量招兵买马，人事部门除了培训销售人员外，主要任务就是挖技术骨干。

技术骨干应聘时要先过人事部这一关，然后再由总工程师和相应部门主管面试。一位工程师来华为应聘，面试时总工程师郑宝用和任正非都在场。郑宝用说:"华为公司是没有任何背景的,一切都靠自己奋斗。在这里工作,不需要拍马屁、拉关系,只要你好好干,公司就会给你回报。"郑宝用之所以这样说,是想让这位工程师下决心选择华为公司。而这是他的亲身经历,最具有说服力。他靠自己在公司的业绩,成为华为的技术负责人之一(人们谑称他为"二号首长"),尽管没有明确他是二把手,在华为,他的权力和影响力都不小,同时他也在很短的时间内积累起自己人生的一笔财富。不仅人才不需要拍领导的马屁,任正非还经常拍人才的马屁。

任正非笑着对应聘的工程师说:"阿宝(指郑宝用)是一千年才出一个的天才。我们需要上千个这样的阿宝,欢迎你加入华为。"

"谢谢!"这位工程师重重地点了点头,满以为老板还会鼓励他几句,让他好好干,没想到任正非却说:"但我要告诉你,进了华为就是进了坟墓。"

这位工程师一头雾水,不明白任正非的意思,但他还是坚定地选择了华为。

资金和人才是企业发展的两个轮子。在资金方面,任正非通过转卖电源技术,通过与邮电系统成立合资公司、与商业银行开展"买方信贷"业务来解决眼前的困难,为搞活现金流可谓不遗余力;在招揽人才方面,专业人才的职业发展一直是困扰任正非的一个难题。

为此,任正非召开了一次中层以上干部会议,专门讨论不拘一格挑选人才和公司发展策略问题。过去,他一再强调"活下去"就是华为的发展策略,而在这次会议上,他一反常态地说:有些企业,它们的经营模式是规模和服务,因此市场需求前景是受限制的,发展是有极限的。而且,同质化竞争,别人也可以挤进来分杯羹,缩小你的发展空间。我们这个行业是高速成长、拼实力的行业,技术是企业最核心的竞争力。如果今天你拿不出来先进的东西,没有前瞻性的策略,明天你就垮了。像我们这样的企业,垮了多少?我不知道华为能否存活20年……10年之后,世界通信行业三分天下,西门子、阿尔卡特和华为。

许多人闻言报之一笑，因为社会上正流行着企业早衰症，或破产，或勉强维系，那么，任正非的这番豪言壮语是否会因此变得滑稽可笑呢？

任正非把自己三分天下的"梦"卖给自己的下属，你信，这个梦就叫"愿景"；你不信，这个梦就只是个笑料。他相信，只要通过卖愿景，能团结一班有着相同价值观的人建立一个团队，形成一种文化，企业离成功就不远了。

这次会议的重点是寻求高级技术人才进行各种形式的合作。会后没几天，公司来了一批实习生，一个身材瘦削、满脸稚气、鼻梁上架着高度近视眼镜的小男生引起了任正非的注意。他叫李一男，是华中理工大学二年级硕士研究生。求才若渴的任正非对李一男"一见钟情"，而初来乍到的李一男对任正非诸如"华为鼓励人人当雷锋，但决不让雷锋吃亏"等管理思想和见解也感到非常新奇。双方都对对方很有好感。任正非慧眼识珠，注意到了李一男所具有的潜质，没有顾及他的实习生身份，竟然委任他主持研究开发一个技术项目。按照李一男的要求，华为需要为此购买一套价值20多万美元的外国设备。此时华为正处于产品开发的最艰难时期，财力相当有限，20多万美元不是一笔小数目。但任正非力排众议，依旧认可了李一男的提议。没想到几个月后，由于市场形势急转直下，李一男主持的项目意外搁浅，刚买来的设备也因此成了废品，20多万美元打了水漂。

曾经因200万元损失而被单位炒鱿鱼的任正非对自己的那段经历刻骨铭心，他对这笔20多万美元的损失虽然心疼不已，但他对李一男却没有半句责怪，反倒对有意见的同仁说，这可能就是培养年轻人必然要付出的学费吧。这并非任正非财大气粗，而是表明他对人才、对科研的重视和开发新产品、赶超国际水平的决心。

任正非的宽容大度让李一男内心充满感激。1993年5月，李一男研究生毕业后便到华为研发部上班，恰好C&C08机项目上马，任正非任命他为项目组组长。随李一男前后来到华为的还有余厚林、刘平等人，余厚林是从武汉一个研究所过来的，是一个很有经验的硬件工程师，负责该项目硬件；刘平来自北京，负责软件。

C&C08型万门数字控制交换机的研制成为华为成败的关键。所谓万门数控机，就是先开发2 000门的交换机，然后再搞一个中央数字控制模块把多个2 000门的交换机连在一起，形成万门交换机。任正非在这个项目上几乎押上了全公司。在研发过程中，他差不多每天都过去看望李一男，甚至直接用"干儿子"来称呼李一男。他还经常和项目组的人一起睡午觉，亲自为研发组提供后勤服务。此时的李一男还是个二十几岁的毛头小伙子，开会讲话都显得很紧张，好像下面坐着的那些比他年纪大的人都是他的领导似的，让他感到有不小压力，生怕讲错一句话。第一次主持会议，他说话的声音很小，显得有气无力，要很仔细才能听清楚。他说话的时候，手甚至有点发抖。不过，他的眼神很厉害，所有的威严和自信都在眼神中表现了出来。任正非常亲切地称呼李一男为"红孩儿"。

由于开发人力紧张，任正非在全力支持做万门数控机方案的同时，也继续安排2 000门交换机的开发。刘平在2 000门交换机里兼任单板软件项目经理，开发主节点软件。2 000门交换机的开发人员大部分是年轻人，最小的只有19岁，他是中国科技大学少年班毕业的。这群年轻人在一起开发，合作非常融洽。

当时开发组认为2 000门数字控制交换机的容量已经足够，对万门数字控制交换机的前景并不看好。为了鼓励大家的干劲，总工程师郑宝用给各个部门都立下了军令状，并对万门数字控制交换机的开发人员说："你们研制吧，开发出来我保证卖出去10台、8台的！"

万门数字控制交换机项目组成员都投入到紧张研制之中。一天，刘平在公司吃完中饭，刚想回宿舍休息，就被李一男带到万门数字控制机开发的办公室。此时万门数字控制机的软、硬件关键技术都已经解决，就等着联合调试了。李一男急于要听到万门数字控制交换机的第一次通话。忙碌一通后，李一男从一个模块上的电话拨号，另一模块上立刻有了电话振铃。刘平提起话筒，通了！几个人高兴得跳了起来。"且慢，"

李一男突然想起了什么，"刚才做实验时，是不是设置了'永久连接'？"刘平赶紧检查，果然如此。这说明刚才的通话是假的。去掉"永久连接"后，电话又不通了。看来软件还是有问题。大家白高兴了一场，只得继续调试。又经过几个小时的测试和修改，电话才真正打通。这时，时钟已指向凌晨1点，他们连续工作了13个小时。

为了解决各种电波（雷电干扰、高压感应、交流电源等）对交换机的干扰，研发组查阅了大量资料，并认真分析了系列防护标准。他们深入维修工段，分析市场返回的失效用户板，对过压保护器件的失效机理做了大量的模拟实验，在此基础上提出了几套防护方案备选。他们还把实验室搬到广东省邮电科学研究所，与邮电专家一起进行测试，终于研究出了一套有效的防护方案。这是国内首次开发这类过流防护器件，技术难度很大，工艺要求复杂，研发组与硬件试制厂家的技术人员一直忙到大年三十晚上。

在开发C&C08的两年时间里，开发人员同吃同住，全身心投入到工作中。任正非让他们享受了一点特权：上下班不用打卡，完成任务就行。他们常常晚上工作到很晚，早上睡到十一二点才起来，吃了午饭接着干。大家的目标很明确，就是尽快把交换机做出来。为此大家自觉自愿地加班加点，半夜两三点钟回家是常有的事。而任正非也没有闲着，他一有空就和大家聊天，时不时还讲一段精彩的故事。讲故事是他激励下属最拿手的好戏。有时他也请研发人员去吃夜宵，搞点物质刺激。

任正非是一个很好的鼓动家，每次他讲话，下属都不由得热血沸腾。这成了支撑华为员工全力以赴干下去的精神力量，同时也是吸引外部科研人才的魔力所在。一到下班或周末，大型国企的技术人员，也带着厂子里的设计图纸甚至原材料，一股脑投入到华为，以十倍的干劲热火朝天地鼓捣起来。任正非鼓励"外援"说："以市场换技术的代价太大了！"任正非始终坚信：技术自立是根本，没有自己的科技支撑体系，工业独立是一句空话；没有独立的民族工业，就没有民族的独立。只有自己才能救自己，从来就没有什么救世主，也没有神仙，中国要发展，就必须靠自强。和很多领域一样，在通信行业，最尖端的科学家不是在国企，而是在为军队服务。不仅是中国，即使在美国，芯片、计算机、互联网等一系列科技成果，都是由军方先研发出来，然后才逐步民用。军事强，则科技强。若非如此，凭乔布斯在车库里组装一下电脑零件就能改变世界，岂不是天方夜谭？前解放军信息工程学院院长邬江兴，就是交换机行业研发的佼佼者。早在1991年，年方38岁的邬江兴就主持研制出了HJD04（简称04机）万门数字程控交换机。为此，他成了任正非的"狩猎"目标，在任正非的鼓励下，他给华为研发组提供了一些技术指导。

为了吸引更多有远大志向的年轻人给华为效力，实现自己"做一个世界级的、领先的电信设备提供商"和三分天下的宏伟目标，任正非刻意将李一男打造为绝顶聪明、个性刚烈、年少得志的天才。23岁的李一男迅速成为华为的一颗耀眼新星：两天时间里，李一男升任华为工程师；两个星期后，因解决一项技术难题，他又被破格聘为高级工程师。

1993年底，在深圳蛇口的一个小礼堂里，华为召开了年终总结大会，有270多名员工参加。大家第一次目睹平时满脸沉重的任正非流露真情。会议开始后，任正非说了一句"我们活下来了"，就泪流满面，再也说不下去了，双手不断在脸上抹着泪水。

这一年，任正非意欲三分天下走出了最为关键的一步。

三、"群狼围猎"争市场

在研发团队日夜奋战的同时，华为的销售队伍也在四处奔波，不舍昼夜。

没有政府背景的华为，在中国每一寸土地都印上了销售员"集体奋斗"的足迹。他们按照任正非的战略思路，从跨国公司无暇顾及的县城做起。在东北，1993年初，爱立信派了三四个人负责盯黑龙江的本地网络，而华为则派出200多人常年驻守，对每个县电信局的本地网络项目寸土必争。狼群围捕猎物，往往会追逐很久，在头狼的带领下，进则同进，退则同退，协同作战，无往不利。

这一时期，华为主要依赖打"野战"，采取"群狼围猎"的方式争夺市场。任正非制定的销售策略是："以农村包围城市"，采取人海战术，覆盖农村市场。它也体现了任正非的"压强原则"：在成功的关键因素和选定的战略生长点上，以超过主要竞争对手的强度配置资源，要么不做，要做就极大地集中人力、物力和财力，实现重点突破。外国公司的办事处一般设在省会城市，一年接一个大单也就够了，由于其产品较为高档、售价昂贵，销售大都集中在大城市，在县级城市和乡镇则比较少。另外，农村市场线路条件差、利润薄，国外厂商没有精力或者不屑去拓展，这给国内通信设备厂商带来了机会。

在这场围猎战中，张建国、孙亚芳这两个管人事的技术干部都成了头狼。任正非派张建国去福州，孙亚芳则去了长沙。

张建国到福建后，天天乘一辆破旧的吉普车在各个县城和乡镇跑，三年下来，他对各个县城的分布了如指掌，可以随手画一张福建省的县级区位地图。福建是最早使用国外交换机产品的省份。全国第一台进口程控电话交换机就是在福建安装使用的。张建国来到福建的时候，福建省内凡是已经装了程控电话交换机的地方，都是使用日本进口的F150机型以及上海贝尔的产品。上海贝尔是上海程控交换机市场的领航者，在中国市场上占有很大的份额。华为面临的市场压力很大，任正非心里产生了赶超上海贝尔的念头。

日本进口的机型性能稳定，但是由于装机年数久了，除了通话功能外，很多新功能都不具备，更重要的是技术服务跟不上，技术升级难。任正非决定以及时周到的技术支持和服务来与日商争夺市场。福建泉州市清一色是日本进口的F150机型，使用几年后，需要技术升级了，泉州市电信局通过省、市政府与远在日本的厂方协商，前后等了一年也没有人来。这时，华为凭借自身开发的交换机比日本的机器功能多、技术升级方便的优势乘虚而入，最终，泉州市全部改用华为的机器。

张建国在跑客户的时候，他的妻子临产，但他并没有请假回去照顾，直到拿下客户，孩子已经满月了，他才匆匆回去看了一眼。

孙亚芳在长沙也发扬了华为狼性销售的特长：对客户，你一天不见我，我就等你一天；一个星期不见我，我就等你一个星期；上班找不到你，我节假日也要找到你。她紧盯目标，穷追不舍。这也难怪人们后来给华为取了一个绰号"凶猛而难缠的土狼"。

由于工作拼命，华为的销售员升迁很快，所谓"乱世出英雄"，为了开拓市场，先封你个团长，没有兵可以招；又是"以成败论英雄"，"攻占一个山头，活捉一个师长，立马被提拔成排长或连长"。当然，销售员的辛苦也是不言而喻的。一月之内可能数次南下北上，东奔西走，风餐露宿也是平常之事。销售员不仅要跑客户，有时收发货也得自己干。有一名新来的硕士生做销售，第一天上班打包，一上来就被铁皮划破手指，血都喷到了旁边的墙上，幸好准备有止血胶布，他包上又接着干。

1993年秋，销售人员在新疆某地跑了半个月，终于敲开了电信局领导的大门。他后来这样描述自己的经历："我在华为第一次见电信局长，是因为有个资料要递给他。早上8点钟我就去他的办公室了，他说要开会，'你等等吧'。他一边说一边走进会议室。于是，我就站在能看到会议室的位置等着。他出来两次，我都迎上去，他说还要继续开。中午，他出来了，我连忙走上前去，他告诉我：'现在要去吃饭，你改天再来吧。'他走了，我还站在那里，一个小时后，电梯门打开，从里面出来的局长抬头看到我，一愣：'你怎么还没回去啊，到我办公室来吧。'聊天时，电信局长颇为感慨，说几年前你们华为就有人来过这里，那个人背着军绿色旧书包，我刚开门，他就问我要不要头交换机……"

这名销售人员带着订单和故事回到总部，把故事讲给几位老同事听。同事们也一阵感慨，然后告诉他说，当年那个背旧书包去卖交换机的，可能就是我们的老板（任正非）。

确实，不仅销售人员在不顾一切打拼市场，任正非本人也跟普通员工一样尽一切努力赢取客户。1992底，四川客户陈先生陪同一位地区电信局局长及几名科长到深圳华为参观考察，住在深圳华强北附近的格兰云天大酒店。任正非白天在酒店向客人介绍情况并谈到晚上11点多才告辞。当时从任正非住的深圳南头到华强北（深南大道还在改造中），只有一条两车道、弯弯曲曲的土路，路边还是荔枝林和农田，开车要一个多小时。大家原以为任正非第二天会晚点到，结果第二天早上7点多，任正非就已经到了酒店大堂，陪客人去吃早茶。这意味着他早上5点多就得出发，晚上休息了不到5个小时。任正非对客户如此热情和诚挚，令所有在场的客人都非常感动。

"有这样的人做老板，公司一定会得到客户的认可，一定会有大发展。"陈先生这样想。那个地区本来已向国内另一厂家订了一台200门的程控交换机，但一直没有到货。考察华为后，局长决定跟那个不重视客户、违反协议的厂家取消合同，改订华为的程控交换机。

1993年9月，任正非邀请几十个地区县市电信部门的有关负责人到深圳开了一次研讨会，专门探讨农村通信技术和市场问题。

商丘地区邮电局农村电话管理科张科长在会上说："商丘地区也上了一些用户机，但是使用起来不尽如人意，尤其雷击问题更是令人头痛。这几天看了华为的机器，觉得华为交换机的性能比较完善。"接着，他又问任正非："我们国家的通信正在发展，今后可能会采用数字微波，而现在我们用的是模拟中继板，到时不知可否换板？这样既可以更新我们的设备，又可以降低成本。"

任正非听了风趣地说："对于使用一两年之后的元器件已经老化完毕的，正好是进入青壮年时期，又可以半价转让给其他地方，何乐而不为呢？或者也可以通过整个农话局的维修中心，在全省范围内调剂。另外，根据我们的市场预测，JK1000到2000年是不会落后的。目前日本1/3的交换机还是纵横制的，英国也有将近1/3如此。"

就这样，任正非通过多种方式反复地、锲而不舍地宣讲，利用一些市场关系，在1993年下半年到1994年上半年共卖出200多套JK1000。

任正非心怀感恩，非常朴实地告诫员工："天底下唯一给华为钱的，只有客户。我们不为客户服务，还能为谁服务？客户是我们生存的唯一理由！"

由于C&C08 2 000门交换机到1992年10月份仍迟迟生产出不来，任正非十分心急。因为销售人员在数字交换机还没开发出来的时候，就已经为它找好了开局的地方——浙江义乌。原计划1993年5月或6月供货，结果因产品出不来而一拖再拖。一向不拘小节的任正非好像一下子老了10岁。项目经理毛生江每天见到负责软件开发的刘平都会嘟囔一句："再不出去开局，老板要杀了我。"

项目组人员在公司实在待不住了，机子还不稳定，他们就将第一台C&C08 2 000门交换机搬到浙江义乌开局了。但第一台交换机的问题非常多，呼损大、断线、死机，经常发生打不通电话，或者电话打到一半突然中断，或者干脆就断线等现象。开发组的20多人几乎倾巢而出，带着开发工具去了义乌，等于是把开发的战场移到了义乌市电信局。

在义乌，各方面的条件自然比不上华为研发部，交换机只有一台，既要测试，又要调试，时间特别紧张，开发人员只好24小时两班倒。这年冬天，义乌天气很冷，凌晨时气温在零度以下，而机房里没有任何取暖设备，许多工程师穿着两层袜子，两件夹克。烧开水的电水壶也坏了，大家连杯热水也喝不上。有的工程师实在累得扛不住了，就在机房地板上躺一会儿，起来又接着干活。清早收工回旅馆，旅馆老板常常搞不清他们是上班还是下班。义乌的情况，华为上下都很重视。总工程师郑宝用亲临现场指挥；任正非也不远千里来到义乌多次看望大家，与工程师同吃同住，给他们以极大的鼓舞。

义乌电信局用户也诚恳地反映了一些问题，提出了一些改进建议，如机架不够美观、安装固定方式有待改造、需支持远端用户等。

试用、改进、调试花了整整五个月时间，最后终于达到了组合要求。万门数字控制交换机的开通，在华为发展史上、中国通信产业发展史上都具有里程碑意义。经历了数次的失败后（曾经的失误导致了6 000万至1亿元的损失），华为终于正式推出了2 000门网用大型交换机设备——C&C08组合机型（万门数控机）。这标志着华为拥有了自己的技术积累，企业的发展上了一个新台阶。

研制出万门数字控制机以后，华为的实力明显增强，开始挑战上海贝尔。任正非采取了迂回包抄的战术——先攻占上海贝尔最薄弱的农村市场，以及东北、西北、西南的落后省市。在这些"穷"市场上，华为大造V5接口的宣传攻势，以综合接入设备对抗上海贝尔的远端接入模块（制式与华为不同），同时以盈利利润为补贴，以低价为策略，用上海贝尔无法达到的低价占领农村市场，然后再争夺城市的市场份额，逐步压缩上海贝尔的利润空间。很快，华为和上海贝尔两种制式便呈并驾齐驱之势。正是依靠C&C08万门数字程控交换机的研制成功，华为得以在与上海贝尔的激烈搏杀中后来居上、一战成名。

1994年初夏，华为迎来了一个发展的关键时期。此时，华为刚刚完成了上海市话局增值业务平台系统，正好赶上全国各地的电信管理局高层会议在上海召开。显然，这是一个向全国运营商展示华为技术和设备、进行自我宣传的绝佳机会。任正非决定立即将万门数字控制交换机设备运到会议所在地，在现场搭建一个展示平台。不过，会期只有短短几天，留给华为的时间并不多。任正非动员全体员工，在不到五天的时间里，必须完成了从设备运输、环境搭建、设备调试、机器开通的全部工作。现场会那天，凡是观摩了华为产品的专家、政府官员，都被华为开发、生产的具有自主知识产权的产品震惊了。他们几乎不敢相信，这台性能优良的设备竟然是由一家小小的国内民营企业开发、生产的。华为第一次充分显示了国产技术的实力，同时展现了华为人快速反应、勇往直前、来则能战、战则必胜的能力。

C&C08机推出后，华为产品在市场上的竞争力大为提高。除了满足运营商的各种组网功能需求外，还可以提供各种专用通信网（如铁路、电力、军队、公安、石油、煤矿）中的C&C08数字用户交换系统设备。

加上销售人员的艰苦努力，华为终于化险为夷，渡过难关。

"败则拼死相救，胜则举杯相庆"，这是华为的市场工作原则。1994年6月5日，任正非召开了华为成立以来最盛大的一次庆功会，并在会上发表了热情洋溢的讲话：

"胜则举杯相庆，败则拼死相救"的市场工作原则，几年来感召了多少英雄儿女一批一批地上前线。商场如战场，却比战场更加持久的残酷与艰苦，苦难的历程又抚育成长了多少市场营销干部。没有他们一滴汗、一滴泪的奋斗，就不会有今天月销售额突破12万线的好成绩。我代表公司向市场部全体成员表示衷心的祝贺。在全国多个市场上，各省管局都较大幅度地接纳了C&C08。预计6月份的市场将上升10%。这些与科研人员日夜的辛劳、计划生产系统优良的管理、公司各部门的努力服务是分不开的。我代表市场部向他们表示深深的感谢。

……

几年的时光一晃就过去了，华为从一个小公司逐渐变为一个有实力的公司，更有机会向市场提供良好的服务，售后服务的成本也在降低。在当前市场外患内乱、不正当的竞争几乎把国内厂家逼到临近破产的状况下，我们一定要坚持提升技术的先进性，不惜代价提高产品质量的可靠性，建立及时良好的售后服务体系。在当前产品良莠不分的情况下，我们承受了较大的价格压力，但我们真诚为用户服务的心一定会感动上帝，一定会让上帝理解物有所值，逐步缓解我们的困难。我们一定能生存下去，为中华民族的通信产业，发出光和热。历史给了我们巨大的压力、危机，也给了我们难得的机遇。处在民族通信工业生死存亡的关头，我们要竭尽全力，在公平竞争中生存发展，决不退步、低头。

马克思在100多年前就告诉我们一条真理，我们要深刻地去理解它。"从来就没有什么救世主，也没有神仙皇帝，中国要富强，必须靠自己。"我们从事的事业，是为了祖国的利益、人民的利益、民族的利益。相信我们的事业一定会胜利，一定能胜利。

同年 11 月，华为又将 C&C08 机搬进了北京展会。这次与上海展会不同的是，华为已经小有名气，引起了一些媒体的极大关注。

四、华为基因

任正非带领华为在短短的时间内取得如此重大的进展，其营销团队和研发中心功不可没，华为由此成长为一家名副其实的由"营销团队＋研发中心"构成的高科技公司。在研发和打拼市场的过程中，一批素质较高、德才兼备、顽强拼搏、业绩突出的年轻人进入了公司领导层。对于研发团队，任正非认为："对核心技术的掌握能力就是华为的生命。华为的目标是，把技术作为核心竞争力去赢得超过 10% 的制造业利润率，逐渐取得技术的领先和利润空间的扩大。"任正非还决定专门增设一个部门——中央研究部，这是从研发部独立出来的。李一男担任这个重要部门的副总经理。

在销售队伍中，孙亚芳的升迁是最快的。1994 年下半年，她担任市场部总监，管理一支庞大的销售队伍，而张建国完成第一次"群狼突击"后，又回到人事部门，担任市场部考评办公室主任。华为后来的人力资源部就是以考评办公室为基础设置的，自此，张建国开始了与华为人力资源近 10 年的不解之缘。

一天，任正非召集孙亚芳、张建国、郭平（项目经理兼总办主任）等人一起开了个小会，正式提出对全体员工的考评、定级、薪酬奖金及市场组织架构构建和管理问题，并要求对华为过去的方方面面进行一次总结。

这次开会只是征求意见，并不形成决议，任正非让大家尽量畅所欲言。张建国首先说道："华为已有近千名员工，一一考评难度很大，不一定定得准，而且我们也不知道该从哪些方面进行评定。"

任正非说："你不懂，我更加不懂。我们的游击队要转变为正规军，这一步是必走不可的。你们是不是组织几个人去香港考察一下，借鉴一下大型公司的经验？"

"华为过去完全采取军营封闭式管理，我们几个人都埋头在技术和市场里面，现在老板让我们去学习，是个好机会。"郭平说。

孙亚芳一向快人快语，但这一次却迟迟没有发言。任正非催促她说："孙经理谈谈想法吧，销售队伍中的大队人马可都是你培训的。"

其实，孙亚芳一直在思考更换系统的问题：如何将文化传承与构建组织架构，以及考评、薪酬奖金等紧密联系起来，形成华为独特的市场组织体系。她见任正非催促她发表意见，便说："在通信供应领域，研发技术与竞争对手相差无几，很难凭借技术而遥遥领先于竞争对手，严密的市场体系才是企业制胜的秘密法宝。所以，我们要先建立完善的组织，然后向组织灌输企业文化，这是对员工进行绩效考核的基本前提。"

任正非听了连连点头："说得很对。狼文化是华为基因，这个东西不能丢。之前我已经几次讲过狼的优点，最突出的三点我还得重复一下：第一个就是有非常敏锐的嗅觉，有危机感、远见与设计感，并知道机会在哪里；第二个就是有很强的进攻性，会扑上去抓住这个猎物，也就是进取精神；第三个就是团队，因为往往不是一匹狼去捕猎的，而是一群狼去捕猎，这是华为文化最底层的东西。当然，华为文化还包括奋斗精神、务实精神、敬业精神、乐观精神以及谨慎、敬畏、精进、纯粹、广大、包容，等等，都是我们必须传承下去的。"

会上，任正非把让华为基因发酵的任务交给了孙亚芳，而他自己也时不时地向员工宣传，给员工讲故事，激发他们的斗志。华为讲求"集体奋斗"，也讲个人业绩。员工要想得到提升，得拿实实在在的业绩说话。华为从来不讲逐级提拔规则，从来不讲媳妇熬成婆。一个普通的销售人员，只要绩效突出，贡献特别大，两三年就可以升任市场总监；相反，碌碌无为，即使熬白了头也不可能成为骨干人物。

任正非建议把员工分为三类，一是普通劳动者，二是一般奋斗者，三是有价值的奋斗者。针对三类不同的群体，提出不同的管理要求，并给予不同的薪资待遇。任正非明确提出华为重视的是那些有价值的奋斗者，认为他们是华为事业的推动力量。但是，他并不排斥前两类人员在华为的存在。对于一个生产型企业来说，涉及人、财物、产供销各个方面，需要方方面面的人员去完成不同的任务。有些岗位需要高投入、高学历、高智慧的人才，那就安排想奋斗的人去做；而有些简单的勤务岗位，普通的劳动者完全可以胜任。对于前两类人员，任正非给予稍高于当地水平的薪资待遇；而对于第三类人，任正非不仅给予很高的薪资待遇，还提供华为的内部股权，共同分享企业发展带来的利益。所有个人收益与贡献大小几乎严格对等。销售人员更是如此，可以年薪达数十万元，也可能年薪不到一万。

对任正非的这套管理办法，孙亚芳很是赞同，但有一点却让她感到有些不满：任正非经常撇开部门主管，直接给基层员工派活。对此，她多次给过任正非一些暗示，但任正非已经习惯了与基层员工直接接触。

某名毕业于名牌大学的员工个性十足，也很有创造力，经过市场部三个月的考察后，孙亚芳决定对他委以重任。有一天，任正非心血来潮，将其叫到自己的办公室，想让他一个月内在某省建立起十个重要的客户关系。该员工担心自己能力不够，最后委婉地推脱了。

他自认为很谦虚坦诚，但是任正非并不这么想。随后，他将工作交给了与该员工同时进公司的另一名员工，这名员工不像前者那样在同事面前风头强劲，但他工作勤勤恳恳，对此，任正非都看在了眼里。后者对任正非分派的任务，一开始也有些犹豫，但他表示自己一定会尽全部努力，虽然不一定能完成任务。

一个多月后，公司要派一个市场部员工到香港去学习，这意味着回来后会得到晋升。市场部的人都认为第一名员工是最有希望赢得这次机会的。但是，过了几天，公司里传出第二位员工要去香港进修的消息，对此，那名员工感到不能理解，也不能接受，于是就在同事面前发了些牢骚。

他来到任正非的办公室，问他去港进修为什么派别人去。面对激动的员工，任正非认真地说："当时我分配给你的任务确实有难度，我也没指望你能全部完成，但你遇到一点困难，就退却了，可见你不是一个敢于承担压力的人。而接受挑战的那名员工在一个月内和七家著名企业建立了客户关系，虽然没有完成任务，但我看到了他的勇气和进取心。原来预计以他的能力联系到五家客户就不错了，结果出乎我的预料，我非常满意。"听到这里，这名员工的脸一下子红了。接着，任正非又说这名员工得知自己去不了香港的消息后愤愤不平，经常发牢骚，缺乏承受挫折的能力。这件事使他在同事面前失去了往日的光辉，不久，他便辞职离开了公司。

而孙亚芳也通过此事意识到任正非对自己信任不够，公司要进行规范化管理，很多规矩草根老板自己都受不了，何况任正非并不是一个沉默内敛、严肃无趣的人。他做事雷厉风行，言谈直抒胸臆，实为性情中人。有时性子一上来什么都不顾，该耍赖就耍赖，想骂人就骂人。整个公司只有两个人能当面向他提意见，一个是总工程师郑宝用，另一个就是孙亚芳。

1995年的一天，市场部的高层们讨论市场策略以及人力资源的相关事宜，孙亚芳也在座。几位副总正在讨论之中，任正非突然从外面走进来，不管三七二十一，站着就开始发表意见："你们市场部选拔干部应该选那些有狼性的干部，比如说某某（某地办事处主任），我认为这样的干部就不能晋升。"任正非话音刚落，孙亚芳就不客气地说："任总，他并非你说的那样，你对他不了解，不能以这种眼光来看他。"任正非一时语塞，好像是串门的外人不受欢迎一样，转身就往外走，口里喃喃地说："我只是随口说说，你们接着讨论吧。"

可以说，任正非时刻都在提醒下属，一个不具备华为基因的员工是不可能成长的，也得不到晋升。其实，他的担心是多余的，孙亚芳无时无刻不在思考理顺管理层次和关系。华为并不是任正非一个人在战斗，而是一个注入了华为基因的强有力的团队，都朝着一个明确的目标而奋斗。孙亚芳在全力以赴地帮助华为打造一个能赢的团队。

有人说，诞生于变革年代初期并从民企脱胎而来的华为，注定了一开始就打上了旧体制的边缘者和"私生子"的烙印。它在夹缝中追随体制演进的每一个动作、每一个脚印，都充满了艰辛和磨难，以及无法预判的风险。孙亚芳知道，任正非用锻造军队的方法打造华为的团队，自然拥有超强的战斗力；他用毛泽东的军事思想制定战略，在商界中攻无不克，战无不胜。商场如战场，企业似军队，在某种意义上，任正非的理念是成功的。但军队要求的无条件服从、推崇的牺牲精神，与高科技公司、高素质人才的特性能吻合吗？孙亚芳几经思考，想到了一个方法：基因移植。一旦组建了团队，就要创造一个确保大家走向成功的氛围。相互尊重、对胜利的信念、互补的技术、不同个性的包容、健康而稳定的发展节奏、360度的反馈和信任，所有这些都很重要。

在她的理解中，作为华为的核心基因，最先被传承的应有以下几点：

一是加班文化。任正非本人对加班情有独钟，他经常教育员工：世界上著名的IT企业都有加班的传统——IT行业技术更新那么快，市场变化那么迅速，你不拼命干就会落后，只会死路一条。于是，加班文化雷打不动地保留了下来。公司则尽可能地为加班者提供后勤服务，比如晚上9点提供免费夜餐。而且这种加班是无偿的。如果有人一段时间没有加班，就会引起别人的疑惑——这人工作怎么这么不投入，连班都不加？上级可能会认为他劳动态度不好，进而影响其奖金。华为实行的是单双周工作制，但相当一部分员工连着四个星期只能休息一个星期天，还是在实验室里打一天地铺。加班文化正是对"床垫文化"的传承。

二是群狼文化。体现华为人的奋斗进取精神，对市场的敏锐与攻击性，体现群体（团队）的力量，也强调工作效率，不论采取什么方法，快速达到目的是关键。尤其是在创业阶段，这种速度和激情都是必需的，而且，具备"狼性"的组织生存能力会更强，更有生命力。

三是核心价值观。华为需要"简单"的员工，这里的简单不是说好欺负、懦弱，而是踏实肯干、始终朝着一个目标努力的人。华为的核心价值观蕴含着华为的愿景、使命和战略。其中最重要的一点是：为客户服务是华为存在的唯一理由，也是销售人员存在的价值。华为一般不给销售人员提成。孙亚芳认为，对销售人员来说，销售提成是一种"刺激"方式，可以提高他增加短期收益的积极性，但却无助于他与客户建立长期稳定的关系。华为的销售是没有提成的，只有奖金。它有许多相应的制度与之相配套：工资高，目标管理体系完善，执行人员自我管理水平相对较高。在这种制度下，销售人员的销售压力与收入水平，都不亚于以提成制作为激励的企业。据中关村一家著名IT企业的市场人员说，我们根本"打"不过华为的营销人员。任正非对营销人员的刺激办法令人惧怕：在桌上码上像小山一样的现金，如果想拿走，就走出门去，卖更多的产品。这位市场人员把华为的销售称作"用现金砸出来的"，但是，他却不知道要让普通人变成"土狼"，产生与"狮子"撕咬的勇气，一定得有让人舍生忘死的办法。对此，孙亚芳想到的不是单纯地砸钱，而是基因移植。

第五章 黄金年代

一群思想简单的年轻人,满怀着建功立业的热情和期望,从内地南下特区闯荡。而任正非则用自己的领导能力把这群年轻人打造成了一支目标简单又充满激情的铁军,所有人的智慧和创造力都空前爆发出来。所有人都从内心相信自己所从事的是前程远大的事业,只要公司能生存下去,每个人都将拥有无限美好的未来。

一、阻击?退避?合作?

就在任正非一心想把自己手下的游击队打造成正规军、强调基因移植的时候,华为遭遇了本土的强大对手。

1995年下半年,由原电子工业部第五十四研究所和华中理工大学联合研制开发的EIM-601大容量局用数字交换机(简称EIM-601机)通过了部级鉴定。凭借EIM-601技术,广州金鹏起家了。加上1993年12月从邮电部邮电科学院分拆出来的电信科学技术研究院(大唐电信科技产业集团前身),国内电信设备厂商以"巨大金中华"为主力,渐渐与国外通信巨头形成了对抗之势。

一天,郭平前脚刚走进办公室,任正非后脚便跟了进来。他一进门就大声嚷道:"郭经理,我们终于遇上土狼对手了!"

郭平不明白任正非说的是什么意思,愣愣地看着他:"您是说我们在市场上的对手吗?那些对手早就存在啊。"

第五章 | 黄金年代

任正非递给郭平一份刊物，解释道："实际上，过去我们是没有对手的，国内的巨头、霸主还不屑把华为当成对手，因为我们太弱小。现在有媒体把华为与其他国内通信企业并列为'五朵金花'，它们不把华为当成对手都不行了。你看看吧！"任正非很善于学习，是个科技知识的信徒，而且嗅觉敏锐，时刻关注着市场上的风吹草动，一见到"巨大金中华"这几个字，他便警觉起来，开始考虑应对之策。

郭平匆匆看完那篇报道，高兴地说："这是好事啊，终于有眼球关注我们华为了。我们在细分的狭小市场和夹缝中生存得够久的了。"

任正非说："你说得很对。但是，凡事皆有两面性，过去我们主要对付的是'外敌'，是'八国联军'，技术自立是根本，我们重视技术，不惜血本搞开发，现在已经拥有了核心技术，但我们从来不以技术先导为目的，而是以在市场上迅速削弱、打击、消灭竞争对手为目的。现在，遭遇到了本土的强大对手，我们应该怎么做呢？"

郭平说："过去我们在进入C4（电信市场细分为5级）传输市场时，针对不同的地区、不同的网络占有情况，确定相应的销售推广策略，这是非常具有针对性而且十分有效的，所以国外厂商对我们构不成事实上的威胁。但现在国内厂商与我们开发的产品是一个层级的，是我们强有力的竞争对手，同时我们还面临着C4级运营商投资、决策等方面的限制，我们'从下往上'的策略（由乡镇县渐次进攻到市级、省级，直到国家级的骨干网市场）必然遇到阻力，同室操戈是必然的了。"

"产品层级的提高，会促使我们将主力从'游击战'转变为'巷战'。我们是不是开个专门会议一起讨论一下呢？"任正非问道。

确实，调整战略已成必然之势。郭平按照任正非的吩咐，通知中层以上管理干部开会。会议讨论的核心问题是，对于规模实力、研发能力相当的"国内主要竞争对手"，在决定成功的关键技术和既定的营销战略上，该做怎样的调整。

当时，华为研制的C&C08落后于主要竞争对手中兴（即中兴通讯股份有限公司）等，但是 1994 年下半年推出的大容量的万门机 C&C08C 型机，却领先于其他对手。因此，有人主张以技术超前来制胜。

任正非提醒道，在技术上，"不要做先烈，要做先驱"。他还给先烈和先驱作了一个注解：领先一步是先驱，领先三步是先烈。眼下要量力而行，一款产品做好，成功了，赚钱了，再多做几款试试。

这时，宣传部经理站起来说："现在国内几家大公司向电信局提出的是'通信网建设一步到位'的思路，也就是说，即使在广大农村，也开始逐步采用光缆进行传输，要求交换机（数字化万门机）与传输（光缆线路）的改造同步，避免重复投资，以赶上通信业迅猛发展的潮流。这些国际型大企业的超前建设观极具煽动力和影响力，迎合了多数地区特别是发达省份的建设思路。'一步到位'的观点逐步波及全国，各地家庭用电话的通信网设备选型的首要标准也是要满足'一步到位'的建设思路，如果我们在技术上不能与之同步，将很难与国内对手进行'巷战'。"

这种在技术上对竞争对手形成的攻防意识，完全属于战略上的考虑，但任正非依然强调说："没有什么只有你会做，别人不能做的，关键是客户给不给你做！华为决不在技术上对国内同行进行阻击。技术是用来卖钱的，卖出去的技术才有价值。因此要先做市场后做技术，没有市场就没有研发，没有稳固的客户关系就没有稳定的产品研发。而在具体战术上，只有一个标准：客户需求。"任正非这一战略成为华为战胜国内外电信设备供应商的一项"独门绝技"，也成为华为争占市场的一个基本原则。

会后，华为多次组织电信局相关人员（主要是农话的）来公司举行技术讨论会，并在自己的内部刊物《华为人报》上发表文章，宣传电信网络建设"一步到不了位""综合到位要量力而行"等思路。

当然，任正非并没有放弃对产品技术的追求，到 1996 年，华为又推出了容量可达 10 万门的 C&C08B 型机，在既定战略（群攻市场）上拉开了与竞争对手的差距。

尽管如此，任正非认为华为的整体实力仍不能与国内几大电信企业相抗衡。作为电信设备巨头中唯一的民营企业，华为在资金、人员、政策扶持等关键资源上都处于劣势，因此，应坚持运用毛泽东"集中优势兵力打歼灭战"的军事思想，在"敌强我弱"的情况下，唯有在企业内部资源的配置和成本上做文章，才能由整体的"弱"变为局部的"强"，在某一个阶段、某一个方面领先对手，占领市场，形成竞争力。华为的竞争优势是低廉的研发费用——低成本的智力型人力资源，但是，华为没有强大的资金实力，成本优势再明显，也难以做大市场，这样一来，规模经济之下的成本优势就体现不出来。所以，只有在自己占有的市场中，更新和推进技术，作为一种狙击新进入者的手段。同时通过自我否定和自我淘汰，强迫产业进步，提高进入者的"门槛"。对电信系统而言，这是用自己的资金在自己的地盘做市场，让自己获利，自然全力以赴。

通过这种方式，华为与电信局客户之间形成了资金和市场的紧密联盟，就像硬币的两面，一面获得资金另一面获得市场。任正非的目的很明确，宁愿与所有人利益均沾，也要让合作伙伴、让员工和自己一起把企业做大。

不久，任正非与国内多家省会城市电信系统联合发起成立合资公司——莫贝克公司。华为的交换机通过莫贝克公司的渠道，迅速以低价冲击全国市场，到1995年年底，迫使交换机行业的销售价格从200～300美元/线下降至80美元/线，电信系统也因全行业交换机采购价大幅降低而实现了将电信业务向全国迅速推广的目标，最终实现了全社会、消费者、电信系统和华为的多赢。资金解决了，市场打开了，华为终于迈过了生死关头。

在此之后，华为进一步以客户需求为导向进行创新，这种创新更强调对成熟技术的继承。华为于1996年引入国际商业机器公司（以下简称IBM）的研发管理流程，为公司产品开发注入新的动力。IBM的集成产品开发思路，给华为带来了一种跨团队的产品开发和运作模式：市场部、采购部、供应链、研发人员、财务部门、售后部门等在产品立项阶段就开始参与，从而确保产品在最初立项到实现，全过程都是依照客户的需求而产生；与此同时，成本竞争力的考核也贯穿始终，系统地分析通过购买和自主开发两种方式获得的技术对产品竞争力的影响。

任正非的市场逻辑其实很清楚，那就是打造"利益共同体"，有钱大家赚。他认为，现代企业竞争已不是单个企业之间的竞争，而是供应链的竞争。企业的供应链就是一条生态链，客户、合作者、供应商、制造商同在一条船上。只有加强合作，关注客户、合作者的利益，追求多赢，企业才能活得长久。

经过几年的努力，华为在国内建起了业界最为完善的客户服务体系；在国内29个办事处设立技术支援中心和备件中心，各分支机构通过各种数据专线互联；同时，客户问题管理系统、培训认证系统、客户信息系统、备件管理系统、经验案例系统等技术支持管理系统也趋于完善，给客户服务以有效的IT技术支撑。此外，为进一步加大对客户网络的支撑能力，华为已将服务体系延伸至本地网，在本地网设立服务经理，负责协调公司资源，及时响应客户需求。

任正非全力推动建立以客户需求为导向的相对稳定的国内市场组织结构和销售网络，同时开始与国际市场接轨。华为向香港和记电讯国际有限公司提供了C&C08机。华为专门设计了壁挂式的远端模块，以适应较小的机房；并且提供了号码携带NP功能，以满足号码迁移需求。

这是华为成为一流国际化硬件供应商迈出的重要一步。

二、"再创业运动"

华为要"做一个世界级的、领先的电信设备提供商"，相应的公司的品牌、团队、供应链、客户关系等配套规程就显得越来越重要。市场部总监孙亚芳认为,在通信供应领域,研发技术与竞争对手相差无几,很难凭借技术而遥遥领先于竞争对手,严密的市场体系才是企业制胜的秘密法宝。为此,她开始统筹规划,酝酿着一个大动作。

1996年2月的一天,孙亚芳来到任正非的办公室汇报工作,直截了当地说:"华为成长很快,产品的更新换代,客户层次的提升,对营销队伍也提出了更高的要求,简单地说就是从领导到员工,从制度到理念都要变革。"

任正非其实也正在思考这个问题,听了孙亚芳的话,他又惊又喜,这个女人还真跟自己心有灵犀一点通,常常能跟他想到一块去。"快说说,你想如何变革?"任正非认真地说。

"华为初期的主要产品是小型用户交换机,每台300多块钱,型号陈旧、功能单一,采购决定权全掌握在县级电信局科长、处长、局长一类的领导手上,决策部门的层次很低,我们采取群狼式围攻,总有一个人能把他们搞定。但从去年开始,随着一批高新产品的推出,销量逐渐增大,经常出现一单合同高达几千万元,县级主管部门已无决定权,逐渐向招标采购发展,决策权也掌握在更高一级的领导手里。这对营销队伍提出了更高的要求,原来的以主任为首的各地办事处的营销队伍大大限制了市场的开拓,市场要求华为必须提高各地办事处主任的领导水平,并建立更高素质的营销队伍,原来的办事处主任和管理干部大多不适应这一形势的变化,必须退出!"孙亚芳滔滔不绝地说。

"你是说全部?"任正非深感意外,心想,这个女人还真有魄力,办事处主任这一级差不多有30人,加上各省市的客户经理、产品经理、客服经理、销售代表等,涉及面很广。任正非经常挂在嘴边的一个词汇是"沉淀"。在他看来,一个组织尤其是销售团队,时间长了,老员工收益不错、地位稳固,就会渐渐地沉淀下去,成为一团不再运动的固体,拿着高工资、不干活。因此,使团队保持鲜活状态非常重要。不过,他原意是想将那些缺少技术知识、缺乏进取精神、业绩不佳,已"沉淀"下来的臃员裁掉,没想到孙亚芳提出的却是市场部全体人员辞职！

"是的，包括我在内。"孙亚芳语气坚定，没有半点含糊。

任正非说："那些高管过去几个月业绩好，一个月挣5万多……现在不再有冲劲了！我的团队犹如一潭死水，大家都在聊QQ、上网看八卦新闻……危险啊！可全部辞掉后该怎么办呢？"

孙亚芳答道："让人力资源部重新考评，然后根据公司的需要再返聘一部分人回来。"

任正非做事历来雷厉风行，毫不拖泥带水，在孙亚芳此番言辞的感染下，他当场拍板道："那好，我明天一早开会就这样宣布了。"因为他也很想"搞一次群众运动"。

就这样，任正非与孙亚芳两人一拍即合，导演了一场惊人的戏码——召开市场部员工集体辞职大会！

会上，孙亚芳代表市场部作了集体辞职演说。市场部代表郑重宣读了辞职书："1996年是市场大决战的一年，市场的发展势不可挡……"大厅里的空气似乎凝固了，唯有那铿锵、洪亮的声音回荡在每一个人的心田。半晌，大家似乎才清醒过来，爆发了热烈的掌声。任正非也发言表示："为了明天，我们必须修正今天。他们（市场部管理干部）的集体辞职、接受组织的评审，表现了他们大无畏的毫无自私自利之心的精神，他们将光照华为的历史，是全公司员工学习的楷模。"

紧接着有人大喊："前进，华为！"

随后，又有几个人自发走上主席台，抒发自己的感想。他们回顾过去，展望未来，豪情满怀。这些常年奋斗在市场第一线的市场人员，一个个像诗人般大抒情怀！

"为了公司的整体利益，牺牲个人，我毫无怨言！"

"华为的企业文化是团结、发展，作为一个华为人，我愿意做一块铺路石。"

"身为华为人，我很自豪、自信，我无愧于华为，我等待着新的挑战。"

一位已被降职的干部慷慨陈词:"我的羽毛被烧掉了,但它发出的光芒能照亮后来的人!"

……

许多人眼里含着泪花,说到动情处,声音哽咽,眼泪禁不住掉落下来。

朴实的语言,感人肺腑的表白,让人回想起华为多少市场人员放弃舒适的环境,放弃与家人在一起的机会,一批又一批地奔赴前线的情景。他们含辛茹苦,全身心地投入工作,始终以最大的热诚和优良的服务感动客户,为华为的发展开拓出一片生存空间。没有一批又一批市场人员的呕心沥血,华为不可能会有今天的成绩。如今,他们又以大无畏的精神,坦然接受公司的挑选。

其他部门的员工也纷纷发言,诚心表示要学习市场部的精神。

来自全国各地办事处及市场部本部的几百人参加了这场"运动"。在大会上,29个办事处主任同时向公司递交了两份报告:一份辞职报告,一份述职报告。华为新成立的人力资源部门将决定接受哪一份报告。任正非在会上宣称:"我只会在一份报告上签字!"

面对这次残酷的人员调整,新任人力资源部总监张建国受到了极大的震撼,所幸考评制度已经建立得比较完善,他才没有手忙脚乱。整整一个月,他废寝忘食,投入到紧张的考评工作之中。他在"前线"战斗过,知道营销人员最重要的是要有活力,有不服输的精神,有抱负去干一番事业!市场开拓是很辛苦的一个过程,很容易令人迷茫!最后的投标更是充满了风险和残酷,没有坚定的信念和渴望胜利的激情,是很容易放弃的!他称这次"运动"为"再创业运动"。这次"运动"后来也被一些人当作保持华为"狼性"的一个英雄壮举。在这次"再创业运动"中,市场部有1/3的干部黯然离开了华为。

6月30日,任正非在市场销售业绩庆功及科研成果表彰大会上,发表了题为"再论反骄破满,在思想上艰苦奋斗"的讲话,他说:

今天我们庆祝市场部改组后，持续三月均创造了历史最好成绩，5月份达3.15亿（含莫贝克公司3 500万）的销售额。同时庆祝，深圳商业网合同签订、广东视聆通多媒体通信合同签订、天津HONET综合接入系统备忘录签订并开始实施、中国联通深圳公司与深圳市邮电局使用08机作专用接口局合同签订、广州市话2万门局（新业务的试验）合同签订；同时庆祝08机5月份一举进入两国和一个发达地区，出口实现零的突破。每一项目都意味着我们在新的领域、新市场的机会点上，取得了战略性的突破。

……

为了争取市场，8年来近千名"游击队员"们，在通信低层网上推广着华为技术并不高的产品，呕心沥血地维护这些产品的品牌效应，给我们的新产品进入通信网提供了资格证。我们的产品产生了这么大的覆盖，是办事处人员用他们的青春铺筑的。在转轨的今天，他们远离公司机关的文明，受培训的机会也少得多，因此各级干部对办事处人员的培养与帮助都负有责任，任何一个员工落伍，我们都问心有愧。市场部正在从游击队转向正规军，从人自为战、村自为战的麻雀战转向阵地战，大量的员工正在转训的时期，大量的外来优秀人员加盟这个队伍，许多受过外国公司正规训练的骨干，带来了他们科学且有效的新思维、新方法，充实我们的队伍。这些新的血液，正在与传统进行融汇，相信两年后市场部一定会起飞，市场部正职集体辞职带来的深远内涵，也会越来越显示出来。为了这个目的，我们已艰苦奋战了8年，同你们一样，我也是兴奋的。但能否永远兴奋下去，这是我们需要共同研究的课题。

任正非在讲话中提到的"深远内涵"是什么呢？其实就是建立一支年轻的充满活力的队伍，反骄破满，在思想上艰苦奋斗，使那些具有敬业精神、高度责任心及理论水平高的员工，拥有更多的机会，逐渐从基层向中层、高层引入职务竞投机制；同时提出，要引入外国工程人员到华为工作，为两三年后进入世界市场做好准备。在管理上，建立多层、多级、多专业的责任中心，通过有限授权，将推动业务运行的权力与责任下放到对事情最明白的机构和人手中。

销售业绩的提升与产品研发密不可分。不过，任正非并没有在产品研发队伍中开展"再创业运动"，而是搞了一次"反幼稚运动"——纠正片面追求技术进步，变技术开发为玩技术，导致技术研发严重脱离市场的现象。他将所有因设计失误造成的坏板材堆放在主席台上，指出很多设计人员的幼稚病导致的危害后，将这些坏板材作为"奖金"全部发放给造成失误的设计人员，要求他们将这些坏板材摆在家里的客厅里，不时看看，提醒自己。他对研发和生产人员提出了新的要求："技术人员不要对技术宗教般地崇拜，而要做工程商人。"

1996年底，任正非在听取生产计划、销售计划工作汇报后，认为华为的研发团队有闭门造车之嫌，便鼓励技术人员继续走与工农兵相结合的道路，走与生产实践相结合的路线，并当即表示要送给主管生产计划的葛才丰和主管销售计划的王智滨每人一双新皮鞋，希望他们以及公司所有的干部职工继续深入实际，到生产第一线去，到群众中去，仔细调查研究，尽心尽力做好本职工作。任正非告诫说，群众路线、与工农兵相结合的道路，我们的革命前辈已经走了几十年，甚至是穿着"小鞋"走过来的。今天，我们千万不能忘记这条路线，我们工作在第一线的博士、硕士、工程师就是我们新时代的"工农兵"，我们要深入其中、身临其境、调查研究、发现问题、总结规律。第二天，两位老主管果真接到了总裁办公室送来的皮鞋。

1997年初，华为召开了机关干部下基层，走与生产实践相结合道路欢送会，一批中高层管理干部和工程师被派往基层工作。任正非在会上说，所有工程师都必须是"商业工程师"。工程师要去做市场，市场人员要回来搞研发。"华为没有院士，只是院土（商业工程师）。要想当院士，就不要来华为。"

同年1月23日，在市场前线汇报会上，任正非发表了题为"不要忘记英雄"的讲话，他说：

什么是英雄？人们常常把文艺作品、影视作品中的人物作参照物。因此，他们在生活中没有找到英雄，自己也没有找到榜样。英雄很普通，强渡过大渡河的英雄到达陕北后还在喂马，因此，解放初期，曾有团级马夫的称谓。毛泽东在诗词中说过"遍地英雄下夕烟"，他们是农民革命军，那些手上还有牛粪、风起云涌投入革命的农民。他还说过"数风流人物还看今朝"，在20世纪50年代公开发表时，是指当时社会主义建设时期的积极分子。什么是华为的英雄，是谁推动了华为的前进？不是一两个企业家创造了历史，而是70%以上的优秀员工，互动着推动了华为的前进，他们就是真正的英雄。如果我们用完美的观点去寻找英雄，是唯心主义。英雄就在我们的身边，天天和我们相处，他身上就有一点值得你学习。我们每一个人的身上都有英雄的行为。当我们任劳任怨、尽心尽责地完成本职工作，我们就是英雄。当我们思想上艰苦奋斗，不断地否定过去，当我们不怕困难，愈挫愈勇，你就是你心中真正的英雄。我们要将这些良好的品德坚持下去，改正错误，摒弃旧习，做一个无名英雄。

历时8年的市场游击队，锻炼了多少的英豪。没有他们含辛茹苦的艰难奋战，没有他们的"一把炒面，一把雪"，没有他们在云南的大山里、在西北的荒漠里、在大兴安岭风雪里的艰苦奋斗；没有他们远离家人在祖国各地，在欧洲、非洲的艰苦奋斗；没有他们在灯红酒绿的大城市，面对花花世界而埋头苦心钻研，出污泥而不染，就不会有今天的华为。吃水不忘挖井人，我们永远不要忘记他们。没有他们"一线一线"的奋力推销，没有他们默默无闻地装机与维护，哪有今天的大市场？随着时代的发展，我们需要从游击队转向正规军，像参谋作业一样策划市场、像织布一样精密管理市场。去年他们为市场方法的大转移而集体辞职，又让出权力，开创了制度化的让贤。他们能这样做，十分难能可贵。他们的精神永远记载在我们的发展史上。

……

可以说，华为内部运营机制的变革解决了短期利益分配的问题，又解决了企业长远发展的目标问题。具有正向激励政策的人才机制，解决了企业持续发展驱动力的问题。像华为这样的高科技企业，如果没有了人才，跟空仓库一样毫无区别。正是科学的"选、育、用、留"的人力资源体系，使华为在人才队伍的建设上取得了相对于竞争对手的明显优势。华为的人力资源配置大致形成了一个哑铃式结构，"两头重，中间轻"，很适应市场发展快、变化快的特征。其中，研发占40%，市场营销占35%，生产占10%，管理占15%。与外界接触最多的是营销人员，所以华为的营销人员数量之多、素质之高、分布之广、收入之高，在电信企业中是绝无仅有的。

在"再创业运动"和内部运营机制变革中，一部分人走上了公司领导岗位，孙亚芳、郭平、郑宝用、李一男等人晋升为副总裁，刘平、徐直军、余厚林、孙洪军、郑树生等人晋升为重要部门的总监。其中权势最显赫的是女将孙亚芳，身兼副总裁、人力资源委员会主任、变革管理委员会主任多职。

常言道，女人能顶半边天。此时的孙亚芳正一步步地撑起华为的半边天。

任正非本人不喜欢与人打交道，大多数时间是在他自己的思想王国里驰骋，但为了华为的生存，他不得不停地出访、接待客户，哪怕是很小的客户，因为他们是华为的衣食父母。而任正非不俗的谈吐，也令一向倨傲的电信客户们深为折服。不过，任正非比较讨厌各种媒体的访谈，甚至不喜欢与非业务关系的政府官员接触，很多公开场合的活动都是由孙亚芳代劳。孙亚芳留给人们的最深印象是举止优雅、说话"和风细雨"。事实上，相当多的人认为，孙亚芳口才非凡、风度颇佳，不喜社交的任正非能够保持一贯的低调，与孙亚芳的对外协调有很大关系，所以有人说非、芳二人一个主内，一个主外。这虽然是一种误解，但在某种程度上也反映出孙亚芳在华为的地位正稳步上升。

三、《华为基本法》

从 1994 年到 1996 年，在孙亚芳、张建国、郭平等人的协助下，任正非对华为的各项管理制度进行了认真的总结和梳理，公司的战略方向、治理架构已经确立和搭建完成。任正非公开表示："华为公司要把朦胧的文化变成制度性的文化，文化的实质是制度性建设。"

随着华为规模的不断扩大，管理层级也越来越复杂，而任正非又是喜欢与基层员工打成一片、爱亲躬小事的人，一贯主张让听得见炮声的人决策，因此，他觉得自己忙不过来了，企业高层包括自己在内，与中基层接触的机会大幅度减少，无法及时了解下属的工作状况和想法，而员工也越来越难以领会他的意图。他觉得需要解决管理层面和企业文化内涵相关的很多问题：组织、文化、管理怎么建设？公司的长远战略、企业文化（制度、价值观）如何与操作性很强的系列流程结合起来？各个部门和岗位的职责与权限如何定位？又以什么为标准拟定薪酬制度？高管与基层员工通过怎样的方式沟通、贯彻领导意图？

任正非想把自己纷繁的思维片段有逻辑地串接起来，把零散的制度、政策、公司的成长（愿景）、人力资源、权与利的分配、流程等，集中做一次梳理，提炼、汇集成华为公司的"精神纲领"。

哪些东西可以作为"精神纲领"呢？这要由变革管理委员会主任孙亚芳、几位副总裁及各部门总监共同讨论，具体编写工作由总裁办公室负责。任正非首先提出：这个纲领要提出企业处理内外矛盾关系的基本法则，确立企业共同的语言系统，即核心价值观，以及指导华为未来成长发展的基本经营政策与管理规则，其最终目的，是要在总结过去得失的基础上开创未来。

总裁办公室多方征求意见，并参照北京专家发来的提纲草案，用了两个月时间进行修改完善，终于拿出了"精神纲领"的基本框架，其中包括华为公司价值观体系和管理政策、制度系统。但任正非看了以后并不满意，毫不客气地说："这不是我要的精神纲领！"总裁办公室主任小心翼翼地问道："那您要什么精神纲领？"任正非生气地回答道："我要是知道还用你来做吗？我自己就干了。"他认为，企业管理是一门哲学，代表着顶层的"形而上"设计，仅有方法论是不行的，它只体现企业制度的建设与架构（像人的躯壳），真正的上层管理者（或者说企业家）应该拥有进行哲学思维的头脑。而这个纲领必须使企业领袖的哲学思考具体化、技术化以至于固化。简单来说，就是在这个纲领的具体条款里要体现他的哲学思想。

任正非的管理哲学思想可以用三个词概括：开放、妥协、灰度。但是，因为这套理论还没有对外宣传，没有几个人能悟透，不可能在"精神纲领"中体现出来。

1997年5月，任正非带着孙亚芳等人飞往北京，在北京新世纪饭店的咖啡厅里与体制改革专家组座谈。任正非指出，提纲只强调了约束，没有解决动力问题。有规则无动力，企业就会是死水一潭；而有动力无规则，企业内部又会形成布朗运动。他想要达到的效果是让员工领悟"精神纲领"后，就像经过炼狱的苦炼，灵魂得到升华。

任正非的话不知道专家们听懂了没有，孙亚芳是懂了：任正非的管理哲学可以理解为"道"，其形成的过程，就是悟道、参道，而他现在要充当一个布道者。专家们提出的那些放之四海而皆准的条条框框，只是"术"的东西（企业的激励机制、决策流程、规章制度等）。所以，"精神纲领"的拟定要寻求"道"与"术"的统一和平衡，要建起一个平台和一个框架，使技术、人才和资金发挥出最大的潜能。

总裁办公室的一名员工后来回忆道："在那次谈话中，我第一次听到任总的许多重要观点。"比如，任正非认为，马克思的劳动价值论会再度复兴。在高度发达的信息社会中，知识资产使金融资产显得苍白无力。按劳分配要看一个人劳动中的知识含量，按资分配正在转向按知识分配。再如，他认为保守有时是个好东西，不能总是变革与创新，一个组织的成长一定要保持行之有效的东西不变，也许它的效率略低一些，但稳定的总成本也会低一些，总是折腾的企业随时都会垮掉。华为自成立以来没有出现大的转型，就是因为任正非一直保持企业基本的东西不变，这包括方向、核心价值观等。

经过沟通后，华为"精神纲领"起草小组重新开始草拟工作。通过高层访谈和阅读文字资料，专家组才发现华为是一个与众不同的企业，思想丰富、见解独到是其领导层的共同特点。他们感到华为人对"精神纲领"的要求绝不是解决管理的技术层面问题，而是要提出中国企业管理的哲学性命题。纵观中国自洋务运动以来，100多年的工业化历程，还没有产生一个世界级的领先企业。这100多年来，中国不知引进了多少西方企业的管理思想和方法，不知走了多少弯路，但至今仍没有形成一套具有中国特色的先进管理体系。

1997年圣诞节前夕，任正非先后访问了美国休斯公司、IBM、贝尔实验室和惠普公司。

在IBM，任正非整整听了一天的管理介绍，详细了解了IBM项目从预研到寿命终结的投资评审、综合管理、结构性项目开发、决策模型……他听得津津有味，还认真地做笔记，如同一个谦虚的学生。他说："我们只有认真地向这些大公司学习，才能少走弯路，少交学费。IBM的经验是付出数十亿美元的直接代价总结出来的，他们经历的痛苦是人类的宝贵财富。"

任正非对贝尔实验室的历史了如指掌，他在参观时称赞说："贝尔实验室对人类有着伟大贡献，这里产生过七位诺贝尔奖金获得者。"一向低调的他一反常态地在那里合影留念。

考察结束后，华为开始全面引进国际管理体系，包括"职位与薪酬体系"，以及英国国家职业资格管理体系（NVQ）、IBM的集成产品开发体系（IPD）及集成供应链管理（ISC）体系等。任正非不惜重金聘请了200多位美国IBM公司的资深咨询专家，耗时一年多，根据IBM公司的运作经验以及华为自身的行业特点，为华为量身定做了一系列流程（几乎所有的部门和骨干都参与了这项浩大的流程再造工程），建立与国际接轨的基于IT的管理体系。同时，任正非还聘请国内名牌大学教授到华为讲管理课，彭剑锋、包政等人讲授的"企业二次创业""市场营销"和"人力资源管理"等课程引起了他的格外重视，他向彭教授请教说："彭老师，你所讲的中国民营企业二次创业的问题也是华为在发展中所面临的问题，是我们现在正在思考的问题。你们可以为我们提供咨询服务，可以把华为作为试验田；你们天天讲理论不行，讲理论会脱离实际，因此必须把企业作为你们的试验田。如果你们这辈子能长期跟踪一个企业，在你们的咨询帮助下，把一个小企业做成一个大企业，这将是一个巨大的学术与实践成就，我们之间可以实现双赢。"任正非把这个咨询任务交给了张建国，又召集华为的高层干部专题讨论，认为二次创业问题正是华为公司在高速成长和发展的过程中亟需思考的问题，值得大家认真研究。

任正非想把这套理论灌输给各级管理干部，又倡导了修正企业管理哲学与实践的一门"工具哲学"——自我批判。他指出，变化是永恒的，所以观念也要随之改变，思考一刻也不能停息。换个角度讲，华为的成功在很大程度上也源于任正非多年来所倡导的自我批判文化，从上到下，无一例外，任正非本人即是自我批判的表率。

在任正非的敦促下，华为的干部们将自我批判扩大化了，各部门主管在1997年底向下属员工发放红包的时候，还送给了员工一件"神秘的礼物"。新员工都十分好奇这个神秘礼物是什么？老员工则抿嘴偷笑，心照不宣。部门主管手里拿着红包，笑眯眯地走过来。新员工心里扑通扑通直跳，心思完全不在红包有多大上面，只想尽快一睹"神秘礼物"的模样。部门主管分别把员工叫到一个幽静的地方，坐下来，然后心平气和地送上"神秘的礼物"，并嘱咐道："好好珍惜送你的'神秘礼物'！"这个所谓的神秘礼物，其实就是告诉员工他的缺点及改进意见，也就是任正非提倡的自我批判。任正非本人在年底也送给所有员工一份礼物——陈惠湘写的《联想为什么》。

"精神纲领"经过三次大的修改,直到1998年3月才讨论通过。正式公布的时候,这个纲领被称为"华为基本法",内容包括基本宗旨(价值观念、基本目标、公司的成长、价值的分配),经营政策(经营重心、研究与开发、市场营销、生产方式),组织政策(基本原则、组织结构、高层管理组织),人力资源(管理准则、义务和权利),控制政策(控制方针、保证体系、预算控制、成本控制、业务流程、项目管理、审计制度、事业部控制、危机管理),修订法规(修订法、诞生背景、流行原因、作用意义)六个部分,共103条。每部分之间都有着紧密的内在联系,都经过了严密的逻辑思考和字字句句的推敲。

第一章基本宗旨讲的是核心价值观,将"核心价值观""价值的分配"和"主要人事制度的规范"结合起来读,使人比较容易理解"价值创造"(哪些因素创造了价值)、"价值评价"(这些因素创造了多少价值)、"价值分配"(创造的价值按什么原则进行分配)等问题。这些内容容易理解,但为什么要有"技术"这一条(第三条)呢?如果联系到华为是一个高科技企业,技术是其立身之本,是其生命力,未来华为要依靠先进的技术发展,这一条放在这里就顺理成章了,这是华为的技术观;接下来,"核心技术"一条(第十条)讲的是公司的技术目标,也就是华为要成为一流的电信硬件供应商的制度保障;后面的"研究开发系统"(第二十七条)、"中间试验"(第二十八条)讲的是如何实现公司的技术目标,由此形成了"技术观、技术目标、技术手段"这样一条主线。

《华为基本法》总结、提升了公司成功的管理经验,确定了华为二次创业的观念、战略、方针和基本政策,构筑了公司未来发展的宏伟架构,后来被誉为华为成功的"葵花宝典"。

《华为基本法》公布后,全公司员工随之展开了学习活动,但目的不是让每个人都倒背如流、死记硬背,而是让每个人去领会、感悟。《华为人报》的社论讲得非常明确:"'基本法'真正诞生的那一天,也许是它完成了历史使命之时,因为'基本法'已经融入了华为人的血液。"

四、扩充，扩张

在任正非确立华为"精神纲领"的同时，华为在业务上并没有停下前进的步伐。

1997年，华为的产品开始多样化，除了原有的电话交换机，还介入了传输线路（光缆）、数据业务、无线通信、GSM（全球移动通信系统）等领域的主导产品，国内外的业务扩张都很快。

伴随着"宽带城域网"的推出，华为开始大举进军数据通信市场，把自己定位为"宽带城域网"的倡导者，在运营商心目中成功地树立起更加高大的形象。而此时在这一领域，上海贝尔已没有能力与华为相抗衡了，华为又将矛头对准了北电。

北电是加拿大久负盛名的一家通信设备制造商。它生产的大型排队机（寻呼台所用的大型呼叫设备）的市场占有率为世界第一，其产品技术成熟、性能稳定，多年来在中国市场上的地位可以说是稳如泰山。1997年，华为开始与北电正面交锋。刚接触，华为便发现了北电的软肋：北电的技术研发全部设在国外，而从国外进口的设备一旦出现问题、客户需要技术支持时，技术专家往往很难及时赶到。于是，华为决定专攻对手这一软肋。任正非在公司建立起了为客户服务的灵活快捷的反应机制，客户有什么紧急需求，华为的技术人员马上在最短的时间内赶到现场，第一时间为客户解决问题。

1997年3月末，华为开发的新产品第一次在北方某地架设，当地办事处向华为总部求援，华为研究开发部的4名开发人员立即乘飞机赶过去。他们刚进办事处，就被告知有台设备出了点小故障，用户很着急，办事处的技术员已经去了别处。办事处主任希望他们能够先去现场把设备恢复了再说。但是，那台出问题的设备是旧产品，华为的技术人员不太熟悉，办事处的秘书找来说明书，又拨通用户的电话，经过一番详细询问，终于大致知道了故障所在。他们决定立即赶赴现场，因时间紧急，他们在办事处旁的一个小饭馆匆匆吃了份快餐，两名技术员就乘坐办事处的车出发了。天色逐渐暗了下来。两人在颠簸的车上商量着维修方案。由于目的地是在一个偏僻的县里，司机只能看着地图走，晚上9点多钟，北方人都已经钻进了被窝，冷冷清清的道路上只有这一辆车子在行驶。在一段崎岖的小路上，司机迷路了，凭着感觉走了好长时间才发现有几处稀疏人家的村子。三人轮番敲门，希望能找个人问路，但村民以为有人打劫，纷纷闭门关灯，他们好不容易找到一位老人，才问清楚了道路，在凌晨1点多钟赶到县里。这时，早已等候在那里的当地华为技术人员告诉他们故障设备在一个小镇上，距离这里还有60多公里。大家顾不上休息，继续赶路，出县城不久，就下起了鹅毛大雪。凌晨2点多钟，他们终于赶到了现场。这是一个没有几户人家的小镇。睡眼惺忪的邮电所所长把他们带到设备室，经过仔细检查，他们找到了问题所在，把带去的备件换上，终于使设备恢复了正常。三人连夜返回，没想到车子却在路上爆胎了，赶到县城已经是凌晨5点多钟。等他们躺在一间小旅馆的床上，已睡意全无。

华为就是这样通过为客户提供高效的售后服务，使自己的产品在国内市场的竞争力与竞争对手拉开距离。

在海外，1997年4月，华为与俄罗斯成立合营公司，加快进军国际市场的步伐。这是华为的一次重要的海外合作。

事实上，这次合作的准备和谈判在几年前就已经开始了，华为组织了数十个代表团访俄，前后数百人次。

1996年，副总裁徐直军和几名高管一起去了俄罗斯，希望能见到客户，以便推广产品。但他们在那里待了两周，连客户的影子都找不到。当时，一位负责软件业务的俄罗斯某大型企业负责人见到徐直军，说的第一句话就是："俄罗斯根本不会用任何新的交换机，所以不可能与华为合作。"

第五章 | 黄金年代

1996年6月,第八届莫斯科国际通信展开幕。这一次,任正非亲自出马,不料正好赶上中国假冒伪劣商品充斥俄罗斯,莫斯科大街上几乎所有商店门口都竖着一个牌子:本店概不出售中国货。一听说任正非他们是中国人,展台前的客户便扬长而去。华为又一次无功而返。

多次碰壁之后,很多人对华为能否打开国际市场,信心不足。但任正非开拓海外市场的决心很大,他说,要拿出毛泽东时代中国科学家搞"两弹一星"的气魄和决心,响应党中央"科教兴国"的伟大号召,跟随五中全会跨世纪的宏伟规划,在改革开放的基础上,独立自主、自力更生地建立和发展华为产品体系,并要尽最大努力,以最短的时间实现国际市场的大突破。

1997年初,华为的一位员工奉命去俄罗斯,先花了半年的时间熟悉环境,解决生存的问题,再慢慢地摸清客户在哪里,这一年他几乎一无所获。1998年,俄罗斯经济陷入低谷,卢布大幅贬值,西门子、阿尔卡特、NEC等公司纷纷从俄罗斯撤资,俄电信市场投资也几乎停滞。该员工找到了几个客户,但一单生意也没法做。他只得继续等待,"由一匹狼变成了一头冬眠的北极熊"。俄罗斯的这个冬天在该员工心里格外的寒冷,就在他快要撑不下去的时候,任正非去参加日内瓦世界电信大会,他找来该员工并告诫道:"你已蛰伏三年,现在是出击的时候了。如果有一天俄罗斯市场复苏了,而华为却被挡在门外,你就从这个楼上跳下去吧。"该员工有苦难言,硬着头皮答应:"再苦再难也要完成任务!"

之后,他又花了几个月时间,努力寻找去拜访客户的机会,但每当他向俄罗斯客户介绍华为的时候,对方便疑惑地问道,有华为这样一家公司吗?从来没听说过。从技术到产品到公司,客户对华为一无所知,他们只知道阿尔卡特、朗讯、西门子、爱立信、摩托罗拉等品牌,所以,即使他们有这方面的业务,也轮不到华为来做。面对这种情况,这名员工只得死缠烂打,软磨硬泡。他拿出交换机上用的两块电路板和华为设计的芯片,摆在客户面前。客户见华为的水平大大超出了他们的预期，而且超过了俄罗斯本国的水平，都感到很震惊，这使他获得了进一步介绍产品的机会。客户渐渐对华为有了一些兴趣。后来，他又想办法与这家机构（俄罗斯国家电信局）取得联系，经过数次沟通和谈判，终于把华为的交换机卖给了第一个俄罗斯客户，实现了零突破。

1998年，华为在国内的形势比较好，先与铁通（即中国铁通集团有限公司的前身铁道通信信息有限责任公司）成立了北方华为，又与各地电信管理局、政府，以共负盈亏、共担风险为原则，分别成立了沈阳华为、河北华为、山东华为、四川华为、北京华为、天津华为、成都华为、安徽华为、上海华为等合资公司，共计27个合资公司，遍布全国。

由于业务成倍增长，各部门都向任正非反映"兵力"不足。任正非对主管们说："我没兵派给你，先封你一个团长，没有兵可以招嘛！"这样一来，招聘和培训工作量大增，人力资源部的员工忙得团团转。

过了一段时间，任正非到北京出差，抽空到李一男负责的北京研究所去视察。视察完后，他对新业务部总工程师说："刘平，你这里怎么才这么一点人呀，我不是叫你多招一些人吗？"刘平小心翼翼地回答："任总，数据通信下一步做什么产品还没确定下来，招那么多人来没事做呀。"任正非生气地说："我叫你招你就招。没事做，招人来洗沙子也可以。"这以后，刘平在北京研究所的一个重要工作就是通过各种手段招人。连续几年，所里的研究人员都是成倍增加。后来，这里成为研究各种通信协议和宽带数据传输的重要基地。

过去，由于没有人事代理权，华为主要是到人才市场去招聘员工，每次都要事先在报纸上打广告，然后派人去现场面试。由于电信人才异常缺乏，往往面试了几十上百人，最后只有五六个符合要求。

尽管人才紧缺，但华为对人才的招聘要求仍然很高。当时流传着这么一种说法："去华为办事千万不要轻易提起你的学历，因为门口让你登记的门卫很可能就是硕士，公司里打扫卫生的可能就是一名本科生。"华为能把人才优势提升到其他企业无法企及的高度，其令人生畏的"秘技"有两个：垄断和锻造。

当时，我国改革高等教育制度，开始向学生收费，而配套的助学贷款又没跟上，华为集团向教育部捐献了2 500万元寒门学子基金。从这年开始，华为把招聘对象扩大到全国重点高校毕业生，定下日期，集中招聘。1998年，华为一次性从全国招聘了800多名毕业生，这是华为第一次大规模招聘应届毕业生。

人招来后，首先要培训，面对这么多的新员工，培训人员显得力不从心，工作出现了混乱。任正非急了，将培训部主管大骂一顿，随后又召开总监以上的干部会议，讨论新员工培训与干部提拔问题。为了活跃气氛，他开玩笑说："以前一直不知道自己在部队里为什么很难得到晋升，现在终于弄明白了。"他的话还没说完，宣传部总监朱建萍便接过话头说："怪不得你在部队里得不到提拔，像你这样坏的脾气肯定很难跟领导处好关系。华为人之所以能够容忍你火暴的脾气，只因为你是老板而已。"任正非听了哭笑不得，尴尬地说："像朱建萍这样耿直的人，就应该得到提拔。"

会后，任正非向培训中心推荐了一本书——美国西点军校退役上校赖瑞·杜尼嵩所写的《西点军校领导魂》，书中主要介绍了美国西点军校如何培养军队的领导者。军队的领导哲学与企业管理是息息相通的，这也是很多西点军校的毕业生后来都成为美国商界领袖的原因。任正非还特别将麦克阿瑟将军在演讲中要求西点军人始终坚持的三大信念"责任、荣誉、国家"，修改为"责任、荣誉、事业、国家"，以此作为华为员工必须永远铭记的誓言。而这也可以看作是任正非自己一直在坚守的一个价值观。

而华为之所以能够吸引一批批莘莘才子投到其麾下，并为之倾倒、为之奋斗、为之奉献，其中一个重要原因是，作为企业家的任正非在信念中加入了"事业"，这就是实现"成为世界级企业"的追求。军人为了国家利益可以不惜生命，企业家为了这种"事业"的追求也可以舍弃其他任何东西，包括个人的财富和安逸的生活。而一批批大学生正是因为和任正非一样抱着"事业"梦想,加入到华为。任正非在一次研发会上,以"希望寄托在你们身上"为题发表讲话,用毛泽东在20世纪50年代访问苏联对中国留学生所讲的这句名言,鼓励华为的年轻研发人员对未来充满信心,相信华为经过努力一定能够发展壮大,成为与国际巨头比肩的企业。

《华为基本法》公布后不久,孙亚芳交给任正非一份报告,提出了三个观点:

(1)知识经济时代,社会财富的创造方式发生了变化,主要由知识、管理来创造,因此要建立知本经济体制,"知识资本化"以突出知识技术的价值。

(2)让有个人成就欲望者成为英雄,让有社会责任感的人成为管理者。

(3)一个企业持续发展的基础是接班人承认公司的核心价值观,并具有自我批判能力。

这是孙亚芳学习"基本法"后的体会,谈的是企业接班人的问题,实际上也是干部的选拔标准和激励机制。任正非很赞同孙亚芳的看法,他表示:"基层不能没有英雄,没有英雄就没有动力。"

在一次全体员工动员大会上,任正非提问道:"2000年后华为最大的问题将是什么?"大家回答说:"不知道。"任正非说:"是钱多得不知道如何花,你们家买房子的时候,客厅可以小一点、卧室可以小一点,但是阳台一定要大一点,还要买一个大耙子,天气好的时候,别忘了经常在阳台上晒钱,否则你的钱就全发霉了!"任正非鼓励基层出英雄,甚至鼓励员工消费,他说:"不会花钱的员工不是好员工!"华为要求所有办事处都从民房搬到当地的星级酒店里去。同样是到北京出差,华为鼓励销售人员住北京饭店,而中兴的销售人员住的是核工业招待所。任正非一再强调:"我们要建立一个吸取国际营销精髓的、符合中国国情的、具有国际水平的市场营销系统。我们要在五年内达到与国际接轨。在跨越这个世纪的时候,我们要超大规模地跨出国门。"

员工和干部队伍的扩充是任正非意欲向内向外快速扩张的前奏，然而，事情并没有他想象的那么顺利。华为不是孤立的单兵作战，它后面尾随的，将是一大批类似的中国高科技企业，一部分是老牌巨头，一部分是后起之秀。一方面，它们将共同改变整个高科技产业的面貌，给全世界的繁荣和发展做出巨大贡献；另一方面，它们又像一群在一块草地上吃草的羊，处在同一食物链上，相互之间的矛盾和竞争也会凸显出来。

1998年华为大规模招聘人才时，就在清华园遭遇了中兴，双方展开了一场惊心动魄的人才争夺战。20世纪90年代，在电信行业知名度最高的"五朵金花"中，中兴有国企背景，对人才更有吸引力。中兴先下手为强，首先在清华研究生院举办了一个"见面会"，并与研究生院的领导商议好11月份举行正式招聘会。华为也不甘示弱，10月27日就派招聘团"杀"进清华园，迅速做好了招聘准备。

一个民企要想与国企、外企争夺人才，除了待遇好之外，更需要有强烈的感召力。为了给招聘人员打气，任正非在华为内刊上发表了一首豪情四溢的诗。

这首诗是针对外企，尤其是日企的，但因它正好发表在这次招聘会之前，给了招聘人员很大的鼓舞，他们决心与中兴一争高下。他们以最快的速度布置好招聘会场，10月31日就开始与学生见面，然后对有意愿的学生进行初试、复试。

当中兴的招聘人员于11月初来到清华园时，发现华为已捷足先登，立刻加派人马，主动出击，到学生宿舍进行宣传，并紧急召开招聘会，宣布3日初试，4日复试，5日签约，三天工夫就签下40多人。

然而，到了11月7日，华为公布的录用学生名单上，竟然有不少已经与中兴签约的学生。中兴被激怒了，扬言要与华为打官司。华为的招聘人员辩驳说，学生此前与中兴所签署的协议，因为没有单位的公章，没有法律效力，学生有权重新选择。中兴的代表则声称："如果与

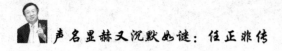
声名显赫又沉默如谜：任正非传

我们签署的协议没有法律效力，我们明年就不再来招聘了。"

华为与中兴的矛盾由此公开化。双方围绕这次招聘展开了一场口水大战，但最终还是有八九个学生倒向华为。为什么本无胜算的华为取胜了呢？一是"梦想"（华为是实现梦想的地方）加高薪的人才激励机制，二是任正非的感召力，他在扩充技术队伍上可谓下足了功夫。此后，华为与中兴之间一直保持着"爱恨交织""亦敌亦友"的关系。

第六章 冬 天 来 了

口才卓越的任正非,每次开会言谈中总是充满了战争术语,充斥着激情、煽动和诱惑,口号、誓言、决心鼓舞了无数的华为人。进入21世纪,华为不可避免地遭遇了全球电信投资的大萧条局面,但华为员工的身心始终处于亢奋、狂热状态,不知疲倦、不计条件地投入到随之而来的厮杀中去,以至于有人说进入华为的人都被洗脑了。

一、左芳右非格局

从1993年到1999年,可以说是华为发展的黄金时期。在此期间,任正非完成了华为管理体制的变革、技术突围和技术人才储备、市场组织架构调整以及流程规范化、产品质量管理体系认证等基础工作。

到1999年第二季度,华为的内部改革告一段落。孙亚芳这个变革管理委员会主任也将工作重心移到人力资源规划管理上来。人力资源管理分为五个层级,委员会主任是公司副总裁级,二级委员会由业务部门主要决策层的经理们(总监)组成,如此往下,直到由事业部的主任、副主任、业务经理组成的五级委员会。委员会是决策和评价的机构,让每一个人都可以发出声音,通过集体决议来贯彻公正、公平的理念。

华为人力资源常规管理的最大特色是行政与业务关系分离。各级干部的行政隶属关系归各自所属的事业部或职能部门,个人的业绩考核、工资与奖金由其所在部门直接负责,而人力资源业务管理归人力资源治理总部直接领导。简单地说，就是职务和报酬并不是对等的，当多大官属行政管理，拿多少薪水则属业务部门管理。在这种治理模式下，各级部门的人事专员和人力资源部的人是"一伙"的，而人力资源治理者也必须懂业务，必须"沉"到战略决策过程中去。整个人力资源管理工作可以用四个字概括：选、育、用、留。这四个字紧密相连，不可分割，比如"选"字，贯穿了招聘、调配、任职资格标准、绩效考核；而一个"留"字，则从新员工培训到职业生涯设计、薪酬、荣誉激励等，实施过程还包括"掠夺毕业生"的招聘策略……华为的人力资源治理体系形成了一个结构复杂的框架，当各级人力资源部门真正成为战略伙伴后，这个机构便开始发挥自己这一级的功能。公司层面的人力资源部则包括招聘配置部、薪酬考核部、任职资格治理部、员工培训部这四个支柱，此外还有荣誉部和人事处等。

有了这样的人力资源治理结构，意味着华为的管理工作走向规范化，但新的矛盾也随之而来：职业化与个人英雄主义起冲突。对于华为这样一个处处充满锐气、以狼性起家的公司而言，最大的阻力还是来自于任正非与生俱来的江湖气质，因为江湖讲的是情和义，职场讲的是秩序和理性。任正非强调说："管理者应该明白，是帮助部下去做英雄，为他们做好英雄、实现公司的目标，提供良好服务。人家去做英雄，自己做什么呢？自己就是做领袖。领袖就是服务。"孙亚芳不得不发出这样的感慨："在管理过程中，我们正逐步地抛弃单纯的感性管理，逐步地转入理性管理，市场部将会涌现出一大批'职业经理人'。"

职业化还直接影响到原干部、员工的经济收入。比如，原有研发技术核心人员的理念受到冲击，过往研发策略和方向更依赖个人和资金，而新IPD流程更强调决策的流程化和组织化，强调研发为市场所主导。个人英雄情结向流程和组织妥协，没有英雄可当，不少当年的核心研发人员离开了华为。市场部也遇到了同样的情况，考核不单单以销售业绩为标准，销售业绩只是对销售人员考核的一个方面，而市场开拓难易度、客户满意度、人员努力程度、渠道建设等都成为考核的重要标准。

第六章　冬天来了

原来业绩好的人，按新标准进行评核就变差了。这样一来，不仅市场部的"逃兵"增多，不少管理干部也开始动摇，最为典型就是李玉琢三辞任正非。

1997年11月1日，李玉琢以身体欠佳和顾全家庭为由，正式向任正非递交了一份辞职报告。李玉琢知道任正非的脾气，一般没有耐心听完下属的解释，为了避免见面的不快，他给任正非发了一份传真说明辞职的缘由。他原以为事情很简单，因为公司正在搞清理减退干部，辞职应该会得到批准。出乎他意料的是，任正非并没有理会他的辞呈。

李玉琢已经在北京利德华福（即北京利德华福电气技术有限公司）找好了工作，11月5日就要去报到，他正在犹豫怎么办的时候，郭平来电话问他是不是闹情绪了，是不是对最近的任职有意见。李玉琢回答说不是。郭平说："你不能走，你是华为唯一外来的副总裁，你走了影响不好。"

但李玉琢去意已决，在写第二封辞职书被拒之后，11月3日他又写了第三封辞职书，内容和前两封一样，大致是说：身体有病，家在北京，需要有人照顾；在华为四年多时间，该做的事情都做完了，想要叶落归根；华为是一个高节奏的企业，自己老了，不愿拖累公司。

11月4日，李玉琢终于等到了任正非的回音，约他下午1点谈话。

李玉琢猜不出与任正非面对面的谈话会出现怎样的尴尬场景，便请郭平和他一起到总裁办公室去。他们进去时，任正非正在埋头批阅文件，等他们在沙发上坐下来后，任正非开门见山地质问道："李先生，你的辞职报告我看了，你对华为、对我个人有什么意见？"

李玉琢解释说："我没什么意见，华为给了我很多机会，你也对我悉心培养，我感谢都来不及呢。只是我这样的身体，病了都没人给我一口水，突然死了都没人知道。"

"假话，我不听！"任正非生气地大声说道，然后又回到自己的办公桌前去批阅文件了。李玉琢与郭平尴尬地坐在那里，不知道该说些什么，气氛十分严肃。

李玉琢好不容易才忍住拍案而起、拂袖而去的冲动，他想，不管怎么说，老板毕竟是想留住自己，忍住气好好说，也算是领了他的一番好意。

过了一会儿，另一位副总裁进来了，见他们三人都不吱声地坐着，也识趣地坐下来不说话。又过了五六分钟，任正非走到李玉琢对面，拉了一把椅子坐下来，口气也缓和多了："李先生，如果你觉得生产总部不合适，咱们可以再商量。"

接着，任正非又跟李玉琢谈了一通华为的未来发展以及个人的想法，并对李玉琢的人品和工作评价道："我们对你的人品和能力是肯定的，你在华为还有许多工作可以做。"

任正非讲了大约半个小时，李玉琢忍不住打断他说："任总，非常感谢你谈了这么多，但是我不想拖累华为。另外，我爱人也不在身边，我已经七年单独在深圳了。"

任正非说："那你可以叫你爱人来深圳工作嘛！"

李玉琢说："她来深圳待过几个月，不习惯，又回北京了。"

任正非立刻说："这样的老婆你要她干什么？"

李玉琢有些火了，质问道："她跟了我二十多年，没犯什么错误，我有什么借口不要她？"

双方沉默了几分钟时间，李玉琢看着高大威严时不时语出惊人的任正非，心里颇生感慨：做个企业真的这么难吗，要抛家舍业，牺牲健康？他脑子里突然冒出任正非说过的一句话："为了这个公司，你看我这身体，什么糖尿病、高血压、颈椎病都有了，你们身体这么好，还不好好干？"言下之意，恨不得大家都累病了他才舒服。李玉琢当时就想："任总，你终于如愿了，我现在得了冠心病，莫非你还想让我把家也丢了不成？"

任正非前前后后说了一个小时左右，见李玉琢毫无回心转意的可能，便说："好，李玉琢，那你先养病去吧！"也就是允许他辞职了。

李玉琢走了，但干部队伍的激活与稳定问题一直困扰着任正非，他发表一篇名为"华为的红旗到底能打多久"的文章,第一次也是最后一次在文章中阐释狼性原则。他的一个信念是:"通过5%的落后分子促进全体员工努力前进。"跑得慢的会被吃掉。华为人并不是生来就是狼。"要把一群食草动物转变成一个狼性组织,必须有狼的出现,也就是必须有被狼'吃掉'的个体!"他想再来一次大的运动,但没有得到一直很支持他的孙亚芳的响应,于是,他便向张建国暗示,希望他能牵个头。

1999年初,市场部召开常委会,其中一个重要议题是讨论市场部的干部问题。大家认为市场部的部分中层领导安于现状,缺乏斗志和狼性,关键原因是压力不足,缺乏忧患意识,于是,常委们一致同意在市场部再来一次类似1996年的中层干部竞聘活动。现场的会议气氛激昂不逊于上次。会议结束后,张建国拿着会议决议向孙亚芳汇报。孙亚芳听后斩钉截铁地说:"不同意!竞聘是我们那几年的特殊做法,是无法准确地判断一个人的不得已行为,是小公司的做法。华为通过这几年人力资源体系的建设,评价系统已经比较完备,我们应该通过体系的运作来考察干部,压力不足是因为我们没有执行评价体系而不是因为没有发起竞聘。"

当时,华为在制度上有一个非常独特的决策原则——民主决策,权威管理,从贤不从众。所谓"从贤不从众",就是不遵循少数服从多数的原则,而是实行"民主决策、权威管理"。孙亚芳一票否决,任正非感到有些郁闷,把自己关在办公室里冥想了好久。他还没理清思绪,财务部总监纪平敲门进来,说是有重要事情向他汇报。

纪平一向老成持重,处事四平八稳,现在却一反常态的惶急,说:"我刚把几个离职员工的股份问题处理完,中央调查组的人又来了。"

"什么?前年他们不是查过了吗,怎么又来了呢?"任正非问道。

"据说我们又被人举报了,私自集资,搞内部职工银行是非法行为。老板你得亲自去见见那些领导。"纪平强调说。

"龟儿子,王八蛋,不干正事,尽在背后捅刀子!"任正非骂道,但他想到当着纪平的面这样骂人不好，便缓和了一下语气，说，"我当然会去见上头的那些领导，但这个问题怎么解决还得由你们财务部和宣传部想办法。"

纪平说："老板，有个很现实的问题我不得不跟你反映。我们最早的员工持股快 10 年了，很多离职员工想将股权兑现，能不能兑和怎么兑，公司要拿出具体政策出来。作为全员持股的股份制公司，持股人众多，需要成立一个董事会来制定相关规则和进行管理，这涉及公司和员工的直接经济利益。"

纪平这么一说，让任正非想起了三年前朱镕基来视察时与自己的一次谈话。朱镕基视察华为时，随行的有包括招商银行在内的四大银行的行长。华为刚刚跻身国内电信设备四巨头行列，任正非在谈话中提到融资是最大的难题。朱镕基当场要求政府各部门积极支持华为和像华为这样的民营企业发展，并表态说，你们华为要什么条件我支持你，"只要中国的程控交换机打入国际市场，一定提供买方信贷；在国内市场与外国公司竞争，一律给予支持，同样给予买方信贷。"

任正非当着朱镕基的面连连点头，不过，事后他除了与招商银行合作外，并没有向其他银行贷款。1997 年华为按照《深圳市国有企业内部员工持股试点暂行规定》进行员工持股制度改制，完成了一次巨额增资。这一年华为在册的 2 432 名员工股份全部转到深圳市华为技术有限公司工会的名下，占 61.86%；其余的股东为华为新技术有限公司工会（33.09%）和华为新技术有限公司（5.05%），其中，华为新技术有限公司以现金出资。这立刻引了外界的质疑和抨击，竞争对手也背地里向中央告状。

"是啊，这还真是一件大事。我们是不是先把几个老元帅集中起来开个会，先议一议如何设立董事会，由哪些人加入？"任正非见纪平不吭声，接着说道，"今天我们还是先去伺候领导吧。"

几天后，调查组带着华为的问题回京去了，任正非心里一直忐忑不安，希望中央尽快给个结论。这个时候，国际金融技术与设备展在北京展览馆开幕,华为有部分产品参展,由华为北京研究所所长刘平负责展会工作。开展后的第二天早晨,刘平得到组委会的通知,说晚上要加开一场领导专场,有中央领导要来参观。刘平闻讯立刻着手准备。当晚6点多,安检人员仔细检查完会场,不久,一群人走了进来。刘平眼尖,发现走在前面的是朱镕基总理,他的心不禁砰砰直跳。朱镕基、温家宝等中央领导缓缓走过前面几个展位,没有驻足,也没有说话,不一会便来到华为的展位。朱镕基总理站到华为展台前,对陪同人员说:"这家公司我去过。"刘平急忙走向前去,向几位领导敬礼问好,朱镕基向刘平伸出手。刘平激动不已,简要地把展出产品的特点向总理作了汇报。听完刘平的汇报后,朱镕基说:"你回去转告你们老板,在技术上要创新,在经营上要稳健!"刘平大声说:"谢谢总理的鼓励!"朱镕基一行走过去的时候,一个随行人员拉住刘平说:"总理一般参观展位都不说话,今天给你们说的话很重要。"

  刘平从展会出来,马上把这个消息告诉徐文伟,不一会儿,刘平接到副总裁费敏的电话,要他马上给任正非打电话。任正非在电话中非常兴奋,要求刘平马上把朱总理的讲话一字不漏地写下来,因为朱总理的讲话无疑透露了中央对华为的态度,说明华为没有多大问题。华为立刻做了一些改进,包括取消内部职工银行,工资发到员工的建设银行卡上。这次风波过后,任正非终于可以安下心来考虑成立董事会的事情了。

  1999年的最后一个月,华为在深圳麒麟山庄召开股东代表大会,选举董事长和董事。说是股东代表大会,实际上只有几位副总裁和几个懂财务的专业人士与会。任正非在会议开始时作了一个简短的发言,他说:"华为发展到今天的规模,早期创业时的'持股模式'功不可没。近两年华为每年的销售额几乎以翻番的速度增长,员工的股权回报率最高时达到100%。从1994年开始,员工每年固定分红高达每股0.7元,投资回报率达70%。但凡事皆有两面性,持股人收益高,有人就眼红了,闹了不少事情出来。因此我们要加强股权管理,理顺利益关系,今天这次会议的目的就是推举一位董事长出来抓这项工作。我年纪比较大了，没有精力去处理社会上的各种关系。孙亚芳同志年富力强，善于处理各种复杂的社会关系，我提议将她列为第一候选人。请大家不要把我作为候选对象，我将集中精力做好公司内部的管理工作。"

任正非的意思很明白，董事长是专门用于应付外界的麻烦事的。没等大家提出其他候选人，他便开始介绍孙亚芳的简历和工作成绩，最后补充道："孙亚芳同志能否当选公司董事长，请大家投票表决。"

其他几位高管没想到任正非会剥夺他们的提议权，而且不少人对孙亚芳的领导管理才能还是有不少微词的，因此都沉默不语，会议出现冷场。为了打破僵局，任正非突然问道："大家是不是还没想好？要不谁先来讲个笑话？"大家被他问愣住了，一时不知道该怎样回应，干脆继续沉默。任正非对着刘平说："刘平，你先来一个。"刘平的口才和幽默感都不怎么好，见老板点到自己，慌忙说："我不会说话，还是徐直军来说吧。"任正非笑了笑说："不叫的狗会咬人。"这一句倒是把大家逗笑了。任正非自己也笑了，然后开始讲"狼狈组织"的故事。他强调说，"狼狈组织"是一种优化的组织结构，狼狈为一体，默契配合，高效率行动，才能让公司成长更快。讲完故事后，他没有再要求大家投票表决，而是宣布休会，然后利用上午的剩余时间，私下与几位副总裁交谈，征求他们的意见，统一思想。

下午进行了无记名投票，最后全票通过孙亚芳担任华为的董事长。这样一来，孙亚芳就有了三个头衔：董事长、高级（后来改称常务）副总裁、人力资源管理委员会主任，也意味着华为开始形成了"左芳右非"的格局。

当天晚上，任正非非常开心，在宴会上频频向大家敬酒。一些常年在任正非身边的文秘人员说："任总今天很反常，平时他从来不敬酒，也从来没见过他喝这么多酒。"

显然，华为设立董事会很大程度上是迫于内外界压力。此后，人们在许多公开场合见到的都是孙亚芳，很少见到任正非的踪影。孙亚芳的真正作用,也许并不像她所担任的职务董事长那样规划企业或决策指挥,大多数场合是助手、参谋、政委,尤其对外,任正非不愿出面或不便出面的场合,都由她充当特使角色。对内,任正非在文章和内部讲话中,多次引述孙亚芳的话和观点……孙亚芳对任正非思想的影响和理解,在华为恐怕无人能出其右。

2000年1月,任正非在"集体大辞职"四周年纪念讲话中,再次高度评价了这一运动。他说:"市场部集体大辞职,对构建公司今天和未来的影响是极其深刻和远大的。任何一个民族、组织,要是没有新陈代谢,生命就会停止。如果我们顾全每位功臣的历史,那么就会葬送公司的前途。如果没有市场部集体大辞职所带来的对华为公司文化的影响,任何先进的管理、先进的体系,在华为都无法生根。"这也是任正非个人英雄主义思想的初步转变。

二、第一次寒冬警告

随着外界对华为的种种质疑言论渐渐消弭,任正非的心情也开朗起来,他准备在千禧之年到来的时候,去昆明探望母亲,开开心心地过几天。

过去几年,任正非每年都会回母亲居住的城市,但每次回去没多久就被公司办事处的人接走了,说这个客户很重要要拜见一下,那个客户很重要要陪他们吃顿饭。他忙来忙去,忙到要返回深圳,快上飞机时才回家取行李,与父母匆匆一别。父母也总说工作重要,让他先忙工作。

在创立华为的头几年,任正非根本无暇顾及父母的生活,以致母亲糖尿病很严重的时候,他还不知道。华为规模发展后,管理转换的压力很大,任正非不仅照顾不了父母,连自己也照顾不了,他在那段时间也累垮了。后来,他的父母到昆明与任正非的妹妹一起生活。1995年,任正非的父亲在昆明街头的小摊上,买了一瓶塑料包装的软饮料,喝后拉肚子，一直到全身衰竭去世。

1999年12月31日，任正非总算抽出时间，在公务结束之后，买了一张从北京去昆明的机票，去看望母亲。然而，他刚在昆明落下脚就接到通知，让他于2000年1月3日随国家领导人访问伊朗，因此，他在昆明只能待一天，然后就要赶回北京。他告诉母亲："首长说了这次我随访是他亲自点的名，目的有三个：一是鼓励和肯定华为，并让随行的各部长也正面地认识和了解华为；二是了解一下我们公司的运行与管理机制，看看对别的企业有无帮助；三是看看政府对华为开拓国际市场是否能给予一些帮助。"任母听了十分高兴地说："政府信任就好，只要企业干得好，其他都会随时间的证实而过去的。"

回北京前，任正非与母亲约好，春节他不工作，与几个弟妹陪母亲在海南过春节，痛痛快快地聊一聊，没想到这个约定竟然成了他永远也兑现不了的承诺。

2000年1月8日，任正非结束对伊朗的访问，在机场刚送走国家领导人就接到纪平的电话：任母出车祸了。事故发生在8日上午10点左右，任母提着菜从菜市场出来，被飞驰而过的汽车撞成重伤。孙亚芳已前往昆明组织抢救。

任正非闻讯，心急如焚。从伊朗乘飞机几次中转才赶到昆明，当他风尘仆仆地赶到昆明时已是深夜，任母处于弥留状态。任正非再也没有跟母亲说话的机会了，没有多久，任母溘然长逝。

母亲就这样离去了，任正非悲痛万分又后悔不已。他在《我的父亲母亲》一文中说，当天没有给母亲打电话，如果打了，拖延她一两分钟时间再出门，也许母亲就躲过了这场灾难。这是他一生之中最大的憾事。事情过去很久以后，他回想起来，依然悲从中来："我也因此理解了要奋斗就会有牺牲，华为的成功，使我失去了孝敬父母的机会与责任，也销蚀了自己的健康。"

刚刚进入21世纪，任正非就遭受了一次重大打击，接踵而来的还有很多磨难，最明显的是优秀人才的结构性流失、公司人员臃肿、人工

第六章 冬天来了

成本不堪重负、市场销售停滞不前、管理高层出现重大决策失误……这一切都需要他去面对，他没有多少时间感伤、消沉。

此前二三年时间，C&C08 机是华为打天下的主要产品，随后华为又研发 STP（信令网核心设备）产品抢占制高点。在窄带电话网中有电话网、信令网、同步网和管理网四大块，其中，信令网是最重要的，处于制高点。用户拨号后，程控电话交换机有一个交换信令的过程。以前都是在电话网中搞一个时隙，用的是随路信令。采用这种方式，信令容量很小，很容易忙音，因此在这样的电话网中拨号过程很长，经常出现接不通的现象。后来，电话网中广泛采用了信令网，即专门建立一个信令运行的网络。

信令网关系到电话网络的可靠性、接通率和接通速度，如果有一个端口出现故障，就可能影响成千上万的电话用户的正常使用。因此，各地电信局对信令网的稳定性要求很高。当时，中国大陆普遍使用的是北电网络、上海贝尔（实际上是阿尔卡特的设备）的 STP 设备，国内骨干网上指定用的是阿尔卡特公司的设备。由于 STP 用量很小，不一定能赚钱，而且技术难度相当高，华为本来不打算涉足。但是，考虑到 STP 是电话网中的制高点，可以极大地提升华为公司的品牌，任正非最后还是决定做。

相关产品主要由华为北京研究所研制。他们借鉴了邮电部数据通信技术研究所的经验，并接受其核心研究人员的技术辅导。研制成功后，华为首先找了两个切入点进入市场：一个是在宁夏银川试运行，另一个是在海南。由于华为是国内唯一开发 STP 产品的厂家，所以得到了宁夏总局领导的支持，银川局面一片大好。

但在海南，华为遇到了老对手上海贝尔，双方第一次展开了公开较量。上海贝尔比较轻敌，在评标会上，该公司的一位博士评标人员说："华为的设备和我们的根本就不在一个档次上。"其实他根本没有仔细研究分析过华为的设备，完全是凭主观臆断。而华为的技术人员对上海贝尔则非常重视，他们详细比对了上海贝尔的设备，找出其优劣之处，在答标的时候专门针对贝尔设备的不足之处大作文章，通过揭敌之短，扬己之长，一下子就把上海贝尔比了下去，在海南一举制胜。

接下来，几家有实力的公司为将STP用在移动网中展开了角逐。中国移动（即中国移动通信集团公司）刚从中国电信（即中国电信集团公司）中分离出来，要建自己的信令网，华为、西门子、北电、上海贝尔等都瞄上了这块大馅饼。

在这几家公司中，华为既没有技术优势，更没有资金优势，但任正非志在必得。这个项目由公司副总裁杨汉超负责，在毫无胜算的情况下，项目组人员不得不全力以赴，拿出撒手锏。他们先打出民族产业牌，初评会开了好几轮，华为终于得以入围。在竞争最激烈的时候，任正非亲自出马，带着手下的几员大将去拜见相关部门的几位领导，向他们递交了华为这个唯一由国内厂家开发出来的STP产品的资料，并做了积极宣传。复评到第三轮后，华为使出了最后一招，在价格上占绝对优势。最后，华为和西门子各中一半，而华为的价格只是西门子的一半。

之后，华为推出了第一款路由器Quidway 2501，但市场反响并不是很好，数据通信产品线仍处在亏损的状态，直到Quidway A8010投放市场，才真正显示出华为的实力。

尽管脚步很沉重，但华为一直在前行。2000年，华为的核心产品已经进入中国所有发达省份和主要城市。在传统交换机市场，华为超越西门子和朗讯，与上海贝尔并列为国内最大的两家供应商，市场份额达到22%。在接入网市场，华为在国内的市场份额超过50%。智能网、接入服务器等产品在国内的市场份额超过30%。以SDH（同步数据体系）为核心的光网络产品的市场份额为10%。而且，华为全套GSM设备已通过信息产业部第二阶段测试，开始向移动通信领域扩展。当年，华为年销售额达152亿元人民币，以29亿元利润位居全国电子百强首位，初步具备面向未来转型发展的先发优势。这样一份成绩在业界人士眼里可圈可点。

然而，此时任正非却大谈危机和失败。"10年来我天天思考的都是失败，对成功视而不见，也没有什么荣誉感、自豪感，而是危机感。"任正非说，也许正因为是这样，华为才存活了10年。

正如任正非感受到的一样，2000年是科技股暴跌、互联网泡沫破灭的一年，国内的"五朵金花"中，金鹏（广州金鹏集团有限公司）已显得十分"落魄"，巨龙集团也是奄奄一息，大唐电信科技股份有限公司在国家的支持下还活着，只有华为、中兴双雄并立。国际上，随着北电、爱立信数以万计地裁员，思科26亿美元的巨额亏损，朗讯差点被并购，网络和电信设备供应商的冬天终于到来了。

前几年大家都在喊"狼来了"，狼却一直没有来；现在狼真正来了，大家反倒不出声了。为了引起华为人足够的重视，任正非将自己的观点和感受诉诸文字，这就是震惊了全国许多企业的《华为的冬天》。他在文中写道：

公司所有员工是否考虑过，如果有一天，公司销售额下滑、利润下滑甚至破产，我们该怎么办？我们公司的太平时间太长了，在和平时期升的官太多了，这也许就是我们的灾难。"泰坦尼克"号也是在一片欢呼声中出的海。而且我相信，这一天一定会到来。面对这样的未来，我们怎样来处理，我们是不是思考过。我们好多员工盲目自豪，盲目乐观，如果想过的人太少，也许就快来临了。居安思危，不是危言耸听。

任正非在文章中重点阐述了化解危机的10个措施，包括改进管理，要抓薄弱环节，找最短的木板，要坚持均衡发展，不断地强化以流程型和时效型为主导的管理体系的建设，不断优化工作，提高贡献率。

另外，他要求：全公司通过已经建立起来的统一考评体系，促使干部在内部流动，推行以自我批判为中心的组织改造和优化活动；干部要有敬业精神、献身精神、责任心和使命感，不要把创新炒得太热；不要随便创新；要保持稳定的流程、规范化管理等。

据说联想集团总裁杨元庆对任正非的观点十分赞同,将这篇文章转发给所有的副总裁,要求他们认真学习。东软集团(即东软集团股份有限公司)董事长刘积仁在公司成立10周年大庆之前,也向下属推荐阅读《华为的冬天》。

任正非的第一次冬天预警,本是他针对华为内部"沉淀"状态而做出的训导,但却让整个中国IT业界感到阵阵寒意。

三、怕冷的人如何过冬

在向IT业界发出严冬预警后,任正非并没有收缩战线,在家里躲避风霜雨雪,而是逆势而行,踏雪而歌。

当时,由于IT业泡沫破灭,给业界的融资造成了很大困难,加上华为过去的融资方式受到质疑,阴影刚刚散去,任正非对资金的筹措更加谨慎。面对全球电信投资几乎停滞的大萧条局面,任正非斥巨资在瑞典首都斯德哥尔摩设立研发中心,随后又在美国硅谷和达拉斯设立研发中心。这是他加快跨出国门步伐的又一举措。他告诫研发人员说:"我们没有像朗讯等公司那样有雄厚的基础研究,即使我们的产品暂时保持领先,也是短暂的,我们必须趁着短暂的优势,尽快抢占一些市场,加大投入来巩固和延长我们的优势,否则一点点领先的优势就会稍纵即逝。不努力,就会徒伤悲。"

遗憾的是,在海外市场,华为连续几年只见投标、不见中标,只见投入、少有产出。

不过,任正非在发出冬天预警之前,已经开始着手做越冬的准备。从1998年开始,总工程师郑宝用便不再兼任战略规划部主任一职,而将主要精力花在资本运作上,主导将华为子公司圣安电气有限公司出售给艾默生电器公司的交易,以帮助华为度过眼前的危机。当然,其中还有一个原因就是避免他与负责中央研究部的副总裁李一男在某些方面的冲突。

但是，让任正非备感失望的是，他最为倚重的"红孩儿"李一男在华为内外交困的关键时刻突然离他而去，这是他在千禧之年承受的又一重大打击，简直令他痛心疾首。

李一男是郑宝用名副其实的学弟，平日不修边幅，经常会将衬衫纽扣系错位置，但他对待产品技术却有着令人想象不到的严谨，而且对新技术的追求近乎狂热。华为最初开发万门机项目的时候，因为要将几个千门机模块并组，各模块间需要采用光纤连接，但是项目组在实验过程中发现，任何一种光纤传输或光纤网络技术均无法满足要求。李一男经仔细分析后提出了一个大胆的设想：采用准SDH技术（一种基于时分复用的同步数字传输技术）。他和研制组的其他工程师一起查阅了大量的相关资料，在没有成熟的技术可供参考的情况下，不舍昼夜地反复实验，终于实现了该项技术突破，达到了高端水平。正是这次研发的产品，让华为起死回生。

接下来，华为又开发STP和开源的TCP/IP协议软件，在李一男的主持下，华为研发出光网络、国产GSM商业化网络设备、智能网、接入服务器等几十项具有世界先进水平的产品，在20世纪末期相继推向市场，大部分都获得了成功，取得了巨大的经济效益。因为对华为的贡献突出，李一男成为公司最年轻的常务副总裁兼中央研究部的总经理（总监）。

有才之人往往个性强、脾气大，李一男就是如此，他的性格与任正非十分相似，在管理风格上更是与任正非"一脉相承"。1995年，李一男从美国参加展会归来，带回了许多国外同行企业比较珍贵的产品技术资料，他的一位秘书在整理文件的时候，误将这些资料当作垃圾给清理掉了，他听说后，气愤的程度如同原子弹爆炸，拍桌子摔板凳，恨不得将整栋房子都一把火烧掉，他的秘书吓得几天都不敢说一句话。还有一次，李一男参加公司内部的一个部门聚会。聚会期间，一位员工平常与李一男没有过接触，不了解他的脾气。轮到这位员工给在座的领导敬酒时，其他领导都一一应付过去了，最后敬到李一男，而李一男以身体不适加以推脱。这位员工已略带醉意，借着酒劲说："其他领导都喝了，李总给点面子，也请务必把这杯酒喝了。"李一男顿时脾气就上来了："该给你什么面子？你有面子吗？"当着大家的面大骂这位员工，然后拂袖而去。

所谓年轻气盛，李一男少年得志，脾气大一点下属尚能忍受，但最让下属不能忍受的是他常为一些不值一提的小事而骂人，让人下不了台。而且，他骂人的时候经常不看场合不分对象，公司的许多高管都挨过他的骂。李一男醉心于产品和技术，对于电信网络技术的发展有着惊人的预测和感知能力，但是在人际关系的处理和把握方面则不太成熟。

也许正是因为这一弱点，李一男与郑宝用的关系并不融洽。任正非把研发产品分成两个部分，即产品战略与产品研制，分别交给他们负责，显然是希望通过这一新一老的组合以"中研总部"与"战略规划部"的配合来确保华为技术方向的正确性。李一男知识结构更前沿，在依靠知识创新的华为，负责研发合乎常理，而郑宝用经验丰富，跳出眼前产品的开发而考虑 3 5 年的产品战略，也是其职业发展的必然结果。

愿望是美好的，现实却往往不尽如人意。如果说狼与狈可以很好组合的话，那么两匹狼、而且是两匹狼王组合，还能达到完美效果吗？郑宝用在"二把手"的位置上待了六七年，早已习惯了决策者的角色，现在让他从一直负责研发的"务实"到负责产品战略的"务虚"，他本人也有一个心理调整的过程。他觉得自己的权力被虚化了，闲到有时间兼任"太子"任平的老师。而李一男并不需要像郑宝用这样跟他平起平坐且资历比他老的高参和指导者，只需要令行禁止、绝对服从的下属。在这种情况下，他们两人的关系一直很微妙，有时还会因对新产品的看法不一致而产生冲突。以无线产品为例，李一男主张以 GSM 为重点，而郑宝用却认为未来 CDMA 更好；在微蜂窝无线设备方面，李一男看重欧洲制式的 DECT（即数字增强无绳通信），而郑宝用则倾向于日本制式的 PHS（即个人手持式电话系统，后来中国电信的小灵通就基本采用 PHS）。1997 年初，中华人民共和国邮电部在北京举办了一次数字集群技术高级研讨会，发函要求华为派人参加。中研部总体办指定了三个人选，两个来自中研部，一个名额给了规划部，但李一男在审批的时候却将规划部的人选划掉了。规划部对此意见很大，最终事情闹到了任正非那里，经任正非批示，规划部的人员才得以参加会议。通过这件事可以看出，规划部是一个空架子，有人还戏称规划部为"鬼话部"：只说空话，没有实权。

郑宝用和李一男的冲突大都因工作而起，这就直接影响到产品研发的决策，无法保证华为技术方向的正确性。在解决郑宝用和李一男之间冲突的时候，任正非显然偏袒了李一男，并承认自己在协调两人关系方面的失误，让郑宝用脱身出来搞资本运作。

李一男独掌研发大权三年，成绩斐然，就在他希望继续向下一个目标冲锋陷阵的时候，任正非却将他调离研发部门，去市场部。任正非多次强调技术卖出去才有价值，开发人员只有经过市场体验，才能开发出客户真正需要的产品，才能在技术上更上一层楼。正是出于对李一男的信任和喜爱，甚至把他看作华为未来接班人的心理，任正非才会如此鞭策这个年轻人迅速成长。但李一男对任正非为他设计的这个上升通道并不理解，并且心生不满。没过多久，任正非又让李一男去担任安圣电气总经理和华为美国研究所所长。

与此同时，任正非预感到华为的冬天即将来临。为了应对电信业的冬天，他迅速做出决定，把华为的分销、培训、软件开发、终端设备等业务外包给华为的创业元老。这样一来，华为就可以把全部精力集中在核心竞争力的提升上，但结果却事与愿违。

李一男在安圣电气总经理和华为美国研究所所长的位置上，屁股还没有坐热，就做出了一个让所有人都震惊的决定——辞职创业。

任正非接到李一男的辞职信后，既惊讶又气愤，还有几分无奈，他苦口婆心地对李一男加以挽留。但说话极有诱惑力的任正非，经近半年的沟通、劝说，也没能打动李一男的心，对方去意已决。任正非无奈地叹道:"该走的没走,不该走的如李一男这样的技术尖子却跑了。"

任正非这句无心之语使一个人极为不满,他就是总工程师郑宝用。他非常生气地跑到郭平的办公室,当着另外两位高管的面说:"老板是什么意思?他倒是把话说清楚,谁该走,谁不该走?在很多事情上,我已经做了最大限度的让步,难道他心里不清楚吗?我希望他给我一个解释!"

郭平从未见过一向温和的郑宝用会发这么大脾气,连忙劝道:"郑总你先消消气,老板虽然说过这样的话,但肯定不是针对你。你知道,他早说过要再搞一次清理运动,清除那些'沉淀'下来的人,只因孙总反对才没有搞下去。我认为他说的该走的人是那些人,像你这样的领军人物,老板担心你跑都来不及呢,怎么会主动说让你走呢?"

郑宝用听后火气消了一些,但还是想让任正非把话说清楚。这两位高管担心郑宝用去逼问任正非,会让任正非下不来台,忙一起劝阻。郑宝用人缘好,即使不给任正非面子,也得给同事的面子,也就借坡下驴了。

2000年底,刚过30岁生日的李一男带着价值1 000多万元的华为设备和一批研发、销售精英来到北京,准备创办港湾网络公司。李一男走的时候,正是任正非发出"华为的冬天"即将来临的预言前几天。任正非心里五味杂陈,埋怨、气愤、失望、伤心、忧虑,更多的是不舍。换作另一个人,他可能会骂上三天三夜,但他对李一男表现出了非凡的大度,在深圳五洲宾馆给李一男开了一个盛大的欢送会。在欢送大会上,李一男深情地宣读了内部创业的个人声明,他说道:"任总和孙总充分地尊重我的个人选择,尤其感激的是,任总以宽大的心襟对我并不成熟的内部创业想法给予了鼓励,当时感到的是一股暖流涌进了心中。"

李一男的声明说得很隐晦,仅从字面上看,似乎他出走华为是受任正非创业号召的鼓舞。但在宴席上,任正非却拉着李一男的手说:"你是不该走的,什么时候想回华为了就回来,华为的大门永远为你敞开。"

第六章　冬天来了

李一男走后，华为内部许多人仿效李一男出去"创业"，部分员工甚至偷盗华为的技术及商业秘密，推动华为公司分裂。

面对这一局面，任正非并没有把责任完全推到李一男身上。他认为李一男并不是"反叛"，只是受了别人怂恿，"真正的始作俑者是西方的基金，这些基金在美国的 IT 泡沫破灭中惨败后，转向中国，以挖空华为，窃取华为积累的无形财富，来摆脱他们的困境"。

这时，华为的竞争对手也趁机利用那些出去创业的华为人创办的公司来制约华为，一时间，众多研发骨干、市场骨干心态浮躁，纷纷产生了出去搏一把的冲动。很难想象，一旦华为的骨干力量陆续出走自立山头，华为将会面对怎样的困境？

在内外交困的背景下，非常害怕越冬、危机感极强的任正非一面发出"严冬来了"的警告，一面采取紧急的挽救措施。这些措施的核心是：要调整组织结构，均衡发展，抓好短的一块木板，不能靠没完没了的加班，一定要改进管理（这个加班问题始终在华为存在）；要有责任感，每个员工在本职工作中应对事负责，而不是对人负责；要推进公司合理评价干部的有序、有效的制度，保持干部队伍的纯洁性；不要盲目创新，既要创新更要稳定。任正非采取积极措施，加强信息安全、交付件的管理，逐步使研发稳定下来；加强市场体系的干部教育与管理，市场崩溃之风渐渐停住了。他还连续几次主持召开干部大会，稳定组织，鼓舞士气，终于把华为从崩溃的边缘拉了回来。

2001 年 3 月，任正非抱着"学习度过冬天的经验"的目的，踏上了日本的国土，对几家著名的高科技企业进行考察。他在考察后撰文谈到自己思考的问题：日本企业为什么会经历那么长的冬天，从 20 世纪 90 年代初起，连续 10 年低增长、零增长、负增长……这个冬天太长了，日本企业是如何熬过来的，它们遇到了什么困难，有些什么经验，能给我们什么启示？

任正非发现，日本作为一个地少人多、资源匮乏的国家，"二战"失败又被美国军事托管，却在战后创造了一个经济神话，到 20 世纪 80

年代，它在许多方面已超过一直以世界老大自居的美国。这首先归功于日本人民有极其强烈的社会责任感和使命感。松下精神、索尼精神等都含有产业报国的内容，日本企业集体的使命感塑造了日本产品的形象。在战后最严重的经济衰退中挣扎的日本人民没有被困难压倒。

到了20世纪90年代，日本企业又遭遇寒冬。几度深处严冬之中，日本企业对冬天的体会尤为深刻，有很强的危机感，因而日本企业都会在危机感驱动下去转型、去变革、去创新、去寻找新的机会。有人将企业比作一条船，松下（即松下电器产业公司，简称"松下"）就把企业比作是冰海里的一条船。在松下总部，不论办公室还是会议室，抑或通道的墙上，随处都能看到一幅张贴画，画上是一条即将撞上冰山的巨轮，下面写着："能挽救这条船的，唯有你。"其危机意识可见一斑。

任正非认为，"日本目前虽然遇到了困难，但其国民的忍耐、乐观、勤奋和奋斗的精神未变，信念未变，对生活和工作的热爱未变"。经历10年经济低迷后的日本，绝大多数企业已经连续8年没有增加过工资，但社会依旧平静、祥和、清洁、富裕与舒适，人们依旧兢兢业业地工作，任劳任怨地为日本振兴做出自己的贡献。任正非要求华为员工永远保持一颗积极向上的心，尤其应该向日本人民学习，即使在经济不景气的时候，也不怨天尤人，而是信心百倍地以高度热情投入到工作中去。

任正非总结说，日本企业的"度冬"之道，还有一点非常值得重视，那就是"顺势"而为，"冬天是客观规律的表现，一定要充分认识到客观规律是不随人的意志而转移的"，"我们不能与规律抗衡，我们不能逆潮流而行，只有与潮流同步，才能极大地减少风险"。他认为，顺应市场变化的大趋势，顺应社会发展的大趋势，就能使企业避免大风险。

任正非强调，日本企业之所以能够在漫漫长冬中有如此卓越的表现，还在于它们普遍拥有核心竞争力——精益管理，持之以恒地改善管理。同时，它们还在拓展新的竞争力。这也许是中国企业应对"冬天"最大的挑战。

"成功是一件靠不住的事,依靠过去的成功可能就走向失败了。"这是任正非经常挂在嘴边的一句话。什么叫成功?是像日本那些企业一样,历经九死一生还能好好地活着,这才是真正的成功。而华为的发展太顺利了,还不能说是真正的成功。或者说,华为没有成功,只是在成长。

任正非进一步阐释,活下来才是真正的出路,普遍客户关系是差异化的竞争优势,要争取更大的市场份额和合同金额,公司规模是未来运营商合作的基础,但公司从上到下杜绝用500强这个名词,永远不说进入500强,华为公司垮了再起来,再垮再兴起,才有可能。

经过这次考察,任正非认识到,公司是一条供应链,将来的竞争是供应链的竞争。华为供应链上要连着数百个厂家,有器件的、标准的、系统的、合同的制造商,分销商,代理商,是个非常庞大的体系。这个体系要当成华为的同盟军,一件件的小夹袄送来,冬秋的棉袄就够了。

四、同城反目

面对华为内部的危机,任正非善于反思并采取了一些积极措施,到2001年,华为内部基本稳定下来,但来自外部的威胁和烦恼并没有完全消除,任正非经历了数场小规模的"战争",首先遭遇的是同城兄弟中兴。

华为和中兴的战争不是偶然的擦枪走火,而是全方位的,从人才到市场、研发,再到技术情报间谍战。大约从1996年开始,中兴老总侯为贵决定突破原有产品结构上的单一性,向交换、传输、接入、视讯、电源、移动、光通信等多元化领域扩展。凑巧的是,任正非也在同一年为华为制定了发展计划,在产品结构上与中兴几乎如出一辙。同行是冤家,战争有其必然性,只不过当时还处于备战状态。

1998年清华园招聘会,同城兄弟头一回有了针锋相对的苗头,接着又在湖南、河南两省的交换机投标会上就电源产品打了一场价格战和一场官司,双方各有胜负。

进入 21 世纪后,人们谈论中国企业界,在任正非所从事的这个行当,总喜欢把他与侯为贵相比,评价二人的做事风格时会说侯为贵是"以和为贵",任正非是"是非不分";华为壮大后,两家公司在业界又有了"华为是狼,中兴为牛"一说。

刘平在他的《华为往事》中有这样一段描述:

有一次,我陪任总见一批邮电局的客人,谈到兴起的时候,任总脱下袜子,一边抠脚丫子,一边慷慨激昂地给客人演讲。中兴的掌门人侯为贵看上去像一个退休的老工程师,温文尔雅,说话慢条斯理。有一次参加中国移动的签约仪式酒会,我和侯为贵及中国移动的领导坐在一桌。席间,侯为贵只是眯眯笑着,很少说话。他们两人性格不同,但并不妨碍他们成为成功的企业家。

其实,任正非和侯为贵只是因为生活经历和环境不同,才一个显得比较粗犷,极具军人气质;一个则显得比较细腻,更具知识分子和技术干部风范。侯为贵的语言能力和演讲才能就像他的性格那样,温和、稳健,虽然缺乏任正非的偏执、犀利、思辨的锋芒,但却以其中庸而深刻的哲理,影响着中兴的"气候"。他们两人带领的团队和企业的性质也截然不同,一个由草根萌生,一个脱胎于国企,所以企业文化也必然有差异。对任正非而言,企业最重要的是活下来,他本人的决策、高管的辅助和员工的执行三者合起来就决定了企业的生死存亡,企业运作的高风险使得任正非需要所有华为人共同承担风险,而唯有给予足够的利益和灌输艰苦奋斗精神,才能促使员工承担起风险。对侯为贵来说,正确理解政府意图并让员工领会,在关键时点上得到政府的帮助是最重要的,企业没有生死存亡的问题,只有收益的问题。中兴高级副总裁何士友这样描述侯为贵和任正非的工作作风:"我初次接触侯总的时候就感

第六章　冬天来了

觉他像国有企业的厂长，一个老工程师的感觉，对人比较慈善和友好，他比较强调人性化的一面。而华为完全按照军事化的方式管理人，赏罚比较清晰，他认为好的事情他就会很快去做，如果你做得不错，他可以把你捧到天上去；如果做得不好，他可能一脚把你踩在脚下，这使华为员工之间的竞争很激烈，也很残酷，每个人都承受着巨大的工作压力，我的一位同事说晚上睡觉都在做噩梦。"他对任正非的评价贬多于褒。

如果说任正非和侯为贵之间只有差异，也许就不会有战争。事实上，他们都有远大的抱负，都有对科技的热爱与追求。在他们所处的那个年代，一般人在40多岁的年龄就已经开始考虑退休以后的事情，但他们却来到深圳，开始艰苦的创业之路。正因为他们的战略目标相似，且前进方向也一致，"抢道"的事情就无法避免，必要时只好不顾甚至违反交通规则。

既然要争，就得做到知己知彼。从1998年到2001年，华为和中兴互派"谍工"到对方公司卧底，主要是搞技术情报，搞不到技术情报就搞会议纪要，连市场动态、人事变动等都在搜罗之列。华为的高层领导一般会看竞争对手每周或每月的动态。

一天，华为副总裁洪天峰来向任正非反映一个重要情况，并拿出一盒录音带。这是一个保安提供的电话监听录音，是从用服中心大厅里的公用电话打出去的，受话方是中兴一个部门的号码，内容是关于向对方提供A8010接入服务器源代码的交易。任正非听完录音后，表情凝重，马上找来费敏、刘平等人开会，要求彻查"内奸"，并要各技术部门重点清查与中兴有关联及交往密切的人。A8010是华为中研部开发的拳头产品，也是当时市场占有率最高的一款产品，国外的类似产品初期每线出货价高达1 200美元以上。华为推出A8010后，把接入服务器市场价做到每线仅数百元人民币，产品市场占有率一度高达70%以上，任正非对这个系列的产品特别重视。而中兴在华为的A8010全面进入市场一年后，才开始开发接入服务器。

中研部能够接触A8010源代码的人并不多，刘平很快就查出了

"内奸"。这事刚完,《华为人》主编离开华为投奔中兴又兴起了一阵波澜,历时两年才平息。经过这两件事后,华为各部门主管、各办事处主任都收到了总部下发的补充通知:招人的时候要注意应聘者的工作背景,防止间谍。之前华为就明文规定,夫妻不能同时都在华为工作。补充规定进一步明确华为员工的配偶或是男女朋友不得在中兴工作。少数管理干部和技术骨干,配偶已在中兴工作又不愿调离的,华为对其本人要限制使用。

中兴与华为的竞争在市场上表现得更激烈。进入21世纪后,双方首先在国内小灵通市场上交锋。任正非认为,中国联通短期内很难上马CDMA项目,即使几年后再上这个项目,也不会选择相对落后的CDMA95,而是直接选择更为先进的CDMA2000。因此,任正非迅速撤掉原来的CDMA95小组,转攻CDMA2000。同时,多年与中兴交手的经验告诉任正非,中兴习惯于跟在华为的屁股后面转,这一次也不会例外。

不过,这一次任正非却判断错误。他这个看似无可挑剔的决定为对手争取到了反击的时间,因为他忽略了一个很关键的东西——中兴是受政策扶持的国有企业,有关政策导向肯定比华为占优。

当时,全球仅有2 000万左右CDMA用户,不论技术优势还是市场份额,所有厂商都处于同一起点。如果中兴能顺利拿下CDMA市场,不仅能弥补多年来在GSM领域落后华为的遗憾,还能给华为狠狠一击。留给侯为贵的,是一个向左走或向右走的选择题,选对了会给中兴带来一次飞跃,选错了则可能全盘皆输。

侯为贵冷静地分析了当时的CDMA市场:联通肯定会上马CDMA项目,而CDMA95标准不逊于GSM,从安全性能角度考虑,移动网络不可能不经过CDMA95阶段的检验就直接跳跃到CDMA2000,而且,即使转向研发CDMA2000也需要CDMA95标准的积累。基于这一考虑,侯为贵决定将重心放在研发CDMA95项目上,同时投入了很小一部分资源研究CDMA2000标准。

当风靡日本的小灵通技术被 UT 斯达康引进国内后,迅速在全国掀起了一股热潮。网络运营商认为它建网速度快,投资小;用户则觉得它经济方便,与手机相比,只花 20% 的钱就能享受 80% 的服务。与此同时,业内展开了一场关于小灵通技术是否落后的大讨论。任正非研究小灵通技术后认为,这项技术比较落伍,不出五年就会被淘汰,而且电信主管部门对待它的政策也不明朗,因此他选择放弃。

巧合的是,就在华为宣布放弃小灵通业务几天后,侯为贵宣布中兴今后几年的市场主攻产品就是小灵通。中兴又一次拾起华为放弃的市场精耕细作。侯为贵做出这样的决定并非意气用事,他认为当时中国移动的移动业务发展迅速,而中国电信的固话业务增长缓慢,中国电信一直想建一个移动网,小灵通正好是一个不错的选择。

2000 年,当浙江余杭电信局在中国第一个将无线市话技术转化为小灵通网后,小灵通发展的势头一发不可收拾。中兴得以跟 UT 斯达康一起分享市场,占据了近 40% 的市场份额。2001 年,中兴小灵通销售额达到 23.96 亿元,利润占到当年总利润的 25.74%。任正非不由得追悔莫及。

2001 年 5 月,中国联通第一期 CDMA 再次正式招标,最终选用的标准正是 CDMA95 的加强版!在国内几乎没有竞争对手的中兴,自然轻松中标,一举获得 10 个省共 7.5% 的份额。紧接着,凭借一期优势,在 2002 年 11 月底中国联通 CDMA 二期建设招标中,中兴又获得了 12 个省份总额为 15.7 亿元的采购合同。

中兴的强势反击,使得华为两次投标都颗粒无收,这让凡事都要争先的任正非十分郁闷。

事后,任正非总结失败教训说,思想家的作用就是假设,只有有正确的假设,才有正确的思想;只有有正确的思想,才有正确的方向;只有有正确的方向,才有正确的理论;只有有正确的理论,才有正确的战略。"我们公司前段时间挺骄傲的,大家以为我们是处在行业领先位置。但是他们用了半年时间做了战略沙盘,才发现我们在全世界市场的重大机会点上占不到 10%,弟兄们的优越感就没有了。知道如何努力了,

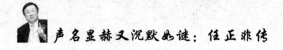

这就是假设——假设未来的方向。"在任正非看来，自我批判不是为批判而批判，也不是为全面否定而批判，而是为优化和建设而批判，总的目标是要提升公司整体的核心竞争力。

任正非在自我批判之后，很快进行了产品研发调整，把以前由研发部门独立完成的产品研发，变成研发、市场、用户服务等全流程的团队运作。在产品研发方案形成之前就考虑客户现实和潜在的需求，共同完成产品从研发到生产、销售的全过程，从而真正实现产品研发与市场的同步，提高研发"一次做对的概率"。

不过，华为是很难在小灵通业务上追赶中兴了。国内的 CDMA 市场很快便被中兴和国外巨头瓜分殆尽，而华为手里还握着自己投入巨资打造的 CDMA2000 产品线，鸡养大了，却只能干瞅着不下蛋。由于全世界厂家都寄希望于中国这块当前世界最大、发展最快的市场，而拼死争夺，形成了中外产品撞车、市场严重过剩的巨大危机。大家拼命削价，投入恶性竞争，外国厂家有着巨大的经济实力，巩固已占领阵地；中国厂家仍然维持现在的分散经营，相互拼下去将是两败俱伤。任正非决定战略转移，另想出路，为此，他再次瞄准了海外市场。

第七章 冲向世界

中国企业或产品在时常不被认可的国际市场上，起步"走出去"是艰难的，华为走向世界的道路曲折而漫长，但它靠着毅力、信念、决心和使命感，不懈前行，奋力冲出重围，打下了一片天地。

一、重新打造"铁军"

任正非的海外梦已经做了六七年了，自从公司步入正轨后，他一直没有停止过向海外进军的脚步，只是这条路荆棘密布，漫长艰难。市场人员在俄罗斯奋战五六年，才拿到一个不值一提的小单；在印度三四年，才让印度人知道世界上还有一个"华为"；直到千禧之年，"正规军"才替代"游击队"陆续进驻中东和非洲，但仍局限于零敲碎打，离国际化的市场营销还相去甚远。

但在2001年初，随着李一男、刘平两拨人的先后离去，华为的技术干部队伍遭遇了严冬的一次雪崩，一批高级管理干部和技术骨干流失，老将郑宝用不久也因病住进了医院。

尽管如此，任正非仍迎着寒冬的风雪，坚定地跨出国门，将主战场转移到亚非发展中国家；同时，他又把目光投向经济高度发达的欧洲，准备在英、法、德、荷等国打持久战。

在这种情况下，为了配合即将上马的海外战略，华为开始大量招兵买马。

声名显赫又沉默如谜：任正非传

任正非把孙亚芳、郭平、费敏、张建国、徐直军、洪天峰、胡厚崑等几员大将召集在一起，专门讨论技术干部储备和市场骨干培训、派遣问题。会上，任正非一脸严肃地说："华为刚刚遭受了一场不小的灾难，有些人变成了光杆司令，需要大量招兵买马。大家今天议一议，对新兵的要求，如何培训、派遣，拿一个具体方案出来。现在华为的体质太虚弱了，需要注入新的基因——引进丙种球蛋白。大家知道丙种球蛋白是什么吗？它是一种免疫球蛋白，这东西太有好处了，如果把这种特异性抗原物质接种到机体，人体将产生特异性免疫力。华为要提高免疫力，一条常规的路子就是通过引进外部人才使内部机制永远处于鲜活。"

与会的都是高级知识分子，不用任正非多解释，大家都明白了他的意思。不怕人员流失，流失了可以再招；就怕人员沉淀，沉淀了企业就没有活力，就会死亡，因此需要注入丙种球蛋白。按照以往的惯例，像这样的讨论会一般任正非发言之后孙亚芳会作一个简短说明，讲明任正非的意图或自己的看法，但这次她却一声不吭。去年任正非说要再搞一次内部人员清理运动，孙亚芳极力反对，运动没有搞起来，但还是有一大批优秀员工流失了，华为眼下的危机主要是人心不稳，人才危机，尤其是专业技术和管理人才。

徐直军见没人发言，便说："我个人认为，最需要注入活力的仍然是营销部门。不仅国内的市场人员需要补充，而且海外各国各地区的人员也要大量补充。开拓海外市场更需要一批免疫力超强的人，不仅需要相关专业知识，还需要有极大的热情和迅速适应复杂环境的能力。我有个提议，就是海外市场人员可以在当地招聘，徐文伟也曾提出过。这样有一个好处，可以减少市场人员熟悉环境的时间。"

"徐副总讲得不错，的确可以节省见习时间和派遣成本。不过，这会给统一管理带来麻烦。研发人员也罢，市场人员也好，还是保持相对稳定比较好。"副总裁胡厚崑说。

费敏接过话头说："研发部、中试部都是重灾区，技术干部比一般的市场人员更需要长时间稳定，这一点大家都清楚。我觉得，像我们华

第七章 冲向世界

为这样的高科技企业，技术骨干是否稳定，会直接影响公司的发展方向，尤其在我们向海外大举进军的时候。"

他们的发言，将讨论的话题引到专业技术人员和市场人员到底是稳定还是开放流动上来了。其实，他们对任正非的人才战略都有些不满，如果按任正非的战略来，搞不好他们随时都可能变成光杆司令。

孙亚芳知道，任正非喜欢有活力的年轻团队（饿狼），而老队员（饱狼）已无生存之忧，他们会时不时停下脚步喘口气，放缓节奏（渐渐沉淀）。他希望以饿狼来替代饱狼，使公司保持快速成长，但这完全是他的一厢情愿。几年前她之所以要带领市场部全员辞职，是因为当时市场人员良莠不齐，管理没有章法，必须推倒重来；而制度建立起来后，一切都可以照章办事，没必要再大张旗鼓地搞"群众运动"。但任正非的思想还没有完全转过弯来，或者说他仍不愿意放弃这个行之有效的办法。所以，孙亚芳的发言既不能直接反对任正非的本意，又不能与智力超人的高管们意见相左，说什么和怎么说，她得先理清思路。

孙亚芳思考良久才说："各位都知道，华为真正吸引人才的地方只有两点：一是有一张成就事业的蓝图——愿景，也就是任总为华为确立的目标；二是有将饿狼快速喂饱的食物——高薪。这可以说是招揽人才的两大法宝，非常成功。可是大家有没有想过，我们为什么会遭遇这次可怕的雪崩呢？因为我们太倚重这两大法宝了。在华为，两三年就可以喂饱饿狼（如果他足够优秀的话），这么短的时间，刚好将他训练出来，本可以发挥更大的作用，却马上被替掉了，非常可惜。而公司想留住的人才，他们的事业心或者说野心又太强，要自己做头狼，所以他们会在自己的愿望无法迅速在华为实现的时候，毫不犹豫地离去。我再打个比方，近几年来，我们公司像淘金一样招揽人才，先挖来了大量的金矿石，然后反复在水里淘洗，最后只剩下一小把金子，金子有了，本想让它发挥作用，但它却从我们的手指缝中漏掉了。从 1996 年到 2000 年，我们招聘大学本科以上的人才不下三万人，相当于两所重点大学五年的招生量，经过培训、试用、业务指导，最终才留下一小部分人，这些人是来之不易的，如果让他们像金子一样从我们指缝里漏掉，实在可惜。社会上传言华为的人才流失率高，这一点也不假。华为不能成为人才集散地，我们必须想办法留住华为想留住的人，让'狼群'在矛盾和平衡中不断奔跑。"

任正非扫了在座的人一眼，暗想，今天这个讨论会好像变成了对自己的批判会，那些离开华为的人又不是被我赶跑的，但他不便发怒，也不好辩驳，问道："孙总所说的'让狼群在矛盾和平衡中不断奔跑'应该怎样解释？"

孙亚芳没有直接回答任正非的问题，而是拿出一份材料给大家看。其中有华为近五年的招聘和人才流动情况统计，每年向公司外的人才流动率都在15%以上；还有华为人力资源管理体系简概图表，包括任职资格系统、科学考核方法、分配激励机制、业务管理、文化价值观、远景与战略目标。业务管理又分为选（招聘调配）、育（培训开发）、用（绩效管理）、留（报酬认可）四个支撑板块。当然也谈到了流动问题，她主张开放内部人才市场，人才在各部门间流动；管理干部上下流动（可上可下）。

任正非看后，对他的几位干将说："你们看孙总的思维缜密而新颖，我总是一副老面孔，思想赶不上你们这些年轻人了，也不懂什么管理，所以我得加强学习。未来公司需要什么样的干部，我认为未来公司需要的管理干部是对市场有深刻体验和宽文化背景的人，宽文化背景怎么理解，大杂烩，什么都懂一点。要成为高级干部，都要有宽文化背景；干部要进行必要的循环，这是宽文化学习的好机会。"

任正非最终妥协了。这次会议探讨了有关人力资源管理体系的一系列问题，重点对孙亚芳提出的选、育、用、留四个支撑板块进行讨论，并临时议定将人才招聘权下放给各部和办事处，总部主要负责培训。会后，任正非决定在华为新园区（位于深圳龙岗坂田，正在修建中）设立华为大学，专门培训内部员工。

随后，华为开始了新一轮的"圈人"计划。2001年度华为各部、办事处招聘了 7 000 多人。重庆邮电大学电信专业一个 40 余人的毕业班，39 人被华为招走；东南大学无线电专业 30 人的毕业班，25 人进了华为。这种整班成建制的"掠夺性"招人频频在高校上演。华为的校园招聘不但很专业，而且口气不小。华为人力资源部副总监到一所知名高校后，竟说出这样的"狂语"："工科硕士研究生全要，本科的前 10 名也全要。"

话虽这么说，但华为并不是那么容易进入的。华为真正需要的是什么人呢？下面还是引述一个女生的应聘故事吧。

面试在深圳大学大礼堂进行，好几十个学生被分成四人一个小组，每个小组有一个面试官。面试过程很"残酷"，只要不入面试官的法眼，或是答不上面试官的提问，面试官就会说"你可以走了"，也就是被当场淘汰。

那天和这位女生分到一组的有三个男生，她刚走到面试官面前还没来得及坐下，面试官只瞄了她一眼就冷冷地说："你可以走了，我觉得你不合适！"

她很震惊，也觉得很没面子，可是她没走，嘴上没说，心里却很不服气：你根本不认识我，凭什么看一眼就认为我不合适，凭什么就让我走！不过，当时这位女生并没有吭声，因为她觉得当面"质问"面试官既没有礼貌也显得自己很没风度。女生想，等面试结束后再与面试官理论也不迟。

这时另外三个男生都坐下了，女生可不管他们是怎么想的，也坐下了。面试官并没有赶她走，只是当她不存在，然后开始对其中的一个男生发问："你最得意的一件事是什么？"可能是因为紧张，那个男生竟不知如何作答，支支吾吾地说自己还没有工作，也没有做出什么特别的成就，所以也没什么得意的事。女生心里很着急，觉得他的回答有点偏题，她可不愿意他在第一道坎上就被淘汰，于是在边上悄悄地提醒他："你可以说一件在学校里做过的你自己感到最满意的事情……"

面试官看了女生一眼，她也不以为然：你不至于给我加上一条作弊的罪名吧，这个时候该帮人一把的，反正我已经是"不合适的人"了——这应该就叫"无欲则刚"吧。

不过，接下来的形势不容乐观，3个男生相继被淘汰了，最后只剩下她一人。面试官还没跟她对上话呢，不过，现在看上去面试官是有话要说了。女生仍然不动声色。终于，面试官开口了："那3个人应该是你的竞争者，可我刚刚看你一直在帮助他们，你为什么要帮助他们？他们答不上来不是对你更好？如果他们都淘汰了，你的机会岂不是就来了？"女生说："我不认为他们是我的竞争对手，如果都能通过面试，将来大家可能还是同事，有困难自然是要帮一下的。"

对于她的回答，面试官不置可否，又重提先前那个话题："我刚刚已经对你说了，你不合适，你可以走了。你为什么不走呢？"

女生觉得机会来了，该是自己说话的时候了。于是，她的"不满"终于有机会宣泄了："我觉得你并不了解我，所以我要留在这里给你一个了解我的机会。第一，我非常仰慕华为，因为我被华为的企业文化和用人理念吸引，所以我很郑重地投出了我的简历，也很高兴能参加这次面试。可是，我完全没有想到我会遭遇如此当头一棒。第二，我还想对你说一句，我认为你的态度对一个面试者来说很不友善。因为今天我是面试者，明天我可能是你们的员工；我更可能是华为的潜在客户。可是，你今天这样不友善的态度给我留下了深刻的印象，今天我可能成不了华为的员工，但明天我可能不再愿意成为华为的客户。第三，你今天的不友善影响了我对华为的看法，明天还有可能影响到我所有的朋友对华为的看法，你知道，你可能赶走了不少你们的潜在客户！"

面试官笑了，对女生的表现非常满意。因为从一开始，面试官就给她出了一道面试题：如何面对挫折。要知道，这次招的是销售人员，在未来的工作中，面对的将是无穷无尽的拒绝和白眼，别人的态度可能比这位面试官坏好几倍。如果连这样还算礼貌的冷脸都无法面对，又如何去面对未来的困难呢？华为需要的是不怕挫折和失败的人。

一年招聘七八千名应届毕业生，恐怕只有任正非敢这样做，在世界500强中，恐怕也只有华为连续几年都这样做。大量的新兵来了，培训的工作量很大，小小的"西乡军校"改为几个特训营。培训既有老套路，又有新内容，相比前几年更加系统化。对于新员工来说，华为的培训过程就是一次再生经历。

做市场进入培训一营，不是教授销售技巧，而是教授产品，即使文科生也要接受产品技术培训，从通信原理开始，直到工厂参观。仅仅让新人知道技术还不成，还要知道客户在想什么。三个月后，华为会把新人派到"用户服务"前线去，到地方和用户服务工程师一起干，再过三个月才能调回总部。进入二营，培训内容转为市场和客户服务，观看胶片和VCD，一遍遍地听老师介绍，私下彼此辅助交流，然后被安排到客户服务展厅去，向客户讲解产品；后面还会根据不同的岗位接受不同的考验。在整个培训过程中，新人几乎一年内"白吃白喝"，任务就是学习。

其中值得一提的是企业文化灌输，又称为"洗脑"或精神洗礼。首先是塑造"狼性"，这被作为华为企业文化的核心内容传承下来。危机感、艰苦奋斗精神、平等、压强原则等都是华为开疆拓土的法宝，"狼文化"让华为拥有了一批素质较高、吃苦耐劳的开发人才和销售人才，从而更好地推进低成本的竞争策略。

其次，植入核心价值观，对劳动潜力进行最大挖掘。通过基层管理者角色认知、团队管理、绩效管理、有效激励和公司人力资源管理政策，转换员工思想，植入管理意识和观念。员工接受并融入华为的价值观，完全抛弃自己原有的概念与模式，而注入华为的理念。华为人的心理契约，从进入公司的第一天就开始逐渐形成。华为培养出来的营销人员，会本能地相信自己的产品是最好的，而且愿意去最困难、最偏远的地区开发市场。

如果新人经过培训达不到这样的自觉性，还有一种办法，那就是逼着员工更优秀。

华为为员工设计好了职业成长之路,即"五级双通道"模式。双通道就是"(行政)管理"与"专业"两个通道,其中,专业通道可以细分为技术、营销、服务与支持、采购、生产、财务、人力资源等子通道,向上晋升分为五级,由助理工程师、工程师、高级工程师、技术专家、资深技术专家五大台阶构成。管理通道大致分为:普工(初级)、班长(二级,不在管理干部之列)、监督者(三级,基层管理者,小部门经理)、中层管理者(四级,部门总监,办事处主任、大区经理)、领导者(五级)。有趣的是,华为把中层管理者也称为总裁,因此,华为的总裁特别多。为了加以区别,总裁又分为五档:总裁、常务副总裁、高级副总裁、执行副总裁、助理总裁。同时,级别与负责的部门往往是不对等的。华为从1998年开始采取矩阵式管理模式,要求企业内部的各个职能部门相互配合,通过互助网络,任何问题都能做出迅速的反应。为了便于上下级沟通合作,华为内部还设立了各级管理委员会,这又体现了集体决策原则。华为对客户的服务是一个系统,几乎所有部门都会参与进来,可想而知,假如没有团队精神,一个完整的客户服务流程根本无法顺利完成。

在这种通道模型中,每个员工都可以根据自身特长和意愿,选择向管理方向或专业方向发展。尽管两条通道的资格认证都比较严格,但每个岗位都有几个达到任职资格的人等着,竞争上岗比较激烈,这就迫使每个人都得做出很大努力,否则就上不了岗,或是所在岗位被别人替代。任正非在《致新员工书》中写道:"实践改造了人,也造就了一代华为人。您想做专家吗?一律从工人做起,已经在公司深入人心。进入公司一周以后,博士、硕士、学士以及在原工作单位取得的地位均消失,一切凭实际才干定位,对您个人的评价以及应得到的回报,主要取决于您的贡献度。"

对员工的贡献,则可以通过严格公正的考核来认定。对市场营销人员来说,主要考核劳动态度、工作绩效和任职资格。其中,劳动态度是工作精神及对规范的遵守,主要涉及责任心、敬业精神、奉献精神、团队精神和基本行为规范；工作绩效是工作的最终成果，主要包括销售、利润、市场和公关；最后，任职资格是为了取得工作成果所表现出来的行为，其主要标准是指完成某一范围工作活动的成功行为，反映了工作人员职位的胜任能力，同时也要参考工作人员的知识、素质和经验。根据考核结果来决定考核对象的工资、奖金、股金的发放数量，并且决定考核对象的晋升机会。

华为的激励机制也是在考核的基础上建立起的。干部、员工的招聘、选拔、培训教育和考核评价、薪酬奖金和股份分红等，已有一套比较完善的制度和规则。任正非说："华为企业文化建立的一个前提是要建立一个公平、合理的价值评价体系与分配体系。"人力资源管理部门制定了以下原则：

（1）建立以自由雇用为基础的人力资源管理体系，不搞终身雇用制。

（2）建立内部劳动市场，允许和鼓励员工更换工作岗位，实现内部竞争与选择，促进人才的有效配置，激活员工，最大限度地发现和开发员工潜能。

（3）高工资。华为称为"三高"企业，指的是高效率、高压力和高工资，并以经济利益作为最明显的激励方式。薪酬制度的设计基于企业的发展战略，并保证"对内具有公平性，对外具有竞争性"，这样便能为企业吸引人才，留住人才并充分发挥人才的才能，为企业求得最大发展。任正非坚信高工资是第一推动力，因而华为提供的是外企般的待遇，除了高工资，还有奖金与股票分红。

与此同时，华为开始进行股票期权改革。华为的职工持股从过去的分散无序逐渐转入职工持股工会，建立了一套复杂的持股与激励计划。公司不再向新员工售股，同时老员工的股票也逐渐转化为期股。员工从期权中获得收益的大头不再是分红，而是期股所对应的公司净资产的增值部分，行使期限为4~10年。另外，华为回购公司外部持股者的股票。

（4）提供持续的开发培训。

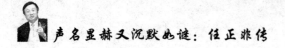
声名显赫又沉默如谜：任正非传

（5）公平竞争，不唯学历，注重实际才干。

（6）管理干部实行"能上能下"的轮岗制度。

建立一支稳定的队伍是企业必须考虑的一个长远战略问题。华为这种制度的最大好处在于，组织的整体性得到了最大程度的保障，构建起了员工与企业共同成长的心理契约，将东方管理文化理念与西方的管理流程构架完美结合，使员工有多种机会和广阔的空间去发展自己的职业生涯，实现个人的职业理想。

有人评价说，华为的这种矩阵式管理模式，就像每个人都是这台庞大机器上的一枚螺丝钉，任何一个人的离去都不会对这台机器的运转带来太大影响，随时会有合适的人补位。这在某种程度上保证了华为在动荡的外部环境中高速前进，而不会受到内部的干扰。将低成本、高密度并能研发高附加值产品的知识型员工，打造成一支打不垮的铁军，使华为得以站在产业链的强势位置。

二、倔强地走出去

2001年春节刚结束，急于为华为找到过冬"棉衣"的任正非，决定把经过培训的大部分新兵派往海外。队伍出发前，他在蛇口光华电影院发表了《雄赳赳气昂昂跨过太平洋》誓师讲话，他说：

是英雄儿女，要挺身而出，奔赴市场最需要的地方。哪怕那儿十分艰苦，工作十分困难，生活寂寞，远离亲人。为了祖国的繁荣昌盛，为了中华民族的振兴，也为了华为的发展与自己的幸福，要努力奋斗。要奋斗总会有牺牲，牺牲青春年华，亲情与温柔……不奋斗就什么都没有，先苦才能后甜。

……

号角在响，战鼓在擂。前方没有鲜花，没有清泉……一切困难正等著我们去克服。

随着中国即将加入 WTO，中国经济融入全球化的进程将加快，我们不仅允许外国投资者进入中国，中国企业也要走向世界，肩负起民族振兴的希望。

在这样的时代，一个企业需要有全球性的战略眼光才能奋发图强；一个民族需要汲取全球性的精髓才能繁荣昌盛；一个公司需要建立全球性的商业生态系统才能生生不息；一个员工需要具备四海为家的胸怀和本领才能收获出类拔萃的职业生涯。

他的讲话，让台下的年轻人热血沸腾，义无反顾地踏上征程。

大会结束后，任正非从影院走出来，只见外面电闪雷鸣，下起了倾盆大雨，而不远处却阳光灿烂。这种阴阳天气在深圳很常见，但初春时节则比较少见。任正非眼睛眯成一条线，目光从阴霾处略过，望向远处明亮的天空，略有所思。副总裁徐文伟刚好站在他的旁边，他对徐文伟说道："新兵队伍要出发了，文伟同志，你在国外待的时间较长，能否预测一下他们的胜率有多少？"

任正非问得很笼统，计算胜率有各种各样的方法，方法不一样，结果自然也不一样。徐文伟知道任正非并非想要一个准确的概率，只是表达他对大规模出征海外的担忧。徐文伟没有细想，答道："在您所说的业界冬天到来之际，百战一胜就不错了。不过，东方不亮西方亮，何况我们这支队伍是精挑细选出来的，又经过严格的培训，一定能打几个漂亮的胜仗。"

"是啊，这些孩子绝大多数上过大学，懂英语或日语、法语，进入公司后又经过强化训练，但是，将军是从上甘岭上打出来的，不是培养出来的。他们中间有几人去过南斯拉夫、俄罗斯？去过南非、埃塞俄比亚？除了知道刚果是一个国家的名字外，又对它了解多少？别说是去开拓市场，就是去旅游也有不少困难吧。那里完全是陌生的战场啊。"任正非说。

徐文伟心想，老板刚才在会上的讲话慷慨激昂，怎么突然一下子又变得忧心忡忡了呢，是不是在试探自己的决心啊？想到这里，他语气坚定地说："任总您放心，不出两年，他们就会变成一支铁军，别说是打上甘岭，就是登陆诺曼底也是极有可能的。您不必太过担忧。"

任正非看了徐文伟一眼，说："两年？时间太长了，时不我待啊。"

任正非是个急性子，又患了"忧郁症"，增派海外营销人员还不到一个月，他就匆匆踏上环球巡视之路，第一站是俄罗斯。3月的莫斯科还是冰天雪地，马路两旁的树林里还有皑皑白雪，任正非和三个随员走在滑溜溜的莫斯科广场上，突然停下来，从行李箱里掏出一包花生，然后一只手拖着行李箱，一只手冷不丁地往嘴里塞颗花生。刚入华为不久的一名工程师觉得有些奇怪，户外零下二十几度，老板却一边走一边吃东西。再细看老板面色稍显灰暗，额头上有细小的汗珠沁出来。他悄声向总裁办公室副主任打听，才知道老板有糖尿病，不能饿，饿了会出冷汗，进而将全身的某种细胞杀死一次。所以，出差时他的箱子里经常塞满了小零食和快餐面之类的东西。

他想接过老板的行李箱，但任正非却若无其事地说："我没事，不用你帮。别看我年纪大，脚力可比你们好。"

等到住进酒店，任正非抢着给大家泡方便面，他边倒水边说："泡方便面虽然简单，但也是有技巧的，就算是你这样的博士都没有我泡的好吃。"不过，大家吃他泡的方便面似乎也品不出有什么特别的味道，只觉得心里暖呼呼的。等大家吃完，他还不忘炫耀一句："怎么样？还是我泡的好吃吧。"

任正非这次俄罗斯之行是为了督促公司与俄罗斯国家电信部门（移动运营商 MCT）的 GSM 设备供应合同尽快签订。这笔 6 600 万美元的订单其实已经尘埃落定，也不需要他亲自在合同上签字，但他还是特意赶过来，庆祝这场持久战的胜利。另外，他还想了解一下有关铺设从圣彼得堡到莫斯科 3 797 公里的超长距离 320G 国家光传输干线（DWDM 系统）的合同谈判情况。

第七章 | 冲向世界 |

俄罗斯是华为入驻最早的国家，销售人员开展业务虽然挫折不断、困难重重，但任正非始终没有放弃。除了他以外，华为至少有三个副总裁在俄罗斯做过铺垫工作。驻俄罗斯业务代表向任正非作了详细汇报，任正非听了，眼中不由得有泪光闪动。几天后，他专门为俄罗斯营销团队开了一个小小的庆祝会，夸赞他们"真的很猛"。简单的言辞掩饰不住他的兴奋之情。

庆祝会当天，总部总裁办公室转来南非的电报，请任正非去开普敦会见一个关键客户。华为进入南非不久，业务尚处于铺垫阶段，但它是攻占非洲市场的重要阵地。任正非当即决定改签证，飞往这个"彩虹之国"。

开普敦位于南非的南端，也是非洲大陆的最南端。从气温零下二十摄氏度的莫斯科谢列梅捷沃国际机场飞往气温二十几摄氏度的开普敦，任正非担心自己的身体一下难以适应，中途转机的时候，特意买了三袋开心果和两袋花生。他平时并不怎么吃开心果，只是为了让部下旅途开心，不会觉得时间难熬。为了让自己忘记病痛，中途他还低声给他们讲故事。飞机快到开普敦时，他突然提问道："很多人都说开普敦有3个'W'，你们知道指什么吗？"他的问题把随行员工都难住了，他们平时都没有怎么注意这个非洲国家，只在中学地理课里学到南非盛产黄金、钻石，比较富有，知道开普敦是非洲南端的一个港口城市，对其他东西几乎是一无所知。任正非并不是故意为难他们，完全是因为他心情好，对华为在南非的市场前景感到比较乐观罢了。他本人对南非的关注也是从1998年才开始的。现在见他们几个人都答不上来，他便自己回答说："women，wine and wind（美女、美酒和海风）。常年劲吹的海风把污染物、雾霾都吹走了，这里空气湿润，气候温和，环境非常好。城市和乡村都十分干净，城市是现代与整洁的结合体，乡村则是清爽和原生态的结合体，各有特色。特别是周围的酒庄，建筑风格和酒庄环境都让人流连忘返。如果开车去西开普敦，简直是人生享受。更别说清澈的海水了，只是靠近大西洋一侧由于有本格拉寒流所以水温比较低，东海岸的厄加勒斯暖流就相当怡人了，若在德班下水嬉戏，那才叫惬意呢。南非不愧是非洲富有的国家啊，在那里我们肯定是大有作为的。"

任正非的情绪感染了几个年轻人，使他们相信此行必有收获。

华为在南非的业务负责人，早已在阿尔芬酒店为任正非一行订下房间。一到酒店，任正非来不及喝口水便让负责人汇报情况。原来，华为投了南非开普敦电信的一个标，为进入第二轮，对客户做了超前承诺，这在中国是很正常的事情。但现在测试的时间已经到了，设备却还没有开发出来。由于参与测试的厂商比较多，这位负责人想到了一个缓兵之计：提出能不能先测其他厂家的设备，最后再测华为的设备，以便争取一些开发时间。

但南非电信的人斩钉截铁地拒绝了这一提议，表示所有厂家的设备必须同时到位，并且由南非电信决定测试的顺序。当然，如果华为老总亲自来谈，并提出充分而合理的理由，测试可以推迟，但同时也得推迟其他厂家的测试。

任正非针对这件事，征求随行工程师的意见。但两位员工分别来自研发部和市场部，意见不一致。一个说要力争，因为华为在非洲还没有做过达千万美元的单，如果这次能够成功，势必会带动其他非洲国家的业务。一个则表示要慎重，即使产品已经研发出来，也需要一段时间测试完善，保证技术参数稳定后才能投入市场，操之过急会给客户带来损失，也会给华为打造国际品牌带来不利的影响。

任正非考虑良久，最后说："放弃吧，胜利不在于一城一地的得失。"

见老板说要放弃，负责人十分讶异和失望，这可是她花了一年多时间才得来的一次机会，付出了多少艰辛努力只有她自己知道，老板怎么能轻言放弃呢？"任总，这可是过千万美元的大单啊，放弃实在可惜了。"虽然知道老板是从不轻言放弃的人，既然他决定放弃，肯定有其道理，她希望老板的理由能让自己心服。

任正非看着大家说："我们匆匆从北半球飞到南半球，足见对南非战场的重视。但华为的国际化是一个漫长的过程,需要长时间坚持不懈的耐心和投入。天道酬勤,付出总会有回报。以诚心获得客户认可,用一流的工程交付让客户信服,这样才能树立起华为的品牌。"

任正非虽然已经决定放弃,但他也要求该负责人尽快约见南非电信的客户,打算亲口对客户说对不起。

在等待客户见面的空闲时间,任正非与派驻另一国家的业务代表通了电话,了解当地的情况。

任正非最为关注的是华为人能不能在非洲立足。

对于到海外发展的中国企业来说,面临的第一个直接困难是员工的人身安全和衣食住行问题。非洲许多国家的基础设施薄弱,很多地方没有公路。由于项目交付往往是在野外安装、调测基站,华为的工程人员经常连续驾车三四天赶往野外站点施工。周围荒无人烟,只有没膝的淤泥、四五米高的荒草、猛烈的暴雨、险恶的裂谷,蚊虫肆虐,稍不留神就会染上疟疾、肝炎、霍乱,甚至艾滋病。他们只能自己带上几桶水和一些干粮充饥解渴,很多时候吃住都在车上。

为了拜访一个客户,华为的员工常常连续数天,每天几个小时在三十几度的高温下,西装革履地站在客户的办公室门前等待,汗水将衬衣一次次由白染黄。而晚上气温降下来后他们根本不能单独出门,因为谋财害命的事情时有发生。

从员工汇报中,任正非感到在非洲开拓业务面临着难以想象的困难,华为的业务代表在巨大的生存压力下,有时还要冒着生命的危险,以自己的才智、勇敢、热血和健康为华为产品走向国际市场铺基垫路。任正非一时心血来潮,说要在处理完南非公务后亲自去刚果那边调研,但立刻遭到了在座所有人的反对,总裁办公室副主任的态度最为坚决,她要对任正非的人身安全负责。任正非无奈,只好打消这个冒险念头,拟定回程计划直接飞印度。

三、强攻欧洲，无法任性

华为在非洲市场上步履维艰，在欧洲市场上也面临着重重障碍。2000年以前，华为派往欧洲市场的只有几名销售人员，他们经常往返于德国、法国、西班牙等国家之间，一般来说他们走到哪里，华为的欧洲总部就设在哪里。从2001年开始，任正非向欧洲增派了一大批市场人员，开始争夺国际电信巨头盘踞百年的欧洲市场，这一年华为加入了国际电信联盟（ITU），其光纤系列产品稳居亚太地区市场份额的第一名。随后，华为又以10G SDH光网络产品进入德国为起点，通过与当地著名代理商合作，将产品先后打入德国、法国、西班牙、英国等发达国家。

欧洲大陆是一个真正的主流市场，是一个无比富饶的"产粮区"，也是华为走向世界级企业必须通过的一道关隘。

对于欧洲主战场，头几年任正非基本照搬了"以农村包围城市"的战略，但成效并不理想。发达国家都不缺钱，缺的是对中国企业、对华为的了解和信任。

中国企业或产品在国际市场上时常得不到认可，但任正非始终对欧洲市场充满信心。进军欧洲时，他首先瞄准了法国电信运营商NEUF公司（原LDCOM）。这家公司的总部设在风景宜人的巴黎郊区，CEO（首席执行官）是米歇尔·保兰。

2001年，NEUF公司准备在法国全境建设一个骨干光传输网络。它制定的产品计划是：用户每个月只需支付30欧元，就可以享受160个数字频道的电视节目、互联网接入服务和传统的电话语音服务"三位一体"的超值享受。为了建设这个全新的传输网络，NEUF公司研究圈定了一份供应商名单（类似于英国人的"短名单"），其中根本没有华为。但一家与NEUF公司颇有渊源的法国本地代理商打电话给米歇尔·保兰，希望能够让华为参与竞争。

"就是这个电话改变了这一切，"米歇尔·保兰解释道，"一开始我们对华为并没有把握，只是由于这家代理商的竭力推荐，我们才同意让从来没有听说过的这家中国公司试一试。"当然，华为开出的条件也颇具诱惑——华为将以非常优惠的价格为NEUF公司建设最初的里昂等两个城市的网络并负责运营三个月，然后再交给NEUF公司进行评估。

能够在最短的时间内响应客户的需求，这是华为必须做到的。在总部各平台的支持下，华为人不到三个月就建成了两个城市的网络，这样的速度很对NEUF公司的胃口，而评估的结果也非常令人满意。相对于欧洲老牌电信设备提供商来说，华为的快速反应是优势之一。

而在主项目骨干光传输网络上，华为也有自己的杀手锏——质优价廉。而且，NEUF公司不需要BT那样的21世纪网络，因为它本来就是一家新型的运营商，所有的设备和系统都是基于IP的。所以，它们对华为的产品认证也不需要那么繁琐，一般ADSL接入设备的认证只需要4～5个月的时间，数据通信产品两三个月就行了。这是双方一拍即合，没费什么周折就走到一起的主要原因。"这为我们节约了至少10%的投资，"米歇尔·保兰评论道，"而且我们获得了想要的速度。要知道，几年前所有市场都是法国电信的，而现在我们已经成了它最大的竞争对手。为什么？无非是我们动作更快一些，更冒险一些，当然，我们的价格也比法国电信便宜一些。"

这是华为在西欧市场首次做大单。

2004年初，华为开始与荷兰Telfort公司洽谈WCDMA网络承建合同。

这个项目由驻荷兰业务代表首先与荷兰邮政电信部门的熟人接触，然后再通过这位熟人引荐给Telfort公司高管。该业务代表在与邮政电信部门的熟人交谈时，发现2000年7月就已经拿到3G（第三代移动通信）牌照的Telfort公司迟迟没有开展3G服务，不禁大喜过望，立刻向总部请求技术援助，又花了一个月时间想办法让华为的技术人员与Telfort公司进行了一次3G业务的交流。

与此同时，有五家移动运营商关注这个项目，除了爱立信公司（以下简称"爱立信"）外，还有沃达丰集团有限责任公司（以下简称"沃达丰"）、Orange（法国橙）、T-Mobile（德国电信下属公司）、KPN（荷兰第一大电信公司）四家已经展开竞争。这些公司都是世界级的大公司，都有自己的研发中心以及从技术和商业的各个角度的支持平台。而且，沃达丰和KPN已经开通了基于R99版本的3G服务。说到人脉，Telfort公司的首席执行官、首席财务官等高管不少是从是爱立信出来的。相比而言，华为没有任何优势，胜算最小。

在敌强我弱的情况下，任正非决定打一场"大会战"。通过与Telfort公司高层的多次交流，华为很快找到了Telfort迟迟不上3G的症结所在。原来，Telfort公司担心自己没有雄厚的研发支持，无法开展有针对性的3G应用。另一个原因是，荷兰是欧洲人口密度最大的国家之一，而且非常注重环保。要安装新的基站和射频设备，必须经过所在建筑物业主的同意，需要支付的费用甚至比设备本身的价格还要高得多。

如何满足客户这样的特殊需求？这个难题立刻引起了任正非的重视，经过研究，华为团队开始对症下药，制定解决方案。首先，华为和Telfort公司合作成立了一个移动创新中心，专门研究在荷兰市场适合推出哪些移动服务项目。其次，华为在原来就有的小基站解决方案的基础上，提出了分布式基站的解决办法。华为将基站分为BBU（基带处理单元）和RRU（远端射频单元）两个分离的部分，让两个部分可以直接安装到运营商原来的机柜当中或者靠近天线的抱杆及墙面上。这样一来，Telefort公司有90%以上的站点都可以利用原有的站点，总体拥有成本比常规的方案节省了三分之一。华为的竞争优势尽显，Telfort公司的首席执行官托恩·安·德·施蒂格对华为的解决方案非常满意，他说："我们就是看中了华为的这两点。"在接受华为的方案之前，他还亲自到华为深圳总部以及华为在阿联酋的 3G 项目考察过，留下了很好的印象。

12 月 8 日，任正非飞到荷兰，在海牙亲自与托恩·安·德·施蒂格共同签署了这单超过 2 500 万欧元的 WCDMA 网络承建合同。签字仪式结束后，任正非十分高兴地宴请了所有在荷兰的华为员工。这也是华为的老规矩——败则拼死相救，胜则举杯相庆。这一次，任正非破例给每一位员工敬酒，他自己也喝了不少。

宴会散后，任正非来到华为荷兰公司的办公楼，任正非站在楼道上，望着阿姆斯特丹·阿雷纳球场，又发了一番感慨："过去很多人说我们的营销就是'拉拢客户，打价格战'，要是真那么简单就好了。实际上，哪一次作战不是周密策划的结果。市场人员采取直销模式深入最底层，注重研究现有和潜在客户的背景资料，包括个人性格、技术背景等，以便更好地沟通和贴近客户，计划制定后实现资源共享，再迅速调度和组织大量资源，形成局部优势，这才是华为的营销力。"

华为的业务就这样在荷兰铺展开来，更多的机会正在向华为招手。2005 年 6 月 7 日，华为与荷兰电信运营商的老大 KPN 签订合同，成为 KPN 荷兰全国骨干传输网络的唯一供应商，这个项目包括骨干网和接入网，范围覆盖荷兰全国各大城市。6 月 29 日，KPN 宣布支付 11.2 亿欧元收购 Telfort 公司，这引起了 KPN 的主要供应商爱立信的忧虑。因为此前 KPN 的 3G 网络是由爱立信负责建设的，整个技术架构是基于已经显得过时的 R99 版本。有人认为，如果此次收购成功，将使华为有机会向 KPN 推销自己的全线产品。

这个时候，华为良好的供应链管理水平和"快速调集资源进行会战"的能力起了作用。当 KPN 同时给三家供应商发出要求，让它们把设备运到 KPN 的实验室进行测试之后，华为的设备从中国运到荷兰海牙，竟然比欧洲大陆的阿尔卡特的设备还先到达。最后，华为如愿以偿地独享了这份大餐。

在欧洲战场，费时最久、耗资最大的是英国。

2001年，任正非在英国设立华为办事处，配置了主任、产品经理、客服经理、技术支持总监、培训中心总监等一整套班子。但是，很长一段时间，华为人接触英国电信（BT）时都遭到冷遇，高傲的英国人不相信中国企业能制造出高质量的交换机，所以根本不给华为任何机会，华为连参与招标的机会都没有。

人海战术不起作用了，任正非不得不改变战略，想别的办法。2003年，他从美伊战争中受到启发：后台必须专业化，前端则要个性化，针对不同国家客户的需求，提供不同的产品组合和服务。美国打伊拉克时，见不到美军与萨达姆的军队大规模作战，美国打仗犹如玩电子游戏，只有侦查专家、地形测量专家、军事专家组成的三个小组深入敌后，看到萨达姆的军队后，马上制定作战计划，直接呼叫导弹飞机去打，把萨达姆的军队挨个干掉了。同样，华为在市场一线的人离不开总部各方面的专业支持（华为已组建十大支持平台，包括技术研发平台、中间试验平台、产品制造平台、全球采购平台、市场营销平台、人力资源平台、财务融资平台、行政服务平台、知识管理平台、公共数据平台）。一线人员只需搞清准确的情报，与客户接上关系，制定出相应的计划就行了。在每一个国家，市场人员最兴奋的就是能够见到客户，能够拿到标书，再把辛苦做出来的标书送过去或者寄过去。他们心里也清楚，这些标书送过去不可能中标，因为从来没有见过面，是不可能中标的。但是，他们希望标书发过去以后，客户会读它，通过标书多少了解一点华为，了解华为的产品，这样再和客户接触的时候，至少已在文字上打过一个照面，就不会显得那么陌生了。

在外围经历多番打探和了解之后，华为市场人员终于获知与英国电信开展业务的规则：必须通过他们的各种认证，然后才能被列入他们自己掌握的短名单中。那么，如何得到认证呢？

2003年，华为总部乔迁新居，从深圳西边的南头迁至东面龙岗坂田；坐落于高新科技园区的华为总部从外表看就像大学校园一样，到处是庞大高耸的楼体，色彩斑斓的鲜花装点着成片的绿地；无论从哪个角度，都能让人感受到它的恢宏和气魄。细心的人还会发现，华为总部有一个客户服务中心，在会议厅，酒吧的一侧，有铺满厚地毯的小开间，是专为阿拉伯客户特设的伊斯兰祈祷室。由此可见，华为对国际客户的服务是十分细心周到的。

随后，华为把各国客户请到总部来参观，对华为的产品进行认证。令人奇怪的是，英国人到华为考察时，重点不是产品质量认证，而是华为的管理体系、质量控制体系、环境体系等认证，产品要求反而简单，即能保障华为对客户交付的产品的可预测性和可复制性。

在国际一流水准的专家面前，华为的很多漏洞还是暴露了出来。当英国电信的专家问道："在座的哪位能告诉我，从端到端全流程的角度看，影响华为高质量地将产品和服务交付给客户的排在最前面的五个需要解决的问题是什么？"华为在场的所有专家竟然没有一个能够答得上来！而英国电信的专家在考察华为时，又提出了一个问题："华为如何保证产品的及时交付？"得到的回答却是："我们有非常严格的产品出货率指标进行考核。"专家很不客气地指出，对客户来说，我们并不关心你的及时出货率，而更关心你的及时到货率。在英国专家考察的过程中，还有一些小插曲更是让任正非感到尴尬。就在英国电信专家的眼皮子底下，华为一位"勇敢"的开发人员在生产现场没有采用任何静电防护措施，就从正在调试的机架上硬生生地拔出一块电路板，揣在腋下扬长而去；华为武装到牙齿、高度自动化的厂房中偏偏有一摊不知道从哪里来的水渍……

经过4天的考察，英国电信的专家分十几个单元给华为打了分，每一个单元的满分是7分。除了在基础设施上得到了6分的高分之外，华为的其他硬件指标也得到了较高的分数，但是在业务的整体交付能力等软性指标上分数却较低。离开华为之前，英国电信的专家留下了一句意味深长的话："希望华为能成为进步最快的公司。"

客户不满意，就得积极改进，绝不拖延。任正非带领华为大军发挥日夜奋战的精神，在英国电信指出的问题上进行了几个月的"急行军"，把"让硬件的国际化变成整体能力的国际化"作为主要的努力方向。同时，任正非开始进行组织结构的调整，为了满足国际大客户的要求，专门组建了大客户服务部，成立专门的团队为每位大客户提供端到端的服务。

2004年，华为针对整个欧洲市场实施了一个名为"东方快车"的品牌计划，强调"要让客户看，要进行实验，为客户提供解决方案"，效果更进了一步。同时华为将相关产品送到英国检测，争取通过英国电信的供应商认证。这一认证耗时最长、耗力最巨，并且覆盖多达12个方面的内容，为此华为成立了以孙亚芳为总指挥、常务副总裁费敏为总负责人的认证工作小组，成员涵盖销售、市场、供应链、人力资源、财务等诸多部门。

花了两年多的时间和数以亿计的资金，华为最终得到了这张"豪门俱乐部"的入场券（进入英国电信的"短名单"）。

2004年6月，英国电信的"21世纪网络"第一次发标。竞标者可谓盛况空前，大大小小数百家供应商参加了投标，而在这些竞标者中，华为是最迟被列入"短名单"的一个。显然，这是一次突围战，华为要从国际大牌中脱颖而出。

华为欧洲投标部主管多次召开讨论会，研究制定方案。但他们几次讨论都是谈失败的教训，互相鼓劲。他后来说："我们当时的实力还不行，公司的品牌、团队、供应链、客户关系还没有建立起来，仅仅上过几次门、交过几次材料、做过几次演示，还远远不够。大的运营商会看你的综合能力。"

品牌战的要素有很多，包括品牌战略、产品定位、价值价格、渠道和营销治理、精英团队、完善的管理体系（打造规范）等，任正非已经为打造华为品牌做了许多奠基性的工作。早在1998年，华为就已经引进了IBM的IPD项目，又在2000年引入了IBM的ISC项目，公司从上到下已经经历了IBM咨询顾问挑剔的眼光，又将IP技术引入接入网，提出了具有划时代意义的 IPDSLAM 理念，因此，任正非对满足英国电信的要求还是很有信心的。

英国电信在全球电信运营商中排名第九位，即使是全球顶级的设备商，也会由于达不到其要求而被罚得很惨。任正非认为，要想成为一流的硬件商，就要拿下一流的运营商。正因为它是一块硬骨头，所以更要拿下它。他收到下属的报告后，推迟住院治疗的时间，带病飞往英国，董事长孙亚芳、常务副总裁费敏等十几人随行，这种阵势在以前还从来没有过。

英国电信的这张入场券来之不易，任正非怎能不让它发挥最大效用呢，可是，任正非过去的"群狼围攻"战术和价格战对付不了不差钱的英国人，怎么办？

任正非认为，首先要弄明白英国到底需要什么，再想办法满足这个挑剔客户的需求。因此，他将公司几位决策者都带到英国来，现场办公，共同商讨竞投方案。最后明确两点：其一，针对英国电信的个性需求制定明确的商业计划；其二，设立专门服务机构，提供优质服务。客户最关心的不是产品价格，而是工程交付后运行的稳定性及技术支持与服务。无论多么先进的产品，都没有人能保证它在运行中不出问题，所以，提供及时、全面的售后服务就显得格外重要。任正非决定在英国设立欧洲地区总部和一个服务中心。至于英国电信的"21世纪网络"全线产品，则可以和其他的供应商合作，择优而用。

对于这样的方案，英国人是很满意的。2005年，华为的产品（网络接入部件和传输设备）在最保守的老牌西方国家英国获得认可，与另外几家国际品牌产品一起用到英国电信的"21世纪网络"中。这意味着华为品牌已与国际大品牌并肩而行。

英国《泰晤士报》的权威评称，华为在英国的作为是中国企业走向国际化的一个重要标志。这一年，华为的海外合同销售额首次超过国内合同销售额。

四、客户至上

在努力拓展海外业务的同时，任正非根据国际市场的不同需求，不断调整华为的经营战略。

一直以来，在华为人眼中，有三个部门对公司贡献最大：市场部、研发部和人力资源部。任正非虽然只抓大战略的确定，但公司三个大部门中的研发部仍是由他主抓的重中之重。与其他国际通信巨头相比，华为没有长期的技术积累，但任正非还是在技术研发方面找到了适合华为的路子。

任正非选择了非核心专用芯片开发和板级开发两个应用技术发展方向。专用芯片的开发由华为基础研发部负责。专用芯片技术难度小，数量大，而且对公司降低成本很有作用。其主要开发模式是，由华为自己设计几款芯片，然后找国内外专业芯片厂商加工。加工后的芯片可以用来替代直接购买现成芯片，节约了大量成本。2004年，华为专用芯片设计部门从华为独立出来，成立了一家名叫"海思半导体"的新公司。

市场方面，2005年第三季度，任正非对公司的业务部门进行了一次梳理，日常最高决策层和业务高级管理层重组为EMT（Execute Management Team，即执行管理团队），包括市场和服务、战略和市场、产品和解决方案、运作和交付等部门，主要职能分别是销售、市场营销、研发和供应链，这几大业务部门再根据自己的实际情况调整内部的组织结构。加上财务、策略和合作、人力资源三大部门，整个华为被重组成七大部门，由孙亚芳、徐直军等7位副总裁分管，同时取消了总裁的几个等级。这主要是为了与国际市场运作接轨，各个EMT部门之间的日常协作完全通过流程来完成。重组后，任正非频繁地调兵遣将，试图吸取海外市场的经验，进一步提升市场营销的地位，并通过多种方式宣传华为。由于早期销售手法过于灵活和富于攻击性,华为在一些国外媒体眼里的形象是"攫取、独裁、不包容",因此任正非要重新打造"负责任的、有技术的"硬汉(一流硬件商)形象,树立华为品牌。

2005年冬,在一次电信展会上,有位记者偶然遇见了任正非,问及华为未来的发展重点。任正非表示:"我也说不清重点是什么,未来怎么发展,我们都是糊里糊涂的。"记者追问华为未来发展的重点是国内还是海外,他说:"不知道,我真的不知道我们将来朝哪个方向发展,但我可以告诉你,客户指哪儿,我们就打到哪儿。"

确实,对华为员工来说,接到一通电话就飞到利比亚、阿尔及利亚、委内瑞拉等世界各个角落是常有的事,而且经常一去就是三个月到半年,在条件落后的环境中做最艰苦的事。员工当然也可以选择不去,但"去,就是给你一个舞台,让你有机会学习、成长;年底绩效好,还可以多认股,多分红,为什么不去呢"。所以,华为员工都是召之即去。

在中国人民解放军的队伍中,上下级之间不搞什么特殊化,军官首先要做到的就是身先士卒,任正非也保持了军队的这一优良传统,既是指挥千军万马的统帅,又是一个时常奔跑在一线的战士,能命令他的人就是客户。他和普通市场人员一样,频繁地在欧非亚及南美洲各国间飞来飞去,在"听得见炮声"的地方指挥战斗。

有一次,飞机起飞12分钟后,开始剧烈颠簸,几乎是直线式向下俯冲,崇山峻岭闪电般从窗外掠过,任正非全身肌肉在发紧,空乘发出紧急通知:飞机遇到强气流……几分钟后,飞机迫降在北京首都国际机场,停机坪上,十多辆警车、消防车灯光闪烁,如临大敌。

这次遇险后不到十天,任正非又听到前线的呼叫,要从开罗飞往多哈。结果,同样的空中惊魂又重演了一次。飞机忽上忽下,恐怖地来回颠簸。惊恐的任正非在飞机迫降后原本打算取消航班,但一位同行者说:"生命很脆弱,只求活在当下,活好每一天。"于是,两个小时后,任正非换乘另一班机,继续多哈之旅。

2005年任正非第二次手术是从西班牙回来的飞机上就安排好的，一下飞机直接进手术室。为了减少影响，他没有让任何人知道，病房冷冷清清的，不像一个普通员工生病，还有三四人去看望，收到一两支鲜花。

任正非作为总指挥尚且不断遭遇险情，他手下的士兵就更不用说了，他们经常冒着生命危险奋战在异国他乡。以下是某名华为驻乍得的业务代表记载的亲身经历：

今天中午吃饭的时候，看见院子里几朵紫色的牵牛花开了，突然惊醒：现在是三月份，家乡正是万物复苏、姹紫嫣红的春天。身在乍得，我把青春留在了这里，这个贫穷、少水却又炎热的国家。

自从来到项目组，就多次听大家说起阿贝歇，它是乍得的第二大城市，也是一个战火不断的城市，由于距离苏丹很近，叛军得到某国的支持与乍得政府对峙了相当一段时间。2006年5月，叛军一直攻打到了首都恩贾梅纳跟前，我们可以想象反动武装的力量多么强大。虽然不久后，战火平息了下去，但是危险仍然处处存在，形势和伊拉克很类似。

虽然我也听说客户准备在阿贝歇建站点，但由于安全问题一直拖延着，客户承诺将来施工的时候会给予军队保护，所以我们也就没有把这件事放在心上。

尚感觉战火只有在电影里经历，现实中离我们像冰河世纪一样遥远。突然得到动身去阿贝歇的消息，没有心理准备的我才明白现实离自己的想象竟然那么近。

客户催得很急，阿贝歇地区的两个站点已经具备安装条件。我要带队即刻动身，可是之前客户答应的军队保护至今也没有动静，估计是没戏了。没有军队保护，没有通信设备，没有防护措施，一切都来不及准备。我们一辆皮卡，客户一辆皮卡，满载食物、工具，加上我和阿超、阿建、老项以及四个黑人本地队员，大清早就出发了。路上阿建抱怨没有人为我们送行，我逗他是不是有什么"后事"需要交代。虽然大家

第七章 冲向世界

都知道是开玩笑，但对于这个靠近苏丹边境的城市，大家心里都没有底。

天气真热，刚过上午9点，就感觉热浪一阵阵向车窗扑来。我们的皮卡驾驶室算上司机也只能挤得下三个人，剩下的人都坐在后车厢里，和货物一起在太阳底下暴晒。我把自己的衬衫给阿建等人包在头上，以抵挡沙尘和烈日。我虽然坐在司机旁边，但身上的衣服也很快被汗湿透了，连牛仔裤都湿了。驾驶室里没有空调，窗外灼热的风把汗都烤干在脸上。中途停下来休息，看到坐在后面的五个人的尊容，让我想笑却笑不出来：阿建和阿超的头上都包着衣服，远看像个大姑娘，但脸上却有红有黄，连眉毛都黄了，全是路上扬起的黄沙尘。Yousef的黑脸像涂了白灰一样，我开玩笑说：你的脸白了许多。大家都又渴又饿，但没人想吃东西，水喝了肚子很撑更难受。正午的那段时间，地面的温度高达50多摄氏度，真不敢想象车后面的五个人是怎么挺过来的。写到这里，我还是要对阿建等人表示由衷的感谢，感谢他们对这里工作的支持，这种敬业精神（虽然后来我也到后厢里体验了300公里，但不是正午时分，即使这样，我的脸也被风沙吹得麻木了，当车停在镇子上的时候，摸着自己的脸一点感觉也没有，幸运的是还能说话）。

从恩贾梅纳到阿贝歇共计1000公里，只有开始的300公里是柏油路，接下来的全是黄沙弥漫的土路，被我们称为"乍得国道"。路面上的每粒沙子都在灼烫着汽车轮胎，车子好不容易开到了离阿贝歇还有500公里的蒙戈，一个相对较大的镇子。已经是下午4点钟，前方的路况很差，初来乍到的我们看着地图上到目的地中间的一片黄色，知道前方再也没有一个像样的镇子可以歇脚了，于是决定晚上住宿蒙戈，等天亮再赶路。给车加了油，人也需要加油了。好不容易找到一个烤羊肉的地方，我们坐下来要了份东西，是羊肉块煮土豆汤，加上地炉烤出来的面饼。坐下来把汤里的小树枝挑出来，已经饿了一天的我们抓起面包，不在乎里面有多少沙子，拌着羊肉汤吃了下去。四个中国人中，阿建吃得最多，结果还没有到睡觉的时间他就叫着肚子疼。后来直到回来，阿建在路上只喝水，吃饼干，羊肉再也不看一眼。

我们在蒙戈找到了一个联合国粮油组织的仓库，和主管商量了一下，决定在这里住宿——这里毕竟安全一些，而且还有一台发电机，可以在夜里供电四个小时。值得一提的是，这里有个黑人汉语讲得非常流利，让我们挺惊讶的。他告诉我们他在北京待了十年，我问他为什么不留在条件更好的中国，他说乍得才是他的家！我很感慨，我也有很多机会可以留在海外，挣比现在多两倍甚至四五倍的工资，但是我却放过了，毕竟中国才是我的家！

越往前走，天气就越热，因为离沙漠更近了，而且有山阻挡了空气流动，我感觉嗓子都要喷出火来了，鼻子也开始流血。走到离阿贝歇还有 100 公里左右，路更加难走了，简直和在沙堆里行走没什么两样，司机甚至打开了雨刷来刷前挡风玻璃上的灰尘。

经过将近两天的颠簸，我们总算在下午 3 点多钟到达了这个据说是乍得第二大的城市，远远望去不由得失望透顶：这个城市除了清真寺那两座高高的建筑之外，就看不到别的建筑了，好像所有的房子都埋进了沙里。连一条像样的马路都没有，完全没有我们想象的那种规模。本来一路舟车劳顿，想找个旅馆整顿一下的打算也泡汤了。现在能否找个地方洗澡都成了问题！走在大街上，亲身感受着这个才被战火洗礼过的城市残留的那些硝烟气息，我们都格外小心，生怕惹上麻烦，但还是被警察拦住了。我对这里的黑人警察没有好感，他们大都是想要钱的。司机去和警察交涉，我们远远地等了将近 20 分钟，警察才允许我们通行。我们找遍全城，只找到两处"旅馆"。打引号是因为我不确定是否应该叫它旅馆，因为其中一处只有两间大房子，有几个地铺，连窗户都没有，门外还有铁栅栏；白天屋子里很暗，到了晚上只能和蚊子嬉戏了。这个地方使我想起了重庆的渣滓洞。另一家好歹在门口看到了"酒店"字样，一排草房子就是客房，每个房间每天大概 60 美金，简直是天价！而且很小的屋子里面只能睡一个人。当时我们一共八个人（不包括客户），预算要超支了。我真想睡到基站上去算了，但是随行的客户告诉我们那里很不安全，没有办法，只得安排我们的黑人兄弟住进了"渣滓洞"，我们四个则住进了这家价格相当于国内4星级的"豪华旅馆"。老板拍着胸脯向我们保证这里的安全，并特别给我们每个房间放了一桶水以供洗澡。

自我到乍得以来，经历过在基站上没水没电的日子，出差到这个硝烟犹存的城市，与它零距离接触，和随时可能出现的危险擦肩而过，看着街道上随处可见的碉堡和电线杆上密密麻麻的弹孔，我对大家说：最好争取早点将两个站点完工，早点离开这个危险的地方。当时心中的感受，可能我会记忆一辈子吧！在工地干活的时候，侦察机从头顶飞过；距离这个城市100公里的地方还有交火，夜里睡觉的时候似乎能听到远处的炮火声。真的感觉自己就像在演一场电影，不应该是真实的。直到现在回想当时的情景，时而清晰时而模糊，难道阿贝歇的危险只是发生在自己的想象中吗？我们用了三天时间完成这两个站点的安装，万幸的是，在我们干活的这段时间没有出什么大的乱子。我们在这个城市待了四个晚上，第五天早上5点便动身准备回恩贾梅纳。回去的经历大致和来时差不多，值得一提的是，从阿贝歇到恩贾梅纳，我们这辆皮卡报废了两个轮胎。

任正非后来读到这篇纪实文章时也很感慨："华为不能没有英雄啊！"就是这个组，在艰苦而危险的环境里，用五天时间完成了其他供应商要用一个月才能完成的任务，任正非称赞他们有"上甘岭精神"，并要《华为人报》开辟专栏，专题报道奋战在一线的英雄。

于是，后来在《华为人报》的专栏中，就有了这样一个专题：他们奋斗在世界另一端。

做好品牌国际化和管理国际化的两手准备之后，华为的国际化扩张道路才算真正进入跑道，而这一起跑，就是加速度的。到2005年底，华为完成了亚太、欧洲、中东、北非、独联体、南美、南非、北美八大区的布点，在东欧、独联体、中东、亚太等地形成"规模销售"。西伯

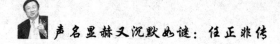

利亚的居民要想收到信号，非洲乞力马扎罗火山的登山客紧急找人求救，就连到巴黎、伦敦、悉尼等地，一下飞机接通的信号，背后都是华为的基站在提供服务。从 8 000 米以上喜马拉雅山的珠峰，零下 40 摄氏度的北极、南极，以及穷苦的非洲大地，都见得到华为人的足迹。对此，任正非总结说："中华民族是一种忍耐的文化，而不是扩张的文化。我们就是要在利益均沾的原则上强力推行扩张文化。华为要用 5～10 年的时间将内部关系合理地理顺，使之充满扩张的力量！"

第八章 是非横生

一边是舆论公开的道德谴责,一边是任正非的"自行其是",他坚持保留华为文化中的核心部分——持续的艰苦奋斗、默契的团队合作的传统,又在新形势下追求规范、精准的职业化行为,使各种矛盾体结成利益共同体,在矛盾与平衡中大步前进。

一、对手与抑郁症

华为走上国际化扩张道路后,实力不断壮大,而它面临的竞争对手也不再仅限于国内,开始与全球网络设备市场的霸主思科(即思科系统公司,下简称思科)短兵相接。

从1998年开始,任正非就开始尝试"针尖战略",这一战略是指在电信业中冲到最前面,不与别人产生利益冲突。但他很快就透过IT泡沫看到了这个行业供给无限性与需求有限性之间的永恒矛盾。"取得产品技术突破后,不仅不能打遍全世界,而且在家门口也未必有优势。"他意识到,在这一行业,技术实力不相伯仲,即使做到领先半步也是困难的,华为在研发方面每年的投入为其销售额的10%,但也无法保证永久处于"针尖"位置,电信业内同质化的产品投放到同一市场,同行间的战争就无法避免。

在小灵通业务上的失误,使任正非一度患上抑郁症,精神压力极大,有时甚至半夜哭醒,"有些疲惫、崩溃,身体患有多项疾病,动过两次癌症手术"。任正非后来说:"我当年精神抑郁,就是为了一个小灵通,为了一个TD,我痛苦了8~10年。我并不害怕来自外部的压力,而是害怕来自内部的压力。我不让做,会不会使公司就此走向错误,崩溃了?做了,是否会损失我争夺战略高地的资源?内心是恐惧的。"

患了抑郁症的任正非认识到,通信行业是一个投资类市场,仅靠短期的机会主义行为是不可能被客户接纳的,唯有品牌与服务才能拿下和留住客户。他进一步强调"以客户为中心"这一商业价值观,要求华为人"眼睛盯着客户,屁股对着老板"。

2001年7月,华为内刊《华为人报》上,准备登载一篇题目为"为客户服务是华为存在的理由"的文章,任正非在审稿时将题目改为"为客户服务是华为存在的唯一理由",因为他认为:华为命中注定是为客户而存在的,除了客户,华为没有存在的任何理由,所以是唯一理由。基于这一理念,任正非决定减少"内战",以土地换和平,宁愿放弃一些市场和利益,也要与友商合作,共同创造良好的生存空间,共享价值链的利益;同时,开辟国际主流战场,与主流大公司正面交锋。

但是,在华为大举进军海外时,中兴紧随其后。双方在印度、中东、非洲国形影不离,市场严重重叠,双方经常相互拆台,以价格战定胜负。

2003年,在印度MTNL公司的一次竞标中,华为和中兴分别通过印度本地合作伙伴参与了项目竞争。华为的竞标价格为34.5亿卢比,中兴的价格略高一点。几天的角逐下来,在所有参与竞标的公司中,中兴排在第二位,华为殿后,中兴夺标几乎毫无悬念。出人意料的是,最后MTNL弃掉中兴,选择了华为。

对于这个结果,侯为贵心里很不服气,并很快找到了反击点。当时MTNL的标书中有这样一行字:参与本次工程竞标的企业必须具有在世界任一地方至少20万线CDMA设备供应纪录,方能参与竞标。

这让侯为贵欣喜若狂,因为华为此前在亚非拉市场拿下的项目都比较小,根本没有20万线CDMA设备供应纪录,凭什么和中兴抢?侯为

第八章　是非横生

贵马上派人准备了一份中国联通 CDMA 网络建设工程中标公司的统计资料，并明确标注华为不具备相关条件，意欲把华为到手的订单再抢回来。

侯为贵的如意算盘虽然最终落空了，但 MTNL 接到中兴的材料后，特意派出调查小组奔赴华为提出质疑，搞得任正非大为光火。此番交战，双方算是打了一个平手，但都没有要停下来的意思。

2004 年，中兴决心进攻尼泊尔市场。尼泊尔是华为进入较早、费时较多、防卫最严的市场，如果中兴能在这里打开缺口，战略意义非凡。

长期以来，侯为贵奉行技术至上的理念，销售并非中兴的强项。侯为贵自问，中兴的强项是什么？他得到的答案是技术、产品。如果具备技术优势的产品，价格也很低，市场会有怎样的反应呢？侯为贵决心破釜沉舟拼死一战，他的底牌除了低价还是低价，在投标会上，他不仅不允许中兴的竞标价格高于华为，还要低上至少一倍。抢到订单和市场才是胜者，亏钱也无所谓。

这种极具赌性的市场动作，令华为连栽了好几个跟头，任正非怒不可遏，甚至向中国驻尼泊尔大使馆递交起诉书，状告中兴屡次采取不正当竞争手段，但这依然难以改变中兴夺走市场的事实。

任正非不得不调整华为的海外策略：在国际市场上，参加同一个竞标时，两家公司通常是先想办法让招标方给中国厂商机会，这样两家企业都有机会，但如果第一轮通过了，两家都在里面，就只能竞争了。两家公司在国外争同一个标，虽然都有压力，但毕竟利大于弊。"如果只有一家公司，反而可能因为缺乏强有力的竞争而发展不起来。现在两家公司都处于一个关键时期，因为它们面对的是全球的跨国公司，中兴和华为与它们之间的差距还非常大，所以在相当长一段时间内，两家公司将是自发的合作、自觉的竞争关系。"

这一期间，与华为近身相搏还有一个老冤家——思科。双方的嫌隙最早发生在 1995 年。当时华为正式推出 A8010 接入服务器，打响数据通信产品第一炮，开发人员需要研究与之匹配路由器的各种数据通信协议。他们从网络上搜索所有能搜到的开源的 TCP/IP 协议软件，进行分析修改，然后自行开发一些协议软件模块，最终形成了华为数据通信产品的平台 VRP（虚拟路由平台）。

思科已经嗅到了一支新血统正在崛起的气味，开始从 TCP/IP 协议软件中挑毛病，说华为的路由器产品剽窃思科的软件。不过，因为华为当时还比较弱小，思科并未深究。思科很自信，认为中国企业无法动摇它在中国市场的地位，何况华为只是一家小小的民营企业。

然而，思科万万没有想到，2002 年华为在中国路由器、交换机市场的占有率便直逼思科，成为它最大的竞争对手。同年上半年，华为还完成了对光通信厂商 OptiMight 的收购，大大加强了它在光传输方面的技术实力。同年 6 月，华为美国公司 Future Wei 正式成立，并开始与思科在企业商用市场的老对手 3Com 正式接触，商谈成立合资公司。同样是这一年，华为全系列数据通信产品首次亮相在美国亚特兰大举行的电信设备展。华为展示的数据通信产品，性能与思科的产品相当，价格却比思科低 20%50%。华为甚至还在美国主流财经和专业媒体上刊登极具挑战性的广告："它们唯一的不同就是价格。"广告的背景图案就是旧金山的金门大桥，而思科公司的标志也是金门大桥。这令思科首席执行官钱伯斯火冒三丈，他悄悄来到华为展台前停留了十多分钟，详细询问高、中、低端全系列路由器的技术情况。华为销售人员以为遇到了潜在客户，介绍得格外卖力，直到钱伯斯匆匆离开，在场的一位华为主管才想起对方是思科首席执行官。钱伯斯回到公司后，马上成立了"打击华为"工作小组。

外界并不知道思科已经对华为采取阻击行动。许多媒体报道了 Future Wei 的盛大亮相，认为这是业界的一个亮点。展览结束后，华为的数据通信产品在美国市场的销售迅速打开局面，当年在美国市场销售额比上年度增长了将近 70%。2002 年秋，华为的数据通信产品在巴西举行的招标中脱颖而出，拿到了 400 万美元的订单，导致思科负责这次招标的经理第二天便被公司解职。不过,思科在全球网络设备市场的霸主地位仍未动摇。

利用收购和合作进军美国市场,是任正非的一个不错选择,这也使得思科这家在全球互联网设备行业雄踞霸主地位的美国公司,迎来了一个极具市场攻击性的中国挑战者。几个月后,钱伯斯发现"打击华为"计划收效甚微,这家来自中国的公司正在自己眼皮子底下抢夺客户。华为的产品直接与思科竞争,而且价格低30%左右。由于美国的大本营受到了威胁,思科终于坐不住了。2002年12月中旬,思科全球副总裁从美国来到中国深圳,在深圳香格里拉酒店约见华为高层,正式提出华为侵犯思科知识产权的问题。任正非、郭平、宋柳平等出席了约谈会。

此前,由于重金投入的3G研发陷入苦苦等待,在联通CDMA招标中意外失手,对手中兴借小灵通业务进逼华为,UT斯达康等老对手缩短与华为的距离,数字通信产品也遭到港湾的严重挑战,任正非很自责,在一次会议上坦陈:"不要太看重面子。在华为犯错最多的是我……不过大家是为维护领导人的威信,给点面子罢了,我自己心知肚明。"现在莫名其妙地惹上与思科的官司,任正非情绪低落,更加抑郁。他甚至说,2002年至2003年华为处在内外交困、濒于崩溃的边缘。在与思科高管就IP知识产权问题初步交涉时,他的态度比较冷淡,回应说华为一贯尊重他人知识产权,并注重保护自己的知识产权,但也表示"华为愿意根据事实,解决双方所存在的争议。欢迎思科检查我们的产品"。而思科提出的谈判条件是华为公司在十日内从市场上撤出产品并删除产品中核查方认定已经侵犯思科知识产权的任何代码,并要通知客户在30天内停止使用侵权产品。

任正非没有立即表态。之后双方又经过两次电话接触,华为试图对思科提出的条款做一些变通处理,但思科不允许修改条款任何内容,并要求任正非立刻签字。这实际上没有留下任何谈判的余地,任正非怎能接受?

思科没有得到自己想要的结果,于是在2003年1月23日,农历腊月二十一，距离中国传统的春节只有九天时间，在美国得克萨斯州东区联邦法庭提起诉讼，指控华为及其美国子公司 Future Wei 盗用部分思科的 IOS（互联网操作系统）源代码，应用在其 Quidway 路由器和交换机的操作系统中，对思科专利形成至少五项侵权。长达 77 页的起诉书中，华为涉及专利、版权、不正当竞争、商业秘密等八大类指控，21 项罪名，几乎涵盖了知识产权诉讼的所有领域。

任正非心里明白，思科的指控虽然是它试图阻止华为在美国生根的一种手段，但再不采取相应措施已经不行了。这是华为成立 17 年来，首次遭遇跨国知识产权诉讼，而且是"突如其来"，任正非心里没底。他把常务副总裁郭平、徐文伟找来，对他们说："美国佬无事生非地找麻烦，不依不饶，只能辛苦你们跑一趟美国，恐怕你们要在美国过一个春节了。"

郭平、徐文伟放下手头的工作，第一时间赶到美国，他们的年夜饭也是在美国的宾馆里吃的。

郭平是华为法务部首席法务官（主任），负责华为在法律、媒体、学界合作等方面的总体策划，也是此次华为应对思科诉讼的总指挥。他在美国要做两手准备：一是应对诉讼，二是争取与思科和解谈判。

华为法务部负责国际事务的首席律师陈树实、负责华为国际市场宣传的员工以及华为的另一位律师，也先后赶到美国。郭平把这些人分为两组，一组为诉讼官司行动小组，另一组为和解谈判小组。两组分头开展工作，白天在美国与各方面合作、广泛建立"统一战线"，晚上与深圳公司高层交流汇报，目标是：不辱使命。

在一位美国律师的特别引见下，郭平非常有诚意地拜访了钱伯斯，力争和谈，但未能如愿。

思科是早有预谋的，形势对华为来说相当严峻。此时，业界不断传出消息说，思科此次诉讼的最低目标是将华为的产品赶出美国市场，并阻止华为与 3Com 正在进行的合资谈判；最高目标是把华为拖入诉讼泥潭，获得侵权赔偿，最终让这家中国高科技公司破产。

第八章 | 是非横生

由于思科没有和解的意思，郭平便把工作重点放在应诉上，他想，最坏的结果也坏不过完全答应思科提出的条款。于是，他将两个小组合二为一，一方面接触美国当地的媒体，让美国人了解华为是一家怎样的公司。郭平对公司的产品很有信心，只是需要权威部门来告诉美国人。另一方面，他在当地聘请了两家著名律师事务所的律师来应对诉讼，做好最坏的打算。

在深圳，任正非也在做紧急清理工作，首先要求所有员工必须讲真话，理解高层的意图，若有任何问题隐瞒，都会让官司陷入被动。同时组织工作组全面清理研发文档，文档不清时，则要说明软件是如何编出来的，避免个别员工的取巧行为，导致公司的法律责任，并组织人员对有争议的地方进行修改。

2003年3月，华为对美国企业设备巨头、网络处理器厂商Cognigine的收购正式开始。3月20日，华为与3Com宣布成立合资公司。任正非之所以在整合尚未完成就对外宣布，显然与应对思科诉讼有很大关系。3Com是思科的死对头，熟读"毛选"的任正非自然知道，"敌人的敌人就是我们的朋友"。有美国老牌企业出来为华为说话，形势势必会有所改观。

五天以后，3Com公司首席执行官布鲁斯·格莱夫林出场了，他在位于得克萨斯州的联邦法院马歇尔分院为华为出庭作证，向法庭出示了一份报告，并亲口告诉人们，他去过总部位于中国深圳的华为公司，并且与华为一起做了为期八个月的双向认证。以他几十年的职业生涯来判断，华为是拥有自己技术的公司，是值得信赖的。如果华为有侵犯知识产权的事实，3Com不会冒巨大的风险选择与华为成立合资公司。

不过，他的作证只能说明华为拥有自己的技术，有开发能力，并不能说明华为的产品没有侵权。

2003年4月14日，华为称早已从美国市场撤回了可能包含思科代码的产品。

2003年6月7日，美国德州法院马歇尔分院发布初步禁止令，判决华为停止使用思科提出的有争议的一些路由器软件源代码、操作界面以及在线帮助文件，同时驳回了思科的其他诉求。

2003年6月11日，3Com要求判决与华为合资生产的产品没有侵权。

思科不服，再次起诉，声称华为在双方2003年的版权纠纷案中做出虚假陈述，也没有撤下侵权产品，并公开了一份之前处于密封状态的文件的部分内容。在公开的报告片段中，思科表示："依据精确的评论和字符分隔形式，不仅表明华为接触了思科的代码，更意味着这些电子代码被复制，并插入到华为的代码中。"

思科的这个指控，与美国众议院常设特别情报委员会调查报告的相关表述相互印证。在针对华为列出的12条指控中，其中有一条认为，华为漠视美国公司和实体的知识产权。

华为再次表示将从美国市场撤下遭思科起诉的涉嫌侵权的所有产品。美国联邦调查局开始暗中调查华为的军方背景，认为任正非是中国军方派驻华为的代表，华为的产品有可能对美国国家安全构成威胁。但是，思科拒绝联邦调查局插手对华为公司的调查，要求法院重新裁定。

郭平等人代表华为邀请斯坦福大学资深教授、数据通信与互联网专家埃迪圣，向马歇尔分院为他们出示了技术报告。该报告指出，华为的VRP平台总共有200万行源代码，而思科的IOS则用了2 000万行源代码，要去抄袭一个比自己数量大10倍的软件本身是不可想象的。另外，华为的VRP平台只有1.7%与思科的EIGRP（即增强网关路由线路协议）私有协议有关，但私有协议本身在知识产权上属于某些大公司为了垄断市场而不愿公开的部分。

由于法庭在两次听证会后分别支持和驳回了思科的一些诉讼请求，2003年10月2日，思科与华为达成初步协议，同意在双方邀请的独立第三方专家审核的过程中中止诉讼，官司暂停六个月。

不久，华为把涉及争议的VRP技术平台的全部源代码带到美国去接受检验。在没有任何一个中国人参与的第三方审核团严格认证后，结果是，在思科指出的"8大类21项指控"相关的2 000多条源代码中，未发现华为对思科的侵权。以知识产权诉讼的形式，华为在技术研发上完成了一次严格的"体检"。检查结果表明，华为是"健康"的。

2003年11月，华为与3Com正式成立合资公司——华为3Com（H3C，华三通信技术有限公司，以下简称华三）分公司，大大加强了华为在交换机和路由器核心处理器方面的能力，从此开始联合拓展之路。美国的几家合资公司在"悍将"郑树生的领导下，干得有声有色。

由于华为迅速和3Com结盟，思科的凶猛攻势逐渐被化解了。一位业内人士称赞说："这招以夷制夷的太极推手，是老任的神来之笔。"可谓一举数得。思科重新提出的证据，没有一样能在美国法院起诉华为，反倒让华为一夕之间在全球声名大噪。

美国时间2004年4月6日，思科将诉讼延期。同年7月28日上午，双方达成最终和解协议，终止各自提出的诉讼及反诉讼请求。法院据此签发法令，终止思科对华为的诉讼，思科今后不得再就此案提起诉讼或者以相同事由提起诉讼，并且各方的律师费用、诉讼费用及相关其他费用都由各方自行承担。

任正非终于松了一口气，于同年8月初再次飞往南非分公司视察。在巡视期间，有人问任正非对思科有何看法，他回答说："思科是很值得华为尊敬与学习的公司，钱伯斯是一代伟大的巨人，思科在数据通信领域为人类做出了巨大的贡献，思科在管理、市场、知识产权方面是很成功的。思科利用私有协议来取得竞争优势，作为一个企业，它这样做是可以理解的。但各国政府为了维护公平竞争，不应给以保护，应迫使它开放。"

华为、思科和解18个月后，2005年12月某一天，在深圳坂田的华为总部办公室里，任正非对着镜子整理了一下自己的领带。这位平常在"华为老家"里着装总是不太在意的总裁，今天的穿着却非常规整。因为今天他将迎来一位华为的稀贵客人，既是多年的敌人，也可以说是未来伙伴的钱伯斯。

对于这位竞争对手，任正非给予了最高规格的接待。在深圳坂田的华为总部会议室里，两个人纵声大笑着，第一次把手紧紧握在了一起。或许，我们可以把那场知识产权诉讼看作一次电信制造业中的"战争"。尽管从结果来看双方似乎打了个平手，但是华为证明了自己的能力，让思科看到了自己的"大国气质"，并且不得不接受华为这股力量的存在。这显然是华为与思科平等交流、对话甚至开展合作的基础。钱伯斯的来访，体现的就是这种象征意义。

在这次破冰之旅中，双方就IT产业的发展前景进行了深度探讨。

在钱伯斯之后，任正非与西门子通信集团（以下简称西门子）总裁托马斯·甘斯文特曾经一起畅想两家在中国的TD-SCDMA合资公司的发展前景，也曾经就西门子准备收购"华为叛将"李一男的港湾网络，开诚布公地交换了意见。而在会见钱伯斯之前，任正非与阿尔卡特总裁兼COO（首席运营官）詹迈廷在法国的一个葡萄园中也进行了一次私人聚会。他们一边品着红酒，一边纵论电信制造业的公司运营，甚至就两个企业是否应该拓展房地产业务等话题各抒己见。

这一年，华为与3Com的合资公司华三，已经对思科产生了切实的冲击，这也是华为第一次大规模进入企业网。

与运营商市场的高度集中不同，企业市场用户多而分散，华为开始尝试与著名企业合作的方式来迅速获得分销优势。根据协议，在中国和日本市场上将以合资企业的品牌销售产品，而在中国和日本之外的市场则以3Com的品牌销售合资企业的产品。合资企业既可以销售华为以前开发并且已经转入合资企业的网络产品，也可以依据合资企业与3Com达成的代工协议销售3Com现行产品线中的产品。合资公司华三，在总裁郑树生、全球营销总裁吴敬传等"老华为人"的率领下，成为思科在中国市场上的劲敌。2005年，华三在国内数据通信新建市场上的占有率跃居第一，到2006年在整体市场上的份额也开始逼近思科，直接导致业绩不佳的思科中国区总裁杜家滨"下课"，这也使得思科无法集中精力与华为争夺电信运营商市场。

在思科的眼里，华为不再是过去那个只知道依靠"土狼"式"游击战"，在中国市场上给自己"搅局"的狼群了。华为无可争辩的崛起，使任正非的影响力越来越被世界认识。2005年，美国《时代》周刊发表了一年一度的"世界最具影响力的100人"名单。IT界任正非成为唯一入选的中国人，而其他入选的IT界名人包括微软主席比尔·盖茨、苹果公司首席执行官史蒂夫·乔布斯、谷歌联合创始人拉里·佩奇和谢尔盖·布林等，都是世界顶级人物。

任正非在一次内部会议上谦逊地说："华为依靠自己的不懈努力，在路由器和以太网领域占有了一定的份额，赢得了客户、合作伙伴和业界的认同。与思科这样的世界级企业同台竞技，也是华为的一种荣幸。"而钱伯斯则称任正非是"令人尊敬的对手"。

二、港湾回归

任正非一路披荆斩棘，渐渐成为IT业界的带头大哥，而华为的不断壮大，必然会孵化出一批业界领袖级人才，他们有着自己的发展方向和成就一番事业的雄心，如同蝉大了要蜕皮，小鸡孵成则破壳，出走华为也是自然之事，这本值得任正非自豪，分分合合并非一定要有什么怨海深仇，但他在收编中也花费了不少心血。

张建国、李一男、刘平、胡红卫、陈硕、聂国良、黄耀旭等人都曾经是任正非手下的得力干将，他们离开华为，自己创业，其中，胡红卫成立深圳市思捷达企业管理咨询有限公司，聂国良组建汉华企业管理咨询有限公司，刘平携华为同事黄灿、俞跃舒创办深圳市新格林耐特通信技术责任有限公司，陈硕、毛森江（原华为网络产品部总经理）成立尚阳科技股份有限公司，黄耀旭创办深圳市钧天科技有限公司，张建国创办益华时代人力资源管理咨询公司。

当然，从华为出来独闯世界的远不止这几位，其中最引人注目的要算华为曾经的少将李一男。李一男离开华为后，北上京城创办了港湾网络公司（以下简称港湾网络）。在他的公司创立之前，北京曾有一家做网络的公司驰骋数据通信业务市场，名噪一时，它的名字是译成中文即"港湾"，它于1998年被华为的对手北电公司收购。2000年，该公司在中国市场余音袅袅，李一男为自己的公司起名"港湾"也许有借势的味道。

港湾最初定位于数据通信业务领域，代理华为的路由器及数据通信产品，相对于电信市场这片红海，即使不是蓝海，至少也算是黄海，竞争还没有白热化。而有技术、有经验、有闯劲、有概念的李一男，可谓风险投资寻觅的最理想创业人物，"港湾是难得的好项目"。2001年5月，美国华平投资公司和上海实业旗下的龙科创投，分别向港湾注资1 600万美元和300万美元。港湾当年收入为1.4亿元。2002年5月，这两家公司又分别向港湾投资3 700万美元和500万美元，同时还提供了3 500万美元的银行贷款担保。从这一发展势头来看，港湾前景一片光明。事实上，港湾是一家最为成功地应用了华为的战略、战术和企业经营理念的公司，业界一度惊呼港湾为"小华为"。

而华为虽然从1994年就进入数据通信领域，但由于数据通信产品，尤其是企业网产品的渠道销售模式，与华为擅长的直销有很大区别，数据通信部门在华为体系一度属于"另类"，处在非核心位置。港湾继续在这一领域发展，任正非是支持的。有人甚至认为港湾是华为的分部，这让李一男觉得自己还是没有真正独立，仍活在任正非的阴影下，而且他的志向也不仅仅是做一名代销商。于是，他与另一华为前员工合资组建了丹羽公司，开发低端路由器；接下来又收购了开发高端路由器的创业公司欧巴德科技有限公司。

之后，李一男开始推广自己品牌的产品，在市场上连续拿下了电信领域的几笔大单。这使任正非多一个新的竞争对手，为此他正式收回了港湾的代理权，2003年又让合资公司华三进军中低端数据市场，试图以此压制港湾的疯长势头。

2004年3月，港湾再次吸引到包括TVG投资、淡马锡控股公司以及原有股东的3 700万美元注资。不过，对于一家高科技高成长的公司来说，港湾仍然缺钱。港湾逼迫自己必须连续几年的销售保持成倍增长：一方面是为了使公司迅速成长，有实力与竞争对手相抗衡；另一方面则是为了完成投资方的销售指标。因为只有实现这个销售指标才能尽快满足海外上市的要求，投资方才能够尽快套现。港湾网络在接受注资时就签下了严格的协议，一旦港湾网络无法实现持续增长的销售额，投资方将得到更多的股权。李一男很自信，对未来充满了热切的憧憬。在他的预期中，港湾网络上市的话，如果达到1美元/股，他的收入就会翻100倍。

为此，他一刻也不敢怠慢，每天带领技术人员一直工作到凌晨，而且几乎每个员工都是主动加班，创业的奋发精神激荡在公司大楼里。李一男本人也保持着研发人员的本色，身着衬衫、牛仔裤，经常和普通员工一起到食堂吃饭，起初甚至坚持骑自行车上下班。在营销方面，港湾网络效仿华为不计成本为客户提供服务的模式，一旦遇到设备问题，公司的服务团队就坐飞机迅速赶往现场。

在上市目标的驱动下，港湾网络进入快速（甚至盲目）扩张期，但资金支撑却很不给力。港湾网络的员工曾经这样描述："也就是从那时开始，港湾网络的产品线快速扩大，速度快得让人心慌。有的产品根本不赚钱，却占用了大量的研发力量和资金。"在这一背景下，港湾网络的产品质量开始出现问题，随后遭到了NEC的退货。

更让李一男不堪承受的是，任正非想让李一男知道姜还是老的辣，让他在市场上得到一点教训，于是组织了一个小班子专门对付港湾网络（外界称"打港办"）。任正非一贯不主张公司上市，但这并不影响他对其他企业的收购和资产重组合作，他知道，港湾网络如果成功上市，华为对它就一点制约力也没有了，所以一定要在市场上让它败退。一场场无聊的游戏就这样开始了。在山东一家国际中学的局域网项目上，港湾网络报价60万元，结果华三听到消息，立马插进来，报出20万元的超低价。港湾网络只好降到 40 万元，承包方念及往日的交情，准备以这个价格接受港湾网络的设备。可是，华三代表向承包方老总哭诉："只要让我们接，这个单子白送也可以，如果我连白送都送不出去，回去恐怕主任要被撤职了！"结果可想而知。如果华为和思科共同竞标，只要港湾网络加入，思科就会当即退出，因为港湾网络和华为都可以拼到三折价。与港湾网络竞标，华为即使一分钱不赚也要拿下，思科若再掺和进来，无异于自寻死路。

在市场上遭受华为打击的同时，李一男在资本运作上也噩梦连连。2004 年下半年，港湾网络曾经有机会在香港上市，承销商确定为高盛银行和瑞士信贷第一波士顿银行，每股价格大约 5 港币。但李一男可能认为这个价格不能体现港湾网络的真正价值，放弃了这个机会。后来，摩托罗拉公司曾经希望收购港湾网络，但后来同样也是因为价格问题没有成功。接着，港湾网络计划到纳斯达克上市，进展一度如火如荼。但不久，一封内容详细的举报信就被送到了纳斯达克上市审核委员会，举报信称港湾网络的财务报告有做假的嫌疑。随后，港湾网络不断接受监管机构的调查，上市一再延误。

没有一个创业者不希望获得风险投资的垂青，但也有很多上市公司对穿上迷人的红舞鞋后将无从掌控舞向何方。风险投资的高风险、高回报特性，决定了其对 IPO（首次公开募股）的钟爱，而 IPO 失败则基本注定了分手在即。李一男在给员工的内部邮件中十分自责，并指出："公司面临着尤其大的压力和挑战，必须根据情况适时进行调整，以最大限度地履行对公司客户、员工和股东等各方的责任。"其中的无奈不言自明。这段时间，任正非极为关注港湾网络的动向，要求凡是有关港湾网络的报道一定要送到他的办公桌上。

登陆纳斯达克失败后，港湾网络成了被人收购的对象，2005 年相继曝出摩托罗拉、西门子等潜在买家。9 月，港湾网络酝酿与西门子合作，此举一是为了增强自身的实力，二是为成功上市添加砝码。华为立刻做出反应，一封题为《做人要厚道》，内容涵盖上市敏感环节的检举信现身互联网。同时,华为向港湾网络决策层、重要客户及合作伙伴发出律师函,称其涉嫌侵犯华为的知识产权。港湾网络认为:"华为起诉港湾网络的目的并不仅限于知识产权纠纷。由于港湾网络正准备上市,公司处于不能对外宣布任何财务和有知识产权纠纷的静默期。华为选在这个时候打击港湾网络,是非常狡猾的行为。"华为新闻发言人辩解说:"华为只是选择认为恰当的时间发出律师函。华为是个单纯的公司,没有那么复杂的理由。"

在所有的路径都被封堵之后,将业务卖给急于发展数据业务的西门子,成为李一男最后的办法。任正非得知西门子欲收购港湾网络后,先下手为强,瞄准了最赚钱的语音 IP(VOIP)业务。2005 年 5 月发生了"沪科案"(李一男在华为的三个同事因侵犯华为的知识产权均被法院终审判刑),这使李一男的自信心遭到了很大打击。同年 9 月,就在港湾网络发起第二次上市冲锋的时刻,港湾网络法务部收到了一封来自华为公司的律师函,华为表示将就港湾网络侵犯其知识产权提起诉讼。同年 10 月,华为以 1 000 万元的代价挖走了港湾网络深圳研究所的一个语音研发小组,以致李一男不得不赶紧南下安抚军心。

此时,港湾网络的国内市场业务基本陷入停滞,资金链濒临断裂,而风险投资资金也不可能永远提供下去了。李一男万般无奈,于同年 12 月 23 日与西门子正式签订收购协议,以 1.1 亿美元的价格卖出港湾三个系列宽带高端产品的全部技术、专利以及 100 余名技术人员在内的核心资产。之后,港湾网络将转型为企业网服务商,以摆脱与华为的竞争。

这时,任正非继续穷追猛打,不失时机地给西门子总裁发了一封邮件,明确表示,如果西门子收购港湾网络的话,华为将在全球市场与西门子开打价格战。西门子与华为还有广泛的合作和利益,而且西门子此时正在与诺基亚洽谈合并业务,不想因为华为与港湾网络的官司而节外生枝。权衡之后,西门子决定放弃收购港湾网络的计划。任正非的策略再一次奏效。

2006年的一个周末，李一男照常来到位于港湾大厦二楼的办公室。今天不再有紧急的工作需要处理（早在2005年5月，公司就停止了大部分业务），他的神情显得很轻松。更重要的是，他不用再面对员工们或愤怒或失望或伤感的脸庞了。他已经做出最后决定，将港湾网络的部分资产和业务（路由器、以太网交换机、光网络、综合接入的资产、人员、业务及与业务有关的所有知识产权）转让给华为，这是一个明智的也是痛苦的决定。他虽然心有不甘，但总算摆脱了种种纠缠，卸下了沉重的包袱，从肉体到心灵都变得轻盈了。

2006年5月10日，任正非和常务副总裁费敏亲赴春暖花开的杭州，与港湾网络高层"三巨头"李一男、彭松、黄耀旭会晤。一见面，任正非就诚恳地说："我代表华为与你们是第二次握手了，首先这次我是受董事长委托而来，是真诚地欢迎你们回来，如果我们都是真诚地对待这次握手，未来是能合作起来做大一点的事的。不要看眼前，不要背负太多沉重的过去，要看未来、看发展。在历史的长河中有点矛盾、有点分歧，是可以理解的，分分合合也是历史的规律，如果把这个规律变成沉重的包袱，是不能做成大事的。患难夫妻也会有生生死死、恩恩怨怨，岂能白头呢？只要大家是真诚的，所有问题都可以解决。"

任正非在会谈时讲了很长一段话，这段话包括了很多层意思。他将双方的矛盾归咎于风险投资，"当然，真正的始作俑者是西方的基金，这些基金在美国的IT泡沫破灭惨败后，转向中国，以挖空华为，窃取华为积累的无形财富，来摆脱他们的困境"。任正非甚至表示了歉意，"这两年我们对你们的竞争力度是大了一些，对你们的打击是重了一些，但为了我们自己活下去，不竞争也无路可走，这就对不起你们了，为此表达歉意，希望你们谅解。"他还劝慰道："我们没有什么弯弯绕绕，我们也不纠缠历史。大家对历史会有不同的看法，交流会造成矛盾。我们面向未来，加强沟通，达到相互信任。公司处在全球历史性大发展时期，如果你们想通了，双方的工作小组也能达成一致，你们的回归将是对中国科技史的一项贡献。不一定会说你们输了，我们赢了，应该说我们是双方都赢了。"

2006年6月6日，港湾网络与华为联合宣布，就港湾网络转让部分资产、业务及部分人员给华为达成意向协议书并签署谅解备忘录。港湾网络部分员工兑现股权后离职，还有80多人的售后服务团队在继续工作。在随后的整合中，华为支付了近5 000万美元的现金，并调拨了大量资产。

在华为与港湾网络签约之后，李一男向港湾网络内部员工发了一封邮件。他写道："由于管理层，尤其是我本人在知识和能力方面的欠缺，导致在公司战略的制定和内部的管理上存在很多不足，错失了企业发展的机遇，辜负了大家对我的期望，对此我感到深深的自责。……华为技术有限公司是中国首屈一指的企业。华为表示，整合之后，愿意真诚地给大家提供充分的职业发展空间和激励计划。"

文中李一男以战败者的口吻坦陈了自己的过失与责任，转达了华为对港湾网络原职工的待遇承诺。作为被收购企业的总裁，他能说的也只有这些了，他未来的位置也将由华为来决定。

任正非则向港湾网络员工承诺："我代表EMT团队保证，会真诚地处理这个问题，不要担心会算计你们，也会合理地给你们安排职位，不光是几个，而是全部。"

2006年9月11日，李一男重新回到深圳坂田华为公司总部，这距离他出走华为已经6年。重返华为后，他出任华为副总裁兼首席电信科学家，掌管华为战略与市场部。

尽管任正非在谈话中一再表示不会算旧账，将接收全部人员，但港湾网络的员工对公司遭到"贱卖"多少有些抵制，在北京上地软件园，港湾大楼显现出一片沉闷散伙的气氛。港湾网络在重组后虽然仍以独立公司存在，但在出售了几个主要业务后，港湾网络只剩下下一代网络（NGN）产品、DSL宽带接入以及网络安全和网管软件四项业务，而这些在港湾网络业务中无足轻重，再作为独立的公司其实意义不大。

在遭遇收编之后，李一男面对老东家能够打出的牌已经越来越少，实质上已经陷入"囚徒困境"的博弈迷局。2007年12月末，华为公司发出内部公告，改任李一男为华为终端公司副总裁，这样李一男就跟港湾网络一点关系都没有了。而以"惨胜如败"来表明自己心迹的任正非，在面对自己昔日爱将的时候，又何尝不是面临两难境地呢？

三、被质疑的企业文化

不管是海外扩张还是面对竞争对手，任正非奉行的都是"狼性"，这也使华为得以一路高歌猛进。但也正是这一"狼性文化"，给"狼王"任正非带来了诸多争议。

2006年5月28日晚，华为公司年仅25岁的员工胡新宇，在广州中山大学附属第三医院因病毒性脑炎被诊断死亡。这一突如其来的噩耗，在华为员工中引起了轩然大波。

胡新宇毕业于四川大学1997级无线电系二班，2002年考上电子科技大学继续攻读硕士，2005年毕业后直接到深圳华为公司从事研发工作。

胡新宇在2006年4月底住进医院以前，有着自己的作息习惯：晚上坐上公司10点左右的班车，从坂田基地回到关内的家中，到家时间已超过晚上11点，然后早上7点起床去赶公司的班车上班。从4月初开始，他所在的接入网产品线（原为固网产品线）接入网硬件集成开发部进行一个封闭研发的项目，项目内容严格保密。这个项目开始后的半个多月时间里，胡新宇经常在公司过夜，甚至长时间在实验室的地上依靠一个睡垫打地铺，加班时间最长到次日凌晨2点左右。早上，他依旧早起，8点吃早饭，9点打卡上班。同年4月28日，他身体极度不适，于是请假去医院就诊，次日便住进了医院。几天后，由于病情过于严重，他被转到中山大学附属第三医院住院治疗。但他全身多个器官在过去一个月中不断衰竭，深度昏迷10多天后再也没有醒过来。

第八章 是非横生

"如果不是长期过度劳累，小胡不会变成这样。"

"太累了，压力太大。"

"公司是家吗？为了公司这样不要命地加班，图什么呀？"

"我们所做的一切，只是为了提高生活质量，像他这种以健康换来的所谓考评A有什么意义？"

员工们议论纷纷，并将胡新宇之死归结为"过劳死"，将大部分责任推到公司和任正非头上。接着，一篇名为《用生命加班，哀悼华为员工胡新宇》的帖子被置于天涯杂谈的头条，仅仅一天，点击率就已过万，上千网民广发英雄帖，声讨华为和任正非。为了平息民怨，华为宣传部的傅军想请任正非亲自出面对公众发表讲话，澄清是非曲直。任正非说："对蜚言进行辩解，只能越辩越黑。是非曲直，自在人心。对胡新宇的死，我也很悲痛。"

傅军知道，任正非不喜欢在公开场合露面，哪怕是涉及对他个人名声的毁誉。傅军无奈，只得代替任正非作了一个简短的发言，说"公司十分痛心"。

虽然过度劳累与胡新宇的死亡并不构成直接的因果关系，但确实也有相关性，参与会诊胡新宇病情的北京301医院神经外科主任于教授认为，劳累只是诱因，病原体才是致命因素。人在疲劳、精神压力过大的情况下，机体的抵抗力和免疫力会下降，容易患病。具体到胡新宇的个案上，工作上的压力以及加班的疲劳可能会影响他的身体状况，但趁虚而入的疾病才是夺去他年轻生命的罪魁祸首。华为高层高度重视对此事的处理，"对这一事件从来都是公开、透明化处理的，并没有遮遮掩掩"。华为的一位高级副总裁解释说，"即使是在媒体没有介入炒作之前，公司为了挽救胡新宇的生命，付出了极大的努力，包括从北京301医院聘请专家、转移到医疗条件较佳的广州医院。应该说，华为是以一个负责任的角色来处理这一事件的。"华为垫付了大部分的医疗费用，包括从北京聘请专家诊治、转院等费用，并坦诚地与胡新宇的父母讨论抚恤金的问题。随后，华为重申了加班政策，晚上10点以后加班要经过批准，不准在公司打地铺过夜。

但是，华为说明情况以后，风波并未平息，反而传播得更快了。这是怎么回事呢？

原来，一位华为员工仿照鲁迅的《纪念刘和珍君》写了一篇《纪念胡新宇君》，在该文的推波助澜下，一篇篇檄文扑面而来。《天堂里不再有加班》《华为员工的命只值一台交换机的钱》《胡新宇父母与华为达成了"屈辱"协议》……把胡新宇的死直接归因于华为文化，对华为的绩效考评和制度进行指控。胡新宇事件使华为一时置于舆论的旋涡中。昔日笼罩着层层光环的"狼文化""床垫文化"和艰苦奋斗精神，在媒体舆论的声讨、拷问下，全都失去了光泽。

过去，狼性文化强调斗争，对外以"消灭"对手为目的，对内则以消除权力为目的。华为的公司文化中处处体现出强烈的攻击性。华为内部刊物《管理优化报》上的标题，几乎全是攻击性的："我们能够丢什么？""核武器的按钮能随便按吗？"等。在外人眼里，华为是一座看不透的高墙大院；而在华为内部，院内充满"决斗"的气氛。超强的劳动强度，严厉的管理制度本身，使得华为员工的精神始终处于高度紧张状态。同时，任正非还通过"狼性"机制网罗大量人才，以饿狼替代饱狼的方式进行内部竞争，"在你旁边蹲着一只狼"，随时准备替换表现不佳的员工。他最担心的是员工忽略绩效，缺乏斗志和进取心，宁可多保留一点野性，也不愿让他们"沉淀"下来。狼的智慧、狼的韬略以及狼的团结协作精神，对于指导企业的运营和发展起到了极大的推动作用。

自1998年《华为基本法》出台后，任正非就不再提"狼性"，而是代之以流程化管理和管理干部职业化。但多年的"土狼文化"，无疑在任正非和华为身上打下了深深的烙印，包括他本人在内的华为员工都始终保持着艰苦奋斗的传统。与军队的作风相似，任正非做事显现了军人雷厉风行的性格，要求做的事就必须马上做到，有时简直是逼着人做出业绩来。每年他都会为华为制定下一个目标，很多人都不相信能够实现,但是这么多年来,他每年提出的目标大都实现了。在依靠"土狼文化"取得了空前的成功后,任正非和他的华为正在痛苦、艰难地消化着"土狼文化"留下的后遗症,逐步从狼性文化过渡到企业信仰。

华为对狼性文化的弱化,标志着更本质的真正的进步正在到来,那就是企业经营根本方式的转变,即建立起中国企业的强大之本——从"人治"转变为"法治"、从企业家(个人英雄)的一枝独秀到依靠组织与制度打造强大的竞争力!所以,任正非说:"我们的文化就只有那么一点,以客户为中心,以奋斗者为本。"他要求华为员工把艰苦奋斗、默契的团队合作这一传统传承下去。

由于外界对华为文化的了解片面,在胡新宇去世一个多月后,责难及对华为加班文化的质疑声仍不绝于耳,关于华为"床垫文化"的各种版本在网上层出不穷,使任正非承担着极大的压力。为此,他在内部会议上发表了《天道酬勤》的长篇讲话,2006年7月21日,华为内刊《华为人报》(第178期)头版头条刊发了这篇讲话,第二天即被国内诸多媒体转载。这是任正非首次正面非正式地回应外界的舆论。他在文章中写道:

华为正处在一个关键的发展时期,我们已经连续数年大量招收新员工,壮大队伍。新员工进入华为,第一眼看到的、处处感受到的就是华为的艰苦奋斗。一些人对此感到不理解。他们会提出这样的问题:华为为什么要艰苦奋斗?回答这个问题涉及另一个根本的问题,那就是:华为为什么能活到今天?华为将来靠什么活下去?我们今天就来讨论一下这个问题。

他在文章中阐明了自己的观点:

(1)不奋斗,华为就没有出路。他说,创业初期,我们的研发部从五六个开发人员开始,在没有资源、没有条件的情况下,秉承20世纪60年代"两弹一星"艰苦奋斗的精神,以忘我工作、拼搏奉献的老一辈科技工作者为榜样，大家以勤补拙，刻苦攻关，夜以继日地钻研技术方案，开发、验证、测试产品设备……没有假日，没有周末，更没有白天和夜晚，累了就在垫子上睡一觉，醒了接着干，这就是华为"垫子文化"的起源。虽然今天垫子只是用来午休，但创业初期形成的"垫子文化"记载的老一代华为人的奋斗和拼搏，是我们需要传承的宝贵的精神财富。艰苦奋斗是华为文化的灵魂，是华为文化的主旋律。

（2）管理团队和全体员工的共同付出和艰苦奋斗铸就了华为。华为在茫然中选择了通信领域，是不幸的。这种不幸在于，所有行业中，实业是最难做的，而所有实业中，电子信息产业是最艰险的；这种不幸还在于，面对这样的挑战，华为既没有背景可以依靠，也不拥有任何资源，因此华为人尤其是其领导者将注定为此操劳终身，要比他人付出更多的汗水和泪水，经受更多的煎熬和折磨。唯一庆幸的是，华为遇上了改革开放的大潮，遇上了中华民族千载难逢的发展机遇。公司高层领导虽然都经历过公司最初的岁月，意志上受到了一定的锻炼，但都没有领导和管理大企业的经历，直至今天仍然是战战兢兢、诚惶诚恐的，因为10余年来他们每时每刻都切身感受到做这样的大企业有多么难。

（3）虔诚地服务客户是华为存在的唯一理由。由于华为人废寝忘食地工作，始终如一虔诚地对待客户，华为的市场才开始有起色，友商看不到华为这种坚持不懈的艰苦和辛劳，产生了一些误会和曲解，不能理解华为怎么会有这样的进步。还是当时一位比较了解实情的官员出来说了句公道话："华为的市场人员一年内跑了500个县，而这段时间你们在做什么呢？"当时定格在人们脑海里的华为销售和服务人员的形象是：背着我们的机器，扛着投影仪和行囊，在偏僻的路途上不断地跋涉……

（4）天道酬勤，幸福的生活要靠劳动来创造。我们有一种从未有过的幸福和神圣的责任感。我们的劳动不仅改变了人们的生活，增进了人们的沟通，也一天一天地充实着我们自己，充实着我们家人的生活，也在一年一年地改变我们自己的生活。我们在分享劳动果实的同时，又增加了对未来的憧憬，这些在慢慢地加深着我们对劳动本身的体悟和认识。拼搏的路虽然艰苦，但苦中有乐，乐在其中。奋斗就是付出，付出了才会有回报。

（5）戒骄戒躁，继续艰苦奋斗。幸福不会从天降，全靠我们来创造，天道酬勤。

任正非的讲话，在华为员工中引起了共鸣。不少人认为，选择华为，就意味着艰苦奋斗，如果想好好干必须要加班，不加班怎么做出比别人更好的成绩来？如果想轻松地过日子，费劲到华为来干什么？华为是成就事业和奔小康的地方，进华为不就是想实现点人生价值吗？

华为员工对于华为的"狼性文化"是很认同的，非常引以为荣，因此，华为员工不像人们想象的那样反对这种文化，相反从内心拥护这个文化，加班都是自动自发的。他们不是这种文化的受害者，而是直接的、最大的受益者，成千上万个小康之家出自华为。他们还是这种文化的传播者。"'床垫文化'还得继续，不然华为如何跟海内外的竞争对手拼？"一位华为员工表示，这是国内很多企业需要正视的，只是希望公司能更多关注员工的生活和工作状态，尤其要注意公平。"这篇讲话最重要的是统一了华为内部员工的思想认识，我们都非常喜欢读这篇文章，"华为的一位高级经理说，"这篇文章以非正式的方式，澄清了外界对华为的质疑，更重要的是，它坚定了华为人的一个信念：不管外界如何评说，华为都将走好自己的路，我们问心无愧。我们不会对外界七嘴八舌的妄议置之不理，但也不会跟着瞎起哄，有些东西是越解释越糊的。而这次直接由任正非出面，抛出了华为坚定的观点，自然也就堵住了无中生有的非议。可以说，这是遏止网络上各种版本的质疑的关键。"

此后，当有媒体询问华为文化时，华为的高管就说："我建议你们看一下任正非的《天道酬勤》，里面说得非常明白。任由网络媒体如何炒作，华为都有一个不变的信念——艰苦奋斗的精神不能丢。这是华为员工的一个共识。"

确实，当任正非在内部会议上宣读了长达8 000多字的《天道酬勤》长篇讲话并在华为内部刊物上发表,作为对网络热炒的"过劳死""床垫文化"等指责的回应后,华为员工高度统一了认识,也在社会公众间赢得了支持。一度热络的网络指责声渐渐归于沉寂。

当然,任正非也知道"狼性文化"与人本文化是有冲突的,为此他在公司内部也极力提倡温情文化。华为在公司内部发布的《2008华为社会责任报告》中指出,过去一年,公司首次设立了首席员工健康与安全官,目的在于进一步完善员工保障和职业健康计划。从2008年下半年开始,华为员工发现,邮箱里不时会收到副总裁纪平的邮件,提醒大家要注意劳逸结合、注意身体健康。她新增的头衔是"首席员工健康与安全官"。公司还为研发人员增添了专用休息室、娱乐设备等。

任正非希望这样的文化能在华为落地生根,让群狼在矛盾和平衡中继续前进。

四、再一次寒冬警告

扛着"狼性文化"的大旗,华为人不懈地努力着。但2007年上半年,华为刚刚从冬天走到春天,刚走上快速发展轨道,任正非却再一次发出寒冬预警。他说,要"对经济全球化以及市场竞争的艰难性、残酷性做好充分的心理准备",并提醒员工,"经济形势可能出现下滑,希望高级干部要有充分心理准备。也许2009年、2010年还会更加困难"。

这一次与2004年第二次的提法又有所不同。2004年正是我国宏观调控严峻之年,一大批企业落马,但IT业迎来了一个"暖冬",缓解了2000年互联网泡沫的影响后,国内互联网企业大批奔向复苏的纳斯达克,整个IT行业开始活跃起来。2004年有多达九家中国互联网公司在纳斯达克或香港成功上市。联想集团也在年底出手收购IBM个人电脑部门。

而在2004年第三季度的内部讲话中,任正非又称,华为要注意冬天。在长达13 000字的讲话稿中,他检讨、审视了华为当时遇到的严峻困难,称这场生死存亡的斗争本质是质量、服务和成本的竞争。但与上次相比,这次冬天的预告影响力有所减弱,主要是他更加细致地探讨了华为的内部问题。

任正非进一步发展了其冬天预报的理念,认为:"我们需要把困难真实地告诉大家,如果我们没有预见未来困难的能力,我们陷入的困境就会更加严重。"事实上,华为2004年的全球实际销售收入达到了38.27亿美元,创造了该公司17年历史中最高的销售纪录。国际销售的强劲增长,对华为的销售增长做出了主要贡献。

任正非做出的是一个长期趋势而不是短暂周期上的预测。他分析认为,造成冬天是因为行业供给过剩,整个信息产业都在遭遇冬天。信息产业由于技术越来越简单,技术领先产生市场优势已不再存在,反过来是客户关系和客户需求。

他的根据是,传统经济的调节是通过调节资源来完成的,而在信息产业,谁也控制不了资源。支撑信息产业发展的两个要素,一是数码,二是硅片的原料二氧化硅。这些都是取之不尽用之不竭的,从而将导致电子产品过剩。这场生死存亡的斗争的本质是质量、服务和成本的竞争。

华为在成本问题上占据了优势,特别是与西方公司相比,华为的研发成本只是国际公司的1/3左右,成长情况还比较好,所以度过困难时期的可能性要比西方公司大,同时也比小公司强。

华为的措施是,积极扩大海外市场。在国内市场上,增长速度可以下滑,但不能低于别人;要提高质量,做好服务,同时降低成本;适当与竞争对于开展合作,降低研发成本;在目前残酷的竞争环境下,宁可亏华为也不能亏产业链同盟,因为华为亏一点能亏得起,同盟军亏一点就死掉了。一旦春天到来,这些同盟军,如代理分销商等,就可以生龙活虎地出去抢单,华为就缓过来了。

随着企业规模的进一步发展,任正非对熬过冬天更有信心了,他甚至表示:"冬天也是可爱的,并不是可恨的。我们如果不经过一个冬天,我们的队伍一直飘飘然是非常危险的,华为千万不能骄傲。所以,冬天并不可怕。我们是能够度得过去的,今年我们的利润可能会下降一点,但不会亏损。与同行业的公司相比,我们的盈利能力是比较强的。我们还要整顿好,迎接未来的发展。"

2007年是华为发展势头强劲的一年,它进入了世界通信设备商前五强,似乎是应该庆功的时刻,但任正非仍时刻保持着危机感。他认为,面对当前的形势,面对竞争强手,华为要做国际市场秩序的维护者,而不是破坏者;要向强者学习,尊重他们的市场领导地位,积极但有序地开展竞争。

"我们仅仅是比其他公司对这个竞争残酷性认识早了一点点,所以才幸免于难。"任正非反复提到一个问题,比如光传输产品,七八年来降价了20倍。产品过剩导致绞杀战,就像拧毛巾,这毛巾只要能拧出水来,就说明还有竞争的空间,但毛巾拧断了,企业也就完了,只有毛巾拧干了,但毛巾还不断,才是最佳状态。华为公司能长久保持这个状态吗?

任正非曾向一个朋友诉苦:"当然,我曾经悲观过,曾经很发愁,觉得苦闷。华为公司只要稍稍不行了,怎么发工资啊?我觉得这是一个很大的压力。"

压力到底来自哪些方面呢?

2006年经历了影响甚大的员工胡新宇死亡事件后,两年来仍不断有员工自杀与自残,而且员工中患忧郁症、焦虑症的也不断增多。针对华为内部"非正常死亡"过多,任正非发表了自己的看法,他说:"近期有些员工自杀,我心里是很沉重的,也很理解他们,因为从1999年到2007年,其实我个人就多次有感觉活不下去的经历,我跟他们是同类,所以我才有这么多感触。"

他劝告员工,不要做一个完人,做完人很痛苦。他在文章中写道:

第八章 是非横生

人生出来最终要死,那又何必要生呢?人不努力可以天天晒太阳,那又何必要努力以后再去度假晒太阳呢?如果从终极目标来讲,觉得什么都是虚无的,可以不努力,那样就会产生悲观的情绪。我们的生命有七八十年,这七八十年中努力和努力不一样,各方面都会不一样。在产生美的结果的过程中,确实充满着痛苦。农夫要耕耘才会有收获;建筑工人要不惧日晒雨淋,才会有城市的美好;没有炼钢工人在炉火旁熏烤,就没有你的潇洒美丽,没有你驾驶的汽车,而他们不再需要什么护肤品;海军陆战队员不进行艰苦顽强的训练,一登陆,就会命丧沙滩。少壮不努力,老大徒伤悲,我想各位考上大学,都脱了一层皮吧……所有的一切,没有付出,是绝不会有收获的。鲜花的美丽,没有肥料,以及精心的照料,是不可能的。当然这些都是必要的痛苦,我今天要讲讲如何避免一些不必要的痛苦。

……

金无足赤,人无完人。完人实际上是很少的,我不希望大家去做一个完人。大家要充分发挥自己的优点,做一个有益于社会的人,这已经很不错了。我们为了修炼做一个完人,抹去了身上许多的棱角,自己的优势被压抑了,成了一个被驯服的工具。但外部的压抑并不会使人的本性完全消失,人内在本性的优势,与外在完人的表现形式,不断地形成内心冲突,使人非常痛苦。我希望把你的优势充分发挥出来,贡献于社会,贡献于集体,贡献于我们的事业。每个人的优势加在一起,就可以形成一个具有"完人"特质的集体。

任正非采取了诸多措施,力求缓解员工压力。除了安排常务副总裁纪平专门负责这项工作外,他还制定了几项内部政策:对于那些在市场前线参与竞争投标、高强度作业,压力太大的员工,可以短时间到海滨去度假,费用由公司支付。还有一些工作强度太大,短时间身体不太好的,可以临时到五星级酒店进行缓冲。华为还购买了一级国际救援保险,为员工支付的各种保障费用约为8亿元。华为员工在海外发生意外，会有直升机送他们到华为认证的医院去抢救。

任正非面对的另一方面压力则来自于全球电信业融合及企业整合与华为封闭式发展的矛盾。没有大手笔的并购，华为的国际化几乎是"小米加步枪"一步步走出来的。公司发展历史不过20年，国际化历程不过10年，其国际化模式非常"原始"，那就是把通信产品卖给国外客户。现在，固网与移动网络的融合，造成运营商出现大面积的规模重组，运营商向全业务趋势发展，在这一趋势促使下，硬件设备企业也需要通过重组来满足运营商的要求，同时电信业自身的规模经济表现日渐突出，电信业竞争向成本竞争转移，这些实际上直接造成了华为在全球市场上竞争局面的恶化。

爱立信收购了马可尼（即马可尼公司）；阿尔卡特合并了老牌电信商朗讯公司，随后又合并了北电的3G部门；诺基亚合并了西门子通信部门……这些合并其实都是在电信业融合的大趋势下完成的，合并完成之后，华为发现，通过几年努力缩小的差距，又很快加大了。同时，合并后的企业，在设备提供、全套解决方案及IT服务上已经发生了质变，换句话说，游戏规则已经不同了，现在拼的可能不是简单的设备价格问题，人家会问"你有没有规模能力"，而不是"你能不能便宜点"。

这些因素直接造成了华为所谓冬天的逼近。不过，任正非始终是一个忧郁的乐观者，他有比赚钱更宏大的理想，并用它点燃了几万华为人的激情，从而把每个员工的个人意志转化成组织意志。任正非也许是中国最有资格谈论成功学的企业家，但他一次也没有谈过。这个庞大帝国的控制者想得最多的是失败，准确地说，是如何避免失败。他说："我们生存于一个丛林世界，每一天，每一时，每一刻实际上都在被危险所包围着。如果你不始终保持对危险的警觉，变得麻木、麻痹，危险可能就会悄无声息地由一个黑点变成黑影，由一个黑影变成巨大的威胁笼罩在组织头上，所以，战胜恐惧，战胜不安全感的过程，其实就是企业走向成功的过程。"

当然，任正非还有一个心病没有公开表露出来，只有孙亚芳猜出了七八分——他担心员工尤其是高级干部"沉淀"和"腐败",绝不允许堡垒从内部攻破。一个人保持阶段性的活力、激情是容易做到的,一个组织保持两年、三年甚至五年的活力也是相对容易的。但是,持久地保持激情与活力,大概是组织领袖们经常面临的难题。他一再提出"公司最大的风险来自内部,必须保持干部队伍的廉洁自律,努力营造一种氛围,有利于大家团结合作"。

一天早晨,孙亚芳从财务部门前经过,发现一帮人前呼后拥的不知在干什么,走近一问,才知道任正非住医院了,他们几人给老板送点东西过去。

以往任正非生病住院,孙亚芳总是第一个知道,但这次她毫不知情。她回到自己办公室后一直在想为什么,以她的心智,很快就想明白了。2005年公司内部传出流言,说任正非想娶孙亚芳,因公司董事会不同意,所以没有娶成。这个流言传了两年任正非才知道,他不申辩,也不追究,所谓流言止于智者。但他不得不重新审视自己与孙亚芳的关系,尽量避免出现让人误解的地方。不然,公司高层会联合起来反对他。

另外还有一件事情也让任正非很苦恼,他想让儿子任平进入华为最高决策层,成为9个EMT成员之一,但遭到徐直军的强烈反对,理由很简单,老板的直系亲属不得进入公司高层,除非经公司考评完全达到要求,而任平的资历、知识才能和个人业绩都显得十分平淡,还需要更多的历练。董事会里有好几个人都跟徐直军持同样意见,这件事就此被搁置下来,使任正非的心里也搁置了一块石头。

孙亚芳听到任正非住院的消息后,第二天便去了医院,见到任正非时,她发现他面色蜡黄,眼神黯淡忧郁,满脸皱纹使他看上去比实际年龄苍老许多。她低声说:"任总生病几天了我都不知道,今天才来看你,你不会怪罪我吧?"

任正非苦笑道:"老毛病了,没什么好看的。年纪一大,毛病就多,胃病、糖尿病、高血压、抑郁症,甚至这个癌那个癌都找来啦,我是不是真的已经老了？"

"是啊，才几天没见，你的确老了许多。一晃我到华为来都已经16年了，相当于两个抗战的时间，我也老了。你带着华为风风雨雨地走过了20年，太操心了。你虽然是军人出身，但也不是铁打的，现在累出一身病来，还跟那些小伙子一样拼，那怎么行啊！"孙亚芳动情地说。

任正非本想对孙亚芳说"你还年轻"，但他想了想，还是决定只谈工作。"华为要过冬，不拼不行啊。纵观那些已经倒下的企业，固然有外力的作用，但根本原因还在于内部，在于自身生长的基因，能否保持持续的危机意识和创新精神，能否构建良好的内部机制，进而长期保持自身的内在活力，从而为企业提供生生不息的长期牵引力。我们管理队伍中的老干部太多了，他们的奋斗精神还在不在？他们的雄心壮志还在不在？这是我最担心的。"他始终坚持认为，任何一个组织，尤其是商业组织，在成长的过程中不可避免会滋生怠惰、腐败、内幕交易等，这些问题会使一个组织走向衰落和崩溃。华为发展了20多年，也充满相似的企业病变，只有对此保持足够的警觉并进行有效的清洗，才能使华为持续不断地进步。

孙亚芳知道，人力资源治理始终是任正非不断强调的主题，他要求在市场低潮期间培育出一支强劲的队伍来，提高人均效益，同时强化绩效考核管理，实行末位淘汰，激活整个队伍，强调末位淘汰永不停止，研发体系的战略队形和组织结构要随着环境变化进行调整和变化，确保冬天过去、春天到来时，组织结构和战略队形保持不乱。但现在华为内部的确出了问题，他一贯的集权主张与目前的"诸侯割据"有很大冲突，华为各个支持平台的老总都有相当大的权力，任正非担心自己会被架空；各部门之间经常出现不协调和利益矛盾，内耗也越来越大。对此，孙亚芳劝任正非说："你都躺在病床上了，还担心那么多。高级干部都是经过无数次考验的，绝大部分人值得信赖，他们会做好自己分内的事情，你对他们应该放心。"

"我不是对他们不放心，而是因为他们中间功臣太多，有的人开始

第八章 | 是非横生 |

居功而懈怠下来了。干部队伍要永远保持活力,要有更严密、更高效的组织。对华为来说,只要结构不散,组织不垮,前面烧掉的钱就会变成所有后来的无形财富,这些都是华为的增值财富。现在,华为正处于关键时期,要享受以前的投资增值,就要团结起来,使这个队伍不要散掉。你回去后马上召开一次高级干部会议,讨论一下干部和治理架构调整问题。"

孙亚芳淡淡地说:"我明白你的意思,回去就把你的指示传达下去。"

第九章 不断超越

从模仿到跟进，再到超越，这是华为成长的三步曲。任正非领导下的华为太任性了。它不上市，在独立自主、艰苦奋斗中独闯江湖；它不引进，不吸收，在独立进行科研开发中摸索前行；它不怕虎，不惧豹，在全世界范围内逼平思科，叫板微软，令爱立信胆寒。更为重要的是，任正非既能超越别人，更能不断超越自己。

一、为了打赢"班长战争"

在任正非的授意下，2007年最后两个月，孙亚芳开始调整七大支持平台的领导干部。这既是激活干部队伍的需要，也是打赢"班长的战争"的需要。

任正非解释说，经过20年的发展，华为已经从过去的中央集权变阵，未来有可能通过现代化的小单位作战部队在前方发现战略机会，迅速向后方请求强大火力，以现代化手段实施精准打击。一线作战部队可能不需要这么庞大了。他同时强调：我们既要及时放权，把指挥权交给一线，又要防止一线的人乱打仗，所以监控机制必须及时跟上。我们利用资本的方式跟上去，资本不是流程化的，而是在流程外面的。当"军队"快速前进时，很多车哗哗哗就过去了，子公司董事会在旁边看半天，一旦发现问题，就坐着直升机来追，你就是非流程化。我们从以技术为中心，向以客户为中心的转移过程中，如何调整好组织，始终是一个很难的课题。

在一次高级干部会议上，任正非给大家讲了一段"九龙治水"的故事。九龙治水是一个古代的典故，原意指多条龙治水，结果没有龙去管行云布雨之事。华为在内部管理流程上，还存在"九龙治水"的局面，各管一摊，流程上无法打通，责任也不明确。还有一个类似的说法是：铁路警察各管一段。华为结合公司的业务，2003年以来，内控、流程质量等都加大了对合规和流程遵从的管理力度，投入了很多精力，这是好事，但是，如果每个部门每个主体都有一套自己的做法，各自为政，既管理不好，也会浪费人力物力。"你们看重过程，但我看重的是结果，从结果来选拔干部。另外，高端手机若以技术为导向，赚不了钱，那这个高端是没有价值的，过不了三个月，高端就成低端了。如果只是试探着科研，我们不反对，但是你们若要做成一个产品，需要别的业务来补贴，我认为有必要在策略上好好分析。"他最后总结说，"一年之计在于春，希望你们在春天播的是好种子，发的是好芽，秋天才能带给我们收获。若你们在秋天收不到粮食，我们一定会饿死。涨工资的钱从哪里来？"

任正非始终认为，人才进来后要不断流动，能上能下，征伐四方。因此，华为的人才调配与一般公司不同，它往往不是把差的人调走，而是把最好的员工"发配"各地。一位员工感慨道："在华为的短短四年，我获得了难以想象的丰富经历，从研发部到市场部到服务部，在其他企业是完全不可能的。"华为的人员调配致力于锻炼优秀者，搅活"沉淀层"。

孙亚芳与华为决策层EMT中的其他元老不同，尽管她对工作事无巨细，但她似乎没有刻意建立自己的队伍，也没有培植自己的亲信，可以说她一直坚持着公平和公正的干部调整原则，在处理人事问题上一向铁面无私。但即使如此，她也没有树敌太多，甚至很多从华为走出来的高管，谈起孙亚芳，依然对她十分敬重。这次她不再反对任正非的决定，准备妥协，毕竟管理机构的确是太臃肿了，不仅运行成本过高，而且内耗也影响到了效率。她采取了一个折中的办法,力争把精简人数控制在10%以内,骨干人员还是得保持相对稳定。

会后,所有工作满八年的干部和员工,在2008年元旦之前都要办理主动辞职手续,然后再与公司签订返聘劳动合同。这次申请辞职的有6 686人,其中6 581人重新签约上岗,其余的全部"自愿"选择退休或病休,有90多名干部主动要求减薪。在这次人事变革中,任正非向董事会申请了退休,董事会批准后又返聘他担任首席执行官的职务。

外界分析认为,这种先"主动辞职"再"竞争上岗"的做法,目的是想卸下新劳动法律下应承担的经济与法律责任,减少对解聘员工的补偿。任正非对此不做任何解释,只给核心管理层及部分产品线高管发了一封邮件,他在邮件中说:"思科现在开始实行很多政策,如减少员工出差;减少会议;高层领导出差不能坐头等舱,要坐须自己掏钱;等等一系列措施。思科尚且如此,华为就能独善其身?"

在2009年元月的销服体系奋斗颁奖大会上,任正非又阐述了这样几条:

其一,后方配备的先进设备、优质资源,应该在前线一发现目标和机会时就能及时发挥作用,提供有效的支持,而不是拥有资源的人来指挥战争、拥兵自重。

其二,谁来呼唤炮火?应该让听得见炮声的人来决策。

其三,努力做好客户界面,以客户经理、解决方案专家、交付专家组成的工作小组,形成面向客户的"铁三角"作战单元。

其四,基层作战单元在授权范围内,有权力直接呼唤炮火。

其五,一线的作战,要从客户经理的单兵作战转变为小团队作战,而且客户经理要加强营销四要素(客户关系、解决方案、融资和回款条件交付)的综合能力。

任正非强调说,我们机构设置的目的,就是为了作战,作战的目的,是为了取得利润。平台的客户就是前方作战部队,作战部队不需要的,就是多余的,这才是打赢"班长战争"的组织保证。

第九章　｜不断超越｜

刚开始任正非的认识也是有局限性的。他在 EMT 会上讲了话，要缩短流程、提高效率、减少协调，使公司实现有效增长，以及现金流的自我循环。但他提出的措施确实有点问题，单纯地强调精简机关、压缩人员、简化流程，遭到了部分 EMT 成员的反对。他们认为机关干部和员工压到一线后，会增加一线的负担，增加成本，而且也帮不上什么忙。机关干部下去后以总部自居，反而干预了正常的基层工作。后来，任正非听取了一些中层干部的意见，他们认为组织流程变革要倒着来，从一线往回梳理，平台（支撑部门和管理部门，包括片区、地区代表处的支撑和管理部门）只是为了满足前线作战部队的需要而设置的，并不是越多越好、越大越好、越全越好。要减少平台部门，减轻协调量，精减平台人员，效率自然就会提高。这样，EMT 决议还未出笼就被反了一个方向，但如何实现这一点呢？问题仍然摆在前面。

任正非长篇大论，对如何打赢"班长战争"作了说明。用个比喻，就是过去的组织和运作机制是"推"的机制，现在要将其逐步转换到"拉"的机制上去，或者说，是"推""拉"结合，以"拉"为主的机制。推的时候，是中央权威的强大发动机在推，一些无用的流程、不出业绩的岗位，是看不清的。拉的时候，看到哪一根绳子不受力，就将它剪去，连在这根绳子上的部门及人员也一并减去，组织效率就会有较大的提高。最后，他提醒说，未来的不可知性使我们的前进充满了风险，面对着不确定性，各级主管要抓住主要矛盾以及矛盾的主要方面，要有清晰的工作方向，以及实现这些目标的合理节奏与灰度；多一些自我批判，要清醒感知周围世界的变化，"深淘滩，低作堰"。"深淘滩"就是多挖掘一些内部潜力，确保增强核心竞争力的投入，确保对未来的投入，即使在金融危机时期也不动摇；"低作堰"就是不要因短期目标而牺牲长期目标，多一些输出，多为客户创造长期价值。

为了体现对管理的重视，任正非在公司召开了一次"蓝血十杰"表彰大会，表彰那些对华为的管理做出贡献的员工。"蓝血十杰"是"二战"结束后发生在美国的故事，来自美国战时陆军航空队"统计管制处"的十位精英，被刚刚从老亨利·福特手中接过福特汽车公司控制权的亨利·福特二世招至麾下，进入公司计划、财务、事业部、质量等关键业务和管理控制部门。从此，他们掀起了一场以数据分析、市场导向以及强调效率和管理控制为特征的管理变革，使得福特汽车公司摆脱了老福特经验管理的禁锢，从低迷不振中重整旗鼓，扭亏为盈，再现当年的辉煌。这十位精英所抱持的对数字和事实的始终不渝的信仰，以及对效率和控制的崇拜，使之获得了"蓝血十杰"的称号，人们将他们尊称为美国现代企业管理的奠基者。

任正非在这次表彰大会上提出了这样的问题：有一种流行的观点说，在互联网时代，过去的工业科学管理的思想和方法已经过时了，现在需要的是创新，是想象力，是颠覆，是超越。真的是这样吗？科学管理过时了吗？我们真的不再需要基于数据和事实的理性分析和精细管理了吗？他的回答是否定的。

任正非认为："西方的职业化，是从100多年的市场变革中总结出来的，它这样做最有效率。穿上西装，打上领带，并非为了好看。我们学习它，并不是完全僵化的照搬，难道穿上中山装就不行？华为发展20年来，有自己成功的东西，我们要善于总结，我们为什么成功，以后怎样持续成功，再将这些管理哲学的理念，用西方的方法进行规范，使之标准化、基线化。只有这样，我们才不会成为一个僵化的西方样板，而是一个有活的灵魂的管理有效的企业。"

这次变革，意味着经过20年的发展，华为已经从过去中央集权变阵，开始采用特种兵小单位作战模式。只有具备特种兵的素养，才可能打赢"班长的战争"。在深圳华为公司总部，开始流行这样一句话："要想进步快，赶快去海外。"欧洲市场业务的拓展，对华为员工提出了新的挑战。任正非在重新上岗的干部中抽调了一批业务骨干，充实到欧洲市场，很大一部分人都是降级使用。即使如此，但他们的工作激情仍然很高。改革后，项目组从签合同到实际供货只要四天的时间，这得益于华为管理结构的变革。华为不仅把各部门之间的配合管理做到了极致，还把供应链上公司以外的环节，当成公司的一个有机整体，使外协人员变成华为团队的一个有机组成部分。华为成了一台由"狼群"组成的高效运转的"战争机器"，其效率之高、配合之好，其他对手是很难超越并战胜的。

任正非每隔三五年就阶段性地宣布冬天到来的警示，而每次警示之后都有较大的人员调整、治理结构变革，有较高幅度的业绩增长，这或许正是任正非的独门秘诀吧？

二、决战 3G，超越对手

华为的人员、治理结构调整刚刚告一段落，任正非就摩拳擦掌，准备大干一场，这时，他迎来了一个好消息。

2008 年 6 月的一天，分管市场营销的副总裁徐直军走进任正非的办公室，兴冲冲地说："有个好消息，任总，中国电信近日抛出了 270 亿元 CDMA 网络招标的大订单，这可是中国电信接下 C 网后的首次动作。如果我们能够将这块蛋糕切下一大块来，将是意义重大啊！"

任正非听了十分惊喜，忙问道："你的消息从哪里来的？具体是怎样的一个情况？"

"消息当然是来自中国电信决策层。中国电信表示将坚持'聚焦客户的信息化创新战略'，综合采取有效措施稳定固网经营，以 3G 发展为契机，将 3G 业务纳入全业务经营，统一部署，稳步推进。将充分利用 CDMA 升级速度快、成本低的技术优势，加快 CDMA2000 EV-DO 网络在重点、热点地区的建设覆盖和网络优化。"

任正非兴奋地说："好啊，我们苦等的时间实在太长了，机会终于来了。这次机会能不能抓住，全看你们市场营销部的了。"

"我们会全力以赴的。不过，华为一向讲究团队作战，还得有其他部门的紧密配合。"徐直军说。

"是的，要让所有支持平台快速运转起来，进入战备状态，打好这一仗。"任正非的眼中闪耀着坚毅的光芒。

任正非之所以如此重视这单生意，其中一个原因是他曾经因为错失 CDMA 与小灵通的发展机会而败给了中兴，弄得自己患了几年的忧郁症。这一次，赚钱多少不重要，只要拿到的单比中兴多就行。

面对这份大餐，中兴和华为剑拔弩张，准备决战 3G。

当时很多人还不知道 3G 到底有什么用，只略知它是对基于 2G 的 GSM 网的升级换代。专业一点讲，3G 可提供视频电视、手机电话、高速下载等移动宽带多媒体业务，并保证高质可靠的服务。但因为经营商不同，采用的制式标准也不同。国内存在 3 种 3G 标准，即 CDMA2000、W－CDMA、TD－SCDMA。中国政府积极倡导科研机构和移动通信企业尽早参与后 3G 时代技术的研发，以期在未来移动通信的发展上争取发言权，与欧美等发达国家并驾齐驱。

但是，3G 牌照在中国的下发可谓一波三折，尽管 TD－SCDMA 和 W－CDMA 各具优势，TD－SCDMA 相关产品已基本具备商用化的水平，但是，相比 W－CDMA、CDMA2000 存在的技术差距还很大。而 W－CDMA、CDMA2000 两大标准的知识产权大部分掌握在欧美国家企业手中，国外众多实力厂商对中国 3G 市场虎视眈眈，对 TD－SCDMA 的态度则以打压为主，使得 TD－SCDMA 很难实现国际漫游。对 3G 前景的难以把握，使国内各大运营商对网络建设的投入有所顾忌，国内整个通信设备行业的发展也出现了等待 3G 的真空期。

W－CDMA、CDMA2000、TD－SCDMA 这三大标准到底如何选择？在无法预测的情况下，很多设备商不得不脚踏三只船，中兴和华为也不例外，双方均在三大标准上有所投入。华为自 1999 年就启动了 ASIC 项目，对 3G 的热忱已经到了"从芯片做起"的程度，每次投片（将设计好的芯片交 IC 厂投产）所需费用都在几百万美元以上，加上高昂的设备投入，累计达 50 亿元人民币。同时，为了促进 3G 业务价值链的发展，华为于 2004 年 12 月建设完成了 inTouch Lab 体验中心及联合实验室，提供给运营商及 SP 合作伙伴一个业务体验和试运营的环境，建立广泛的合作联盟，锻炼业务创新开发能力。

任正非对 3G 可谓"泼金如水"，随后又设立了多个研究所。深圳主要是 W-CDMA 数据卡的研发中心，在北京主要从事 W-CDMA 手机的研发，在美国主要是芯片和核心技术的研发，在瑞典则提供用户界面设计和消费者研究，在韩国主要是工业设计和结构设计，在印度主要是软件和算法支持。全球高科技人才协同作战，持续高额的研发投入，奠定了华为 3G 坚实的技术基础，也缩短了从技术向市场转化的时间。

在 2005 年 11 月于香港举行的亚太移动盛会——"2005 3G 世界峰会暨展览会"上，一个走出去的华为全面展示了其国际化的 3G 战略。从跟随者到领跑者，再到布道者，华为的蜕变正以惊人的速度进行着。华为在此次展会上展示了包括 3G 业务、3G 终端等在内的从系统平台到终端业务的全套 3G 解决方案，再次证明了其作为顶级 3G 设备提供商的技术实力。

其中，华为展台最耀眼的技术亮点就是率先推出了商用的新一代基站。这种新一代基站系统采用了从根本上提升 3G 网络性能的三项标志性技术：数字功放、宽带收发信机和支持分布式应用。数字功放技术可以将现有基站系统的功放效率从 9% 提高到 27%。宽带收发信机带来的直接好处是提高了基站系统的集成度，使基站扩容费用平均可以节省 20% 以上。分布式应用是解决机房寻址、租赁困难的最好方案，采用分布式基站系统可以节省 TCO（总拥有成本从产品采购到后期使用、维护的总的成本）高达 30%。

不过，侯为贵似乎比任正非有更多的筹码，继 1997 年顺利在 A 股上市后，2004 年中兴再次启动资本战略登陆 H 股市场，为中兴募集到了数额庞大的海外资金，中兴完全有资本从容应战。面对任正非的豪赌，侯为贵选择中庸之道进行应对：W-CDMA 不放弃，适度投入；依靠 CDMA95 标准大规模商用基础，平稳向 CDMA2000 过渡；TD-SCDMA 方面，拉拢业内国字号大唐电信，共同起草 TD-SCDMA 国际标准，而且很快争取到了政府的支持。中兴既有资本优势，又有政策和信息优势，华为在第一轮 CDMA 与小灵通的竞争中失利完全在情理之中。

在一般人看来，任正非是一个有着非凡胆识的决策者，实际上他在重大战略方向的决策上却异乎寻常地谨慎。他说："即便华为有 3G 之类的好时机，我们也不会盲目地把队伍扩张得很大。"华为在 GSM 上晚了十多年，但是在 3G 上却实现了与世界级水平同步。任正非从一开始就把宝押在 W－CDMA 上，决定将大部分公司资源投入到自己最擅长的 GSM 和 W－CDMA 领域。他认为 W－CDMA 是欧洲标准，与 GSM 一脉相承，必定是 3G 市场最大的蛋糕。中国电信 C 网产业链格局即将面临重新洗牌，原来错失 C 网发展机遇的华为，希望借此一役重新确立自己的王者地位，而在国内 C 网市场占有 30％份额的中兴，则希望在 3G 来临之前把盘子做大，不给华为任何可乘之机。

双方在排兵布阵的同时，也各自发动了一些上不了台面的"偷袭"战。招标初期，双方就开始较量，不仅互放裁员烟幕弹，力图用舆论压制对方。

就在华为和中兴在北京为 CDMA 大订单争得头破血流的第二天，就有报告称，华为将在全国范围内免费赠送设备，"华为在国内的 CDMA 市场接近零份额，因此进行大举赠送的行为可以理解，但需强调的是，赠送设备未必能获得市场份额"。似乎是为了配合这份报告，当天下午，市场就开始传言华为在这次 100 多亿元的设备招标中，竟给出了 6.9 亿元的"地狱价"，仅为报价最高的阿尔卡特－朗讯公司的 1/20。

消息出来当天，中兴在 A 股和 H 股市场上就全线下挫。侯为贵知道，华为的招数是要给市场吹风，形成舆论攻势。不过，华为更离奇的招数还在后头。

据一位参与竞标的业内人士说，在出手生猛的华为面前，中兴不得不选择降价更改标书，最终，中兴使出了更令人触目惊心的价格屠刀："0"报价！但中兴一早派出去送标书的工作人员却错过了送标时间，有谣传说"其实是华为派人中途制造意外,把人截留了"。

首轮争夺,华为成功将自己在国内 CDMA 的市场份额提升到 25%。

2009 年初,等来了 W-CDMA 标准 3G 牌照的中国联通,迅速发放招标说明。拥有研发及市场优势的华为对这次招标志在必得。

第二次争夺 3G 市场,中兴在 W-CDMA 领域表现实在一般,最后它仅获得 20% 的市场份额,而华为则拿到了 31% 份额的订单,华为两战雪耻。

国内 3G 大势已定,侯为贵也无心恋战,再次跟随华为将触角伸向欧洲,抢夺起数据卡业务。一个有趣的现象是,华为的两个拳头产品——W-CDMA、CDMA2000,销售最为广泛的地区恰恰就是它们的发祥地:W-CDMA 在欧洲,CDMA2000 在北美及日本。这从侧面也说明了华为雄厚的技术实力,已经得到了最为挑剔的客户的认可,其国际化战略的深度可见一斑。但侯为贵很不甘心,他带上低价屠刀,在欧洲市场上又掀起了一场价格混战,将原本售价 200 欧元的数据卡降至 17 欧元,致使华为损失了 10 亿美元。不仅如此,中兴的高调行为还引来了欧盟对包括华为在内的中国公司进行"三反"调查,令华为差点丧失继续留在欧洲市场的权利。

面对挑战,任正非自然不会坐视不理。很快,华为宣布将以侵犯公司数据卡、LTE(第四代移动通信系统)专利和商标权的名义,正式在德国、法国和匈牙利对中兴提起法律诉讼。

面对这样摆上台面的对抗,中兴会如何应对呢?20 个小时之后,中兴发表了反诉声明,声称中兴也以侵犯 LTE 若干重要专利的名义,在国内对华为提起法律诉讼。

事实上,在通信业内,设备商之间相互置换专利已属行规,华为、中兴此番如此小题大做,实则是为了争夺 3G 之后更有潜力的 4G 市场。这一战,究竟是华为笑到最后,还是中兴能绝地偷袭成功,一切有待揭晓。

任正非始终坚信,任何高科技企业都不可能在技术上长久处于领先地位，由于技术已经逐渐深入和完善，业务代替技术成为3G发展的瓶颈。长期打价格战，也只会两败俱伤，唯有拥有大客户，牢牢守住市场才是王道。

早在2002年，任正非就写过一篇题为"迎接挑战，苦练内功，迎接春天的到来"的文章，其中讲了一个故事："这次我们在发展过程中，在上海要建一个房子（华为上海研究所），市场部是少数派，据理力争，最后把我们多数派说服了。修了一个美国AMBOY公司设计的上海研究所的基地，当然也包括市场部的办公机构和展厅。这里面有一条走廊，有22米宽，35米高，650米长，我看里面可以起降5台直升机，可以在房子里面进行飞行表演了。市场部说五年以后要把客户吓一跳，把他们震撼住，把合同给我们。"

五年过去了，华为在市场费用上"敢于花钱"已经出了名。任正非鼓励员工该花钱的时候一定要舍得花钱，对重点客户的投入不惜血本。他提出："在资源和生产过剩的情况下，竞争的要义是什么？就是看谁的质量好、服务好、成本低。"所谓服务好，主要是与客户建立紧密联系。

2009年夏，华为新买了一辆加长奔驰，任正非看到这辆超级豪华轿车时，还有点不满地抱怨了一句："这么贵的车，原来只长了这么一点！"不过抱怨归抱怨，该花的钱还是要花。据说华为买这辆车的原因是非洲客户喜欢。

去过华为总部的人，除了会对坂田高新技术工业园的优美感慨不已之外，都会被华为的超豪华车队所震撼：受过严格训练的一般身高的司机，还有清一色的奔驰车。但这支车队的服务对象并不是任正非等华为高管，而是那些来华为考察的合作伙伴和客户。华为总部每天都要接待来自全世界各地的客人。华为系统技术支持部（主要做客服工作）解释说，上面提到的"加长奔驰"主要是投非洲合作伙伴所好。华为需要时刻做好准备，接受国际最挑剔客户的目光的审视。

就在这一年，任正非带领华为成功坐上了世界第二大通信设备商的宝座，实现全球销售收入218亿美元，仅次于爱立信的286亿美元，位居通信设备提供商世界第二。但是，在净利润和利润率上，华为是当之无愧的第一。华为运营年度利润率为14.1%，净利润则为27亿美元，净利润率达12.2%。

至此，华为跻身电信运营商50强（名列第22位）。华为在全球各地承建了近百个3G业务商用局和试验局，产品涵盖数据业务、话音业务、多媒体和融合业务等领域，尤其在移动流媒体、多媒体消息、视频增值业务、FMC融合业务领域已取得全球领先地位。华为通过成熟的网络设备提供丰富多彩的3G业务，包括多媒体彩铃、无线监控、在线电视、在线订票、无线广告、联网游戏等3G业务应用，让人们体验到真实的3G生活。

可以说，在3G问题上，华为的目标清晰，决策快速，以其丰富的商用经验和创新精神在挖掘3G业务体验领域拔得头筹，正是华为"以市场为导向，以客户需求为驱动的行为宗旨"的结果。任正非为此感到十分高兴。胜则举杯相庆，2010年元旦，他设宴奖励有功之臣。在宴会上，董事长孙亚芳自信地说："我们不想当第一，但我们已经不可避免地走在成为第一的路上。"

三、由"硬"变"软"的考量

在3G市场上拼杀一阵后，任正非回头认真审视战场后，不得不着力解决华为发展史上的一个重大困境——国内电信市场日益饱和，华为的巨大制造能力需要释放，高额的研发费用需要新兴市场的支撑，华为必须找到新的快速增长的市场空间。任何公司从优秀到卓越的关键时刻，都会面临"成功者的诅咒"，曾经的优势会成为未来的包袱，华为也不例外。

IT业界有人说，三流的企业卖产品，二流的企业做技术，一流的企业做服务。在高度信息化的时代，软件比硬件更重要，软件需要密切关注用户需求，提供个性化服务，"由硬变软"成为未来的主流。从产品到技术，再由解决方案过渡到整个运营层面的服务，这是未来IT业发展的主流方向。

因此，很多人劝任正非"软化"，甚至劝他跟阿里巴巴网络技术有限公司（以下简称阿里巴巴）联手或者自建网络。但任正非最初设定的终极目标就是成为世界一流硬件供应商，怎么能忘掉初心而改投其他门路呢？近十年来，电信业几经沉浮，老牌巨头朗讯、西门子纷纷倒下，竞争者中兴也被爆出一系列腐败丑闻。时至今日，华为列车正以加速度前行，处在保持国际一流设备商的征程中。

"媒体总是喜欢说我们'转型'——不要提'转型'！"任正非对华为的高管们说，"因为'转型'会让大家觉得今天干这个，明天想干那个，打一枪换一个地方，南辕北辙。华为的战略是有持续性的，如果整天在改变，就不是战略了。"所以，他一般不提"转型"、（发展方向）"变革"这样的字眼，只提"持续改良、改善"。

过去几年，为了与中兴、UT斯达康等竞争对手相抗衡，华为从2003年起就将硬件的研发延伸到了通信终端，开始制造手机。尽管任正非的初衷只是为了压制对手，却在"不经意"间壮大起来。不过，在2008年之前的五年间，华为内部始终被视为满足端到端解决方案的"配套存在"，甚至一度传闻华为要出售终端业务。前几年时间里，华为从未生产过零售价高于2 000元的手机。产品项目经理们必须经受住运营商苛刻的价格要求，其产品开发策略亦要求极强的成本导向——所有的产品立项书中最常用的词汇就是"超低价""超底价""超低端"，而用户个人体验和精品意识并非首要考量要素。

终端走低端路线，也习惯了运营商定制模式，运营商也习惯将华为视作贴牌手机提供商，而不希望看到某一天贴牌手机上面同时印着华为的商标。因此，转变不仅意味着成本增加，还面临着丢失客户的风险。终端和电信设备往往捆绑在一起，成为华为向运营商提供的产品，打自

第九章 | 不断超越

主品牌甚至还有可能影响华为的固有业务。果然，华为向运营商公布转型之后，沃达丰、法国电信等全球大型运营商都撤销了华为的订单，而且华为终端公司内部机制和流程也都按照运营商定制来制定，员工和主管们形成了只为运营商低成本定制的思维习惯，对最终消费者的理解和把握还有所欠缺。

世界变了，从运营商级市场到消费者级市场，从低成本策略到消费体验驱动，从工程师文化到消费者文化，成了华为内部热烈讨论的内容。最大的疑问是，一个讲了20多年的好故事，需要加入哪些新桥段？

IBM专注于企业市场，砍掉了面向消费者的PC业务；三星集团能够给消费者带来巨大惊喜，却不能够感动讲求性价比的企业客户。而任正非希望在一家公司里将两种基因混合在一起，制造一个新物种。

2010年下半年，任正非将余承东从无线产品线调至终端业务，很快，余承东便成为华为终端的一面旗帜。他直率敢言、大话连篇的风格，使他成为网友"吐槽"最多的华为高管。面对"余大嘴"的称呼，余承东只是戏谑地说："我确实没有吹牛，顶多就是不谦虚。"

余承东对任正非的意图心领神会，抓住机会就充满激情地长篇大论，关键词是：意识，意识！他不止一次提及精品意识、消费者意识，在他看来，这是终端团队甚至是华为最缺少的东西。他还说，长期做运营商定制手机，这个基因是华为终端最大的挑战。最先尝试从电信运营商背后跳到大众消费者面前的是Ascend P1智能手机，这是第一款不依靠电信运营商，完全走社会渠道销售的新产品。

在巴塞罗那世界移动通信大会上，华为用3 500台手机模型搭建了一座高达六米的飞马雕像。这个为外界称道的策划，华为内部却再次有声音斥之为"过于张扬"。不同观念之间的冲突和碰撞，影响到了具体业务进展。

不过，从2010年开始，华为终端业务在保持高速度增长的同时，产品、渠道、营销同时实现了重大转变，不断向更高端的产品突破。在渠道方面，华为终端开始自建品牌形象店，并与苏宁云商集团股份有限公司（简称苏宁）、迪信通商贸股份有限公司（简称迪信通）等社会化渠道进行深度合作，使得华为终端的品牌可见度大幅提高；在新兴的互联网营销上，华为电商渠道运营已初见成效。

2011年初，华为最高管理层齐聚意大利西西里岛，经过一番激烈的讨论，他们终于统一认识，决定大力拓展运营商之外的市场，还提出了未来几年内将销售收入做到1 000亿美元的目标，这也意味着未来几年华为必须保持不低于20%的高速增长。此时，华为的"老师"IBM规模也在1 000亿美元左右。随后，任正非将公司分成三大业务集团，分别面向运营商、企业和消费者。其中，所有面向消费者的业务如手机、其他终端设备、互联网以及芯片业务（主要由华为控股的海思半导体有限公司承担）整合在一起，并希望以此带动公司继续高速成长。这既是华为的主动转型，也是外界的压力所致：目前的运营商市场留给华为的空间已经极为有限。

余承东立下了军令状：在2010年完成2 000万部智能手机销售目标的基础上，2011年华为必须完成6 000万部智能手机的销售任务。

为了实现这一目标，余承东开始招兵买马。随着终端人员不断增加，他向任正非求援，希望从运营商平台上调一些人过来。任正非两眼盯着他，戏谑道："我给你推荐两个优秀人才吧，一个是普京，一个是梅德韦杰夫。"余承东只得自己另想办法。

这并不是说任正非不重视终端，相反，他在智能手机市场重点投入，全线布局。华为的目标是在全球开1 000家店。而且，他的思想已经开始转变，有了由硬变软的考虑。在他看来，未来的竞争不仅是终端的竞争，更重要的是应用软件的竞争。他对余承东说："相信未来两三年，华为公司终端的质量会大幅度提升，让它惯性往下走。你应该重点抓商业模式、计划管理这些方面。"他最后还强调："你们这棵桃子树上一定要结西瓜，不能只结桃子这一种商业模式。"

2011年，华为实现销售收入324亿美元，折合2 039亿元人民币，距离电信设备老大爱立信（336亿美元）仅一步之遥。华为即将面临登顶时刻。在国内同行中，它已经无人比肩。在全国工商联公布的中国民营企业500强榜单中，华为名列榜首。

不久，任正非任和余承东进行了一次电话讨论，两人就互联网是怎么回事，华为的终端云该朝什么方向发展，华为要不要由"硬"变"软"进行了一番沟通。任正非的想法外界不得而知，但可以猜想，此时的他对华为由硬变软是有所保留的。在后来提到华为转型的话题时，任正非说："我们已经走到了通信业的前沿，要决定下一步如何走，是十分艰巨的问题。我们以前靠着西方公司领路，现在我们也要参与领路了，我们要像西方公司一样努力地对世界有所贡献。"

相对于企业业务，华为的消费者业务进入更晚，而UT斯达康和中兴一直走在前面。余承东不得不奋起直追。2012年，华为在消费电子展上发布了最薄的双核智能机，一个多月后，华为又发布"全球最快"的Ascend D Quad四核智能机。业界一片惊叹，在西班牙巴塞罗那世界移动通信大会上要求进入华为演讲现场的全球媒体远远超过预期。

如今已经不是仅靠产品（硬件）打天下的时代了，仅仅追求硬件的极致，已经让一群半路杀来的互联网厂商搞得完全没有利润。但余承东自信，苹果打通硬件、软件的模式，华为同样也能做好，甚至做得更好。

四、甩手掌柜与轮值CEO制度

与时俱进的任正非，不断调整着华为的业务方向，使得华为继续保持高速成长，而在具体的管理上，他也主张分权、放权，发挥众人的智慧。

华为在2004年便引进了EMT制度，随后又导入了IBM原汁原味的IPD、ISC、IFS（集成财务转型）管理模式，不过，任正非在EMT主席位子上屁股还没坐热就开始烦了，想做一个"甩手掌柜"。为此，他在极力推行高层管理干部轮岗的同时，实行 EMT 主席轮值制度：由八位领导轮流执政，每人半年，经过两个循环，演变到轮值 CEO 制度。任正非称，"也许正是这种无意中的轮值制度，平衡了公司各方面的矛盾，使公司得以均衡成长"。到 2007 年他被返聘为 CEO 后，又开始采用类似 IBM 的分权式管理制度。他在不断否定过去和自我否定的基础上，试图完成一项毕其功于一役的使命：力图将企业生命从企业家生命中剥离出来，完成从老板到企业家的蜕变。

任正非认为，老板与企业家的区别在于：首先，企业家应该以事业为重而不在乎个人名利，应该有为事业艰苦奋斗、勤俭节约的精神；其次，企业家应具备社会责任感和历史责任感，他领导的现代化企业也应当具有社会责任感；第三，企业家应具备开放的心态和与时俱进的学习精神，应有指导企业发展的理论和成功的实践积累。

作为一个企业首脑，任正非是一个符号。这是一个深刻拥抱现实图景而又有强大突进意志的人，他冷静却又激情，广博却又孤独，偏执却又包容，对危机坐立难安，而对战胜困难又不可救药地乐观，如同历史上的很多杰出人物一样，复杂多面，与众不同。

创业之初的任正非只是一个草根英雄，华为深深打上了他个人的烙印——一个经历过"文革"和部队的洗礼，熟读"毛选"的中年人，来到深圳谋生，"由于当时幼稚"误入了通信设备这样一个竞争激烈的市场。作为一个管理者，他其实很喜欢务虚，选择弱小者的生存法则，对内纪律严明、军事化管理，对外采取游击战术，抓住一切可能抓住的机会，不给对手喘息的时间，做"让洋对手睡难安枕的狼"。他的每一次征战，都是竭尽全力，充满了浓烈的火药味。为了适应市场的这种打法，华为诞生了著名的"床垫文化""狼文化"，也出现了过去没怎么听说过的"过劳死"和不太被人们认知的"抑郁症"。他总结说："华为第一次创业的特点，是靠企业家行为，为了抓住机会，不顾手中资源，奋力牵引，凭着第一、第二代创业者的艰苦奋斗、远见卓识、超人的胆略，使公司从小发展到初具规模。第二代创业的目标就是可持续发展,要用十年时间使各项工作与国际接轨。它的特点是要淡化企业家的个人色彩,强化职业化管理。把人格魅力、牵引精神、个人推动力变成一种氛围,使它形成一个场,以推动和引导企业的正确发展。"

任正非既传统保守,又善于吸纳新知识。从 1996 年开始,在中国企业普遍接受"狼性文化"的时候,华为就开始褪掉狼性,思考管理的标准化、规范化、国际化和职业化。任正非选择并行两条路径来完成这次嬗变:一条是改造企业文化与核心价值观,包括重修《华为基本法》,对"狼性文化"进行重新定义;另一条是进行流程再造,不惜巨资引进 IBM 的 IPD 模式,进行面向客户的流程管理。

在这一过程中,最令任正非和华为员工印象深刻的是英国电信对华为的考核,其内容细到"员工宿舍安全、员工工资是否符合《劳动法》、产品环保认证"等,应该说,IBM 的 IPD 模式和承接英国电信的订单,不仅从内部和外部再造了华为,使华为的经营国际化、管理规范化、人员职业化,真正从"土八路"蜕变为"正规军",而且让华为人第一次真正意识到那些跨国公司在关注产品背后的"人"时,细化到何种地步,而这是华为和其他进军国际市场的中国企业的一个不容忽视的短板。

有人说,任正非这一代中国企业家最大的痛苦,不是对自身企业与国际企业之间的巨大差距有着清醒的认知,而在于明知差距所在,却无法按照国际企业已经验证的成功发展模式去追赶,只能迁就于人与制度的现状迂回前进。这样的一种"路径依赖",体现在任正非身上,随着华为的"运动"力量越来越稀少,从告别 20 多年的"中央集权"到悬而未决的接任人问题,企业家精神正在经受严峻的考验,在一个人的企业和一个传承的组织之间,有着一条巨大的鸿沟。

所以,任正非说:"也是无能、傻,才如此放权,使各路诸侯的聪明才智大发挥,成就了华为。"他又说,"我那时最多是从一个甩手掌柜变成了一个文化教员。"在这一转变过程中,他提出的解决办法是自我批判。在一次高管会议上,他讲了这样一个故事:

鸟类最长寿的动物是老鹰，老鹰到了40岁，喙就开始变得越来越长，越来越厚，爪子变得越来越迟钝，身上的羽毛积得越来越厚，飞行起来越来越笨重。两个选择，选择之一就是等死，第二个选择是挑战自我。老鹰在自我战胜这个问题上比我们人类，第一聪明，第二意志坚定。当40岁到来时，老鹰就开始很艰难地飞行到某处布满岩石的山区，然后把喙在岩石上来回磕打，最终把自己的喙打掉。过了一段时间，喙稍微硬了一点儿，又用喙一点一点地把爪子上的指甲拔掉，再一点一点地把身上的很多羽毛拔掉，这时的老鹰变得极其衰弱，但是一次痛苦的自我改造和自我批判，带来的是150天之后，老鹰的重生。所以，它接着还可以活30岁。老鹰尚且如此，万物之灵的人类为什么就不能做到自我批判、自我挑战，在痛苦中自我更新呢？

任正非在2010年还写了一篇文章，题为"坚持自我批判不动摇"。他在文中写道：我们在这困难的一年，同步展开了组织结构及人力资源机制的改革。改革的宗旨是，从过去的集权管理过渡到分权制衡管理，让一线拥有更多的决策权，以适应情况千变万化中的及时决策。这种让听得见炮声的人来呼唤炮火，已让绝大多数华为人理解并付之行动。

2011年1月一个周六的早晨，华为高管齐聚一堂，在华为深圳总部召开了股东大会，会议选举产生了华为投资控股有限公司第四届董事会、监事会。董事长、副董事长以及常务董事的名单也进一步确定：孙亚芳当选为董事长，郭平、徐直军、胡厚崑和任正非为副董事长，另八位董事分别是常务董事：徐文伟、李杰、丁耘、孟晚舟，董事：陈黎芳、万飚、张平安、余承东。

与前一届董事会相比，新董事会出现了几个年轻干将如李杰、丁耘、孟晚舟，而原董事会成员、华为老人纪平、费敏则退出董事会。其中最引人关注的是常务董事孟晚舟。孟晚舟是任正非的女儿，1992年从大学毕业后在建设银行工作过一年时间，由于银行整合撤销了一个网点，她进了华为，在一个"特混"办公室工作——文秘、前台、《华为人报》编印都在这里。她原本计划出国留学，也拿到了录取通知，但是因为被认为有移民倾向被拒签了。任正非建议她出国前学点谋生技能，于是让她到华为做秘书，协助销售和服务部门，负责打字、制作产品目录、安排展览会务等杂务。跟她同办公室的人都不知道她是任正非的女儿。她工作两年后仍未能出国，便去华中理工大学读会计专业硕士。1998年获得硕士学位后重返华为，到财务部门做本行，这才真正开始了她在华为的职业生涯。她先后任公司国际会计部总监、华为香港公司首席财务官、账务管理部总裁、销售融资与资金管理部总裁等职，2011年4月担任华为常务董事兼CFO（首席财务官）。

董事会名单公布后，有媒体报道称，任正非的女儿孟晚舟进入新一届董事会，并出任华为CFO一职，显出华为家族化企业的一面。几年前的话题——华为的股份制结构和未来接班人问题，再次被重提。

任正非并不在意媒体的报道，依然以"轮值CEO制度"来回应外界对华为治理的疑问。对于华为的轮值CEO制度，以及其他潜在的接班人而言，这也意味着一个机会。任正非一直认为轮值制度"比将公司的成功系于一人，败也是这一人的制度要好。每个轮值CEO在轮值期间奋力地拉车，牵引公司前进。一个人走偏了，下一轮的轮值CEO会及时纠正航向，使大船能早一些拨正船头，避免问题累积过重，无法解决"。

不过，外界并没有因此而减少对任正非的议论。不少人认为，华为的CEO轮值制度，应该是以"任正非依然控制董事会（主导股东层面的最终决策）"为前提的，未来任正非若彻底退出，则CEO轮值制度将会终止，改为实行国际通行的CEO制，即CEO向董事会负责，董事会向全体股东负责的二级代理机制。任何企业都需要一个真正意义上的领导者，中国也不例外，"轮流坐庄"是一个过渡模式，从轮值COO到轮值CEO，已经体现了华为接班计划的循序渐进。不过，华为的接班人并不一定来自内部，来自外部的可能性依然存在。未来任正非的隐退将是一个循序渐进的过程，在他继续掌控华为期间，他将通过实战检验来选择华为最终的接班人。

2011年圣诞节前夕，任正非在华为内部论坛发表了题为"一江春水向东流"的文章，揭开了一个华为崛起的重大秘密：人人股份制，并直接戳中了外界对华为最敏感的接班人问题。

这篇文章继续为轮值CEO制度鸣锣开道，在接班的问题上，任正非没有用"接班人"一词，而用了"接班人们"。他认为，通过归纳找到方向，并使自己处在合理组织结构及优良的进取状态，以此来预防未来的种种不测。

他说，相信华为的惯性，相信接班人们的智慧。

他说自己少年不知事时崇拜过"大力神"，认同个人英雄主义，而后来，"处处都处在人生逆境，个人很孤立，当我明白'团结就是力量'这句话的政治内涵时，已过了不惑之年"。

华为和任正非都迎来了一个微妙的时刻。华为经过24年的风雨历程之后，任正非已经年满68岁，并且身体状况渐差，而他的子女已经长大成人；华为正从"跟随者"变为"领跑者"，但它面对的却是一个"不清晰、不确定"的未来。

2012年，孙亚芳对任正非所写的《一江春水向东流》做了一点诠释：甩手掌柜培育接班人土壤。她说，《一江春水向东流》"这篇文章是华为成长的真实缩影，和他对轮值CEO制度的期盼。就像回放电影一样，华为成长经历中的关键镜头，一幕幕真实地再现。在回放中，任总道出自己的心路历程，总结了自己是怎样带领公司走到今天，也幽默诚恳地告诫接班团队，怎么做一个'无为'的带头人，怎么能'团结众人'实现企业目标。"胡厚崑则说，与其说任正非的文章袒露了他作为创始人20多年来带领华为走到今天的心路历程，不如说他的肺腑之言留给我们这些随华为一起长大的曾经的年轻人一个严肃而又无法回避的问题：面向未来，我们靠什么活下去？

五、坚守？开放？

企业传承也好，业务转型也罢，任正非深知，已经在全球电信设备领域处于"坐二望一"位置的华为，各方面都面临着巨大的挑战。

2012 年早春的一天，任正非在百草园的一栋楼下，第一次正儿八经地坐下来与余承东单独交谈。他称余承东"是华为最会吹牛的人"，所以第一句话就说："你一直说做手机要高调，我今天是专门来听听这个调子的。"

余承东坐在藤椅上，直截了当地回答："软硬兼施，网络、渠道一起上。"

任正非说："我想听听更具体的东西。"

玩笑归玩笑，现在谈的是正事。余承东认真地想了一会儿，说："华为现在是面对 CT（通信技术）向 ICT（信息与通信技术）转变，这是转基因式的变革，不是舍此求彼，这将成为中国信息产业第一次真正意义上的产业融合，也需要组织管理者抓管理、抓制度，关注团队和组织，在带好团队的同时还需要关注业务，需要有学习能力，需要对行业有较为深刻的理解，才不至于在战略及业务方向上迷失或做出大的错误决策。"

"你能说说走网络比走传统渠道有哪些优势吗？"任正非问道。

余承东说："手机产品渠道和网络平台产品最大的区别在于它的海鲜性质和库存压力——一旦明星机型发布日确定，就需要数百万部备货。如果只卖出几十万台，余下的库存将会直接拖死整个公司。这种压力和网络平台的压力是完全不一样的概念。网络平台产品山头（目标）明确，只要不停地狂轰滥炸就可以，代价不过是一些研发费用，而渠道产品往往一招不慎，满盘皆输。"

任正非又问："你希望公司为你提供怎样的支持平台呢？"

"尽快启动酝酿了两年的'云计算'战略和构建电子商务平台。华为原来依赖的低成本、工程师文化、集体主义将会经历消费市场的各种冲击。"余承东答道。

"为什么一定要这样呢,真的没有其他路可走了吗?"

"因为我们的终端要赶超三星、苹果。"

任正非笑了笑,说道:"我这张老脸也要被你们逼着换新颜了。"过去他一直认为互联网江湖太混乱,是非多。

华为最为显著的变脸就是从华为终端形象的转变开始的。任正非也开始了以亲和生动的新形象换下严肃老面孔的尝试。

其实,2010年11月以来,任正非已经在公司内部就"变脸"问题作了三次意味深长的发言。

2010年,在"华为云计算发布会"上,任正非表达了他对通信产业发展趋势下,华为面临的双重困境——电信业面临天花板以及"云计算"时代电信业与IT信息业的相互渗透,对华为业务模式、市场策略、企业文化带来的全方位挑战。他敏感地意识到,华为必须从过去电信设备商封闭竞争的惯性中走出来,走向开放与合作。但他同时还想继续保持世界一流电信硬件供应商的形象。

同年11月25日,任正非与华为董事长孙亚芳、常务副总裁徐直军、郭平、公共关系、品牌部、媒体关系、终端公司、党委相关人员就"向媒体开放"问题进行座谈,针对漫天飞舞的流言对华为形象的伤害,他检讨了自己的个人作风对公司品牌策略的负面影响:"我和媒体打交道的方法是存在障碍的,但华为只是个20多岁、朝气蓬勃的小伙子,需要被世界正确认识。别人对公司的误解,一个很重要的原因是我们不主动与别人沟通,甚至连被动的沟通我们都害怕,还把这当成低调。在舆论面前,公司长期的做法就是一只把头埋在沙子里的鸵鸟,我可以做鸵鸟,但公司不能。"他同时号召公司宣传部门采取"文责自负"的态度,不要害怕对外说错话,将其个人作风和公司作风有效区别开来,"如果不区分开来,公司的宣传将永远定位在一个不正确的位置上，以致把公司给耽误了。"

这两次发言，说明任正非并不古板。他领导下的华为其实比很多企业都开放。华为二十几年的创业史，可谓是一部对外开放史、全面西化史，无论是市场开拓还是管理。华为收入（2014 年销售收入为 2 881.97 亿人民币）中大约 60% 来自海外，世界上 1/3 的人在使用由它的设备构筑的网络。但在外界的印象中，这家全球通信设备巨头就像一个封闭的帝国，对它充满了误读和偏见。

任正非认为，华为在 20 年间虽然向西方学习了很多东西，但战斗方式如同一个孤独的农民，从青纱帐里弯弯曲曲的田间小路走出来，像当年堂·吉诃德一样手拿长矛、单打独斗，一路跌跌撞撞地走到今天，只不过靠紧紧咬住前面的西方公司。现在，华为也要参与领路。但是，华为过去为运营商修的"管道"，只承载水，承载不了云。"怎么适应未来的新世界，华为面临着很大的挑战，我认为华为是不适应的，因为华为大多数的人是修万里长城的，但是用过去修万里长城的办法，修完了导弹一来，长城就没有用了。"在"云时代"，他急需与其他人接触，需要与其他人共振。华为只是一条河，虽然是一条大河，但是现在要流入大海。为此，他督促手下的高管都去开通微博，多上网与各种企业和个人沟通。他认为，未来的网络世界只有两样东西，一个是管道，一个是云。

自 2010 年 11 月任正非高调发布开放合作的云计算战略起，华为便像打了兴奋剂一样高歌猛进。"开放、合作是云产业未来的最重要的标志"，任正非于 2011 年初对华为进行了业务架构调整，打破过去按产品分类的方式，转向按照面向客户的不同将公司业务分为四大块——运营商业务、企业业务、终端业务以及其他。传统的电信设备企业大都是以产品来划分业务，如有线、无线、终端（手机）、数据等业务部门，这次华为将有线、无线等传统面向运营商的产品线并入"管道"，将它与"企业网""终端"放在并列的位子上，充分体现了任正非对电信业面临的瓶颈和天花板有充分预期，同时对电信与 IT 业正在相互渗透带来的机会也有所警觉。这或许代表了华为新业务划分的思路，比如将目前还相对边缘的、面对企业市场的"企业网"（数据业务），和面向个人消费电子的"终端"产品线，看得与目前主体运营商业务"管道"一样重要。

此后，任正非进行了一系列战略布局。在2011华为云计算大会暨合作伙伴大会上，华为正式启动"云帆计划2012"，发布了绿色云数据中心、系列服务器、桌面云、云平台、云存储、媒体云等系列云计算产品和解决方案，并宣告与英特尔集成电路公司、IBM等300多家合作伙伴携手打造共赢的云计算产业链。华为已将云计算列为未来十年的核心战略，并对云计算的投入"不设上限"。

在企业业务方面，华为收购了赛门铁克公司，以其存储和安全产品迅速补齐华为企业业务云计算产品线；高薪招揽大批IBM、思科、惠普公司等知名公司的高级主管，以提升企业业务的战斗力。

华为高层中很大一部分人都赞同双管齐下。在2012年巴塞罗那世界移动通信大会期间，余承东高调张扬"华为要做电子商务"，同年3月，华为商城便正式对外营业。同年6月，华为终端公司的电子商务部悄然成立，更是意味深长。

2013年4月初，在被南美洲某运营商老大用私人飞机接到庄园，品尝烤肉和各式水果之后，吹着安第斯山脉凛冽、刚硬的风，任正非做大电商的念头继续发酵着。他从南美洲回来时，恰逢一年一度的华为终端战略研讨会召开。在这次会议上，任正非毫不客气地说："你们太僵化了。"他说，2010年之前他一直赞同终端去做所谓的渠道，但实践证明做渠道一家家去谈，成本太高，因此应该发展低成本的电商。"我们优先发展低成本的网络模式，改变格局。我看可以大胆地干。"任正非还说，"电商做好了以后，我们的酒也在这上面卖，我们将来从阿根廷买回来的牛肉也可以在网上卖。我们的货物是真的，我控制货物质量。北京京东世纪贸易有限公司（以下简称"京东"）、淘宝网都管不住质量。我们有货源，全球140多个国家，从每个国家买个好东西放到电商上销售,华为公司的零部件将来都可以拿到网上去卖。"

任正非为华为电商的发展定了基调。5月定调之后,华为电商开始酝酿一系列大动作,任正非甚至把目标指向淘宝、京东,这听着的确太魔幻,跨度太大。但如果外界全部了解华为在电商领域一年来的变化,也许就不会那么吃惊了,真有那么点靠谱。

很快,人们就看到,向来习惯"踏踏实实修万里长城"的华为正借着云计算大潮变得更加开放,更加亲民。2013年8月3日,华为发布了"云服务"平台、首款云手机Vision(远见)和Android 3.2平板电脑MediaPad。发力终端,华为有自己的王牌——基于独特运营商网络优势而制定的"云管端"(云端、网络"管道"、终端)一体化战略。任正非对华为终端有明确指示:终端将是华为"云管端"战略的重要组成部分;华为终端要成为这个领域重要的玩家;到2013年,销售要超过100亿美元。

当然,在"移动互联网+云计算"这一新的角力场,华为将不得不直面与苹果、三星等主流终端厂商的竞争。显然,作为新手,华为终端无论是在品牌、渠道还是销售模式的转型方面,仍面临着诸多挑战;而对于惯穿"西装+领带"的电信巨人来说,想要换一身"牛仔+T恤"以拉近与消费者的距离,也绝非那么轻松。

前几年手机市场的兴衰沉浮,跟背后与芯片厂商的博弈有很大关系。而华为很早就意识到了这种处境的危险。华为最早做数据卡,要用到高通公司的基带解决方案。为了制衡华为,高通公司同时也在扶持中兴。由于高通公司供货不及时,极大地制约了华为的供货,华为终于成立了华为海思半导体技术公司,做芯片研发。

到了智能手机时代,华为坚定地选择了在高端机型上全部使用华为海思半导体技术公司芯片,为了扶持它,华为终端已为此付出过代价。

2012年,在巴塞罗那世界移动通信大会上,华为推出了当年的高端机型Ascend D1,这是世界上第一款正式发布的四核手机,此款手机芯片使用的就是华为海思半导体技术公司四核处理器K3V2。余承东曾

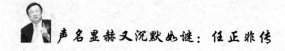

经希望靠这款机器一举树立华为手机在高端市场的地位，但最终事与愿违。这款芯片不但因为 GPU 的问题导致游戏兼容性差，更重要的是工艺不成熟导致的发热和高功耗。不过，它在华为终端历史上的意义是：帮助华为摸索到了高端机型整合芯片的经验。

之后，华为 P 系列和 Mate 系列依然使用了华为海思半导体技术公司的芯片，直到 Mate8 使用的麒麟 950，已经突破了高通公司的封锁，在性能上完全可以与之相媲美。芯片领域的突破，无疑能为华为在手机领域进一步突破提供更大空间。

余承东多次在内部放话："在我手里，华为终端要么做没了，要么做上去，没有第三条路。"他几乎拼尽全力才在终端站稳脚跟。

当然，这还要归功于华为上海研发基地的几千名研发工程师，以及华为大平台的运作体系。更为重要的是，华为不再做埋在沙子里的鸵鸟，终于向外界开放了。在巴塞罗那世界移动通信大会期间，从下飞机那一刻开始，扑面而来的就是华为的广告轰炸，灯箱、海报、报纸、杂志……华为品牌年就是从这里起航的。随后，从华为终端体验店在北京西单开张，到公司高管陆续开通微博，华为大张旗鼓地宣传华为。无论是刊登在路边的小广告，还是遍及地铁、机场、意大利超级杯赛场等各大城市的时尚地标和核心商圈的形象广告，都显示出从运营商幕后来到大众消费者面前的华为，越来越随意和张扬。

第十章 保持节奏

企业发展犹如登山,在这个枯燥的过程中,最重要的是保持一个良好的节奏,让每一个人和整个团队找到最有效地发挥自身能量的前进步调。通常,当最后的目标若隐若现时,人们会急于求成。任正非警示说,在重要任务和硬期限的压力下,那些自控能力强、情绪稳定的人表现得更优秀,或者说,他们更懂得节奏的控制,直到取得最后胜利。

一、"喜羊羊"的故事

华为的开放之路一经起航,便坚定不移地走了下去。2013年1月21日,华为CFO孟晚舟首次公开露面并接受媒体采访,向外界介绍华为2012年的业绩状况,并解答了一些外界想知道的华为秘密。这是任正非允许华为高管对媒体自由发声、对外开放的一种表现。在这次访谈中,有人问了一个备受外界关注的话题——华为的股份制和华为到底有没有上市的打算?

孟晚舟解答说:"个人认为,如果华为上市,对华为的开放透明肯定是好的,但是华为上市存在一个天然障碍,中国相关法规规定上市公司最多只能有200个股东,但是华为超过6万名员工持股。对于上不上市,近期还没有进入到我们的议程中。"关于华为的股份制,她也做了简短的解释:我个人认为华为的员工持股是激励方式。华为在1987年创办时只有2万多元,一无所有,如果没有员工持股机制,华为是发展不到今天的。华为就是一个合伙制的公司，只不过"伙"多了点，它解决了公司发展中"力出一孔（聚焦、合力），利出一孔"的问题。

或许，"力出一孔，利出一孔"正是华为成功的最大秘密。任正非是这样阐述的："水和空气是世界上最温柔的东西，因此人们常常赞美水性、轻风。但大家又都知道，同样是温柔的东西，火箭是空气推动的，火箭燃烧后的高速气体，通过一个叫拉法尔喷管的小孔，扩散出来的气流，产生巨大的推力，可以把人类推向宇宙。像美人一样的水，一旦在高压下从一个小孔中喷出来，就可以用于切割钢板。可见力出一孔，其威力之大。华为是平凡的，我们的员工也是平凡的。过去我们的考核，由于重共性而轻个性，不注意拉开适当的差距，挫伤了一部分努力创造的人，有许多优秀人才也流失了。但剩下我们这些平凡的15万人，25年聚焦在一个目标上持续奋斗，从来没有动摇过，就如同从一个孔里喷出来的水，产生了今天这么大的成就。这就是力出一孔的威力。我们聚焦战略，就是要提高华为在某一方面的世界竞争力，也从而证明不需要什么背景，也可以进入世界强手之列。"如果华为能坚持"力出一孔，利出一孔"，下一个倒下的就不会是华为。

华为的人人股份制体现的正是"聚焦战略"。任正非曾公开把他实施"人人股份制"等具有开创性的一些重要举措归结于他的父母。他说："我创建公司时设计了员工持股制度，当时我还不懂期权制度，仅凭自己过去的人生挫折，感悟到与员工分担责任，分享利益。华为创立之初，我与父亲相商过这种做法，结果得到他的大力支持。"更确切地说，他设计这个制度是受到了父母不自私、节俭、忍耐与慈爱的影响。

有评论说：华为的成功，许多人将原因归结于中国政府的支持，实际上，最支持任正非的是15万华为员工。因为任正非用了中国企业中史无前例的奖酬分红制度，98.6%的股票都归员工所有，任正非本人所持有的股票仅占1.4%，造就了华为式管理的向心力。员工一旦离职，股票可以马上兑现，股份该得多少，马上把现金给他。哪怕是几千万元现金，任正非眼睛也不眨一下。但是，员工离开公司后，就不能再继续持有华为股份。华为股份只给那些为华为效力的人。这样一种体制的设计，是全球独有的。

2010年前后，曾有传言说，任正非有意扶持儿子任平接班，准备拿出10亿送走20多年的合作伙伴孙亚芳。对此，任正非在《我们要习惯在谣言中发展》一文中调侃道："这是个娃哈哈的问题，媒体现在很沉闷，如果不哈哈，大家很压抑，没有愚人节，就开了个大玩笑。"他强调说，华为从创立开始以及此后公司的股权结构设置，已经注定了一开始就是走"去家族化"的道路。

有一次，四通集团公司联合创始人段永基造访华为，与任正非谈及华为股份制问题，段永基问道："你自己只有1.4%的股份，有一天别人可能联合起来把你推翻，将你赶走，你怎么办？"任正非回答说："如果他们能够联合起来把我赶走，我认为这恰恰是企业成熟的表现。如果有一天他们不需要我了，联合起来推翻我，我认为是好事。"

还有人问："你在华为主要干什么？"任正非回答两个字："分钱。"他后来又补充道，华为人为什么愿意这么玩命干？就是因为"分赃分得好"！他提出要学索马里海盗，科学地解决合理"分赃"的问题。

任正非对"分赃"的另一种说法是"利出一孔"，意思是只有一个获利的孔道、途径。"我们的EMT宣言，就是表明我们从最高层到所有骨干层的全部收入，只能来源于华为的工资、奖励、分红及其他，不允许有其他额外的收入。从组织上、制度上，堵住了从最高层到执行层的个人谋私利，通过关联交易的孔，掏空集体利益的行为。20多年来我们基本是利出一孔的，形成了15万员工的团结奋斗。"一方面是他"开放、妥协、灰度"的管理哲学，将一批批"秀才"造就成具有同一价值观和统一意志的"战士"，同时又避免将"战士"扭曲成"奴才"。而作为掌舵者的任正非，"理想精神与危机意识"相混合的思维定势，就是他的鲜明特质，在激荡和平衡中自然实现了"辩证法的胜利"。

根据《财富》杂志的报告，作为一家百分之百的民营企业，世界500强企业中唯一一家非上市的公司，华为在2013年营收达到349亿美元,超过爱立信的 336 亿美元,成为全球通信产业龙头企业。华为的营业收入 7 成来自海外,比联想集团的 4.2 成还要高。它在 150 多个国家中拥有 500 多名客户,超过 20 亿人每天使用华为的设备通信,也就是说,全世界有约 1/3 的人口在使用华为的服务。即使在 4G 技术领先的欧洲,华为也有过半的市场占有率。它的技术研发能力也超越了一般人对中国企业的想象。华为拥有 3 万项专利技术,其中有 4 成是国际标准组织或欧美国家的专利。

但是,这么强大的一个企业,为什么偏偏就不上市呢?

在任正非眼中,搞金融的人光靠数字游戏就能赚进大笔财富,真正卷起袖子苦干的人却只能赚取微薄的工资,这是全世界最不合理的事。所以他坚决不让华为上市,而是选择与员工分享利润。当然,华为也有困难的时候,但因为不是上市公司,不需要面对大众和媒体的拷问,自己扛过去了,就会有云开雾散的时候。而上市公司的股民希望的是企业永远高速度发展,只要出现困难,就会干掉创始人,找人来负责,最后的结果只会是一个公司快速垮掉。

任正非曾给员工讲过"喜羊羊"的故事:青青的草原上有一群羊,其中有一些特别懒惰和贪吃的羊,每天吃饱后就不愿再奔跑,所以有很多时间可以用来睡懒觉,于是越来越肥,渐渐变成了喜羊羊,总是一副"举重若轻"的样子。当狼来了,它们想跑也跑不动了,只能沦为狼的美餐。华为的 15 万员工是 15 万只羊,如果没有狼追赶,羊早就死掉了,有群狼环绕,才逼着 15 万只羊紧紧拥抱在一起。如果没有强大的凝聚力,没有强烈的生存意识,没有天敌,这个羊群就会分裂。因此,华为要避免变成喜羊羊。

在美国纽约一家著名俱乐部的一次午餐会上,任正非与 10 多位美国顶尖的商界人士会面,其中包括 AIG(美国国际集团)前董事长格林伯格、美国私募基金 AEA 公司董事长文森特·梅等知名人士。当有人问及"华为为什么不上市"时,任正非答道:"猪养得太肥了,连哼哼声都没了。科技企业是靠人才推动的,公司过早上市,就会有一批人变成百万富翁、千万富翁,他们的工作激情就会衰退,这对华为不是好事,对员工本人也不见得是好事,华为会因此增长缓慢,乃至于涣散。"

任正非倡导"高层要有使命感,中层要有危机感,基层要有饥饿感"。所谓"小富快跑,暴富跌倒",不管是中国的还是西方的同行业公司,不少是上市前生气勃勃,上市后不到两年,公司就开始动荡,"暴富"起来的个人要么变得不求进取,要么被竞争对手挖墙角,更严重的是卖掉股票后,从公司挖走一批人才,自立山头,成为公司的竞争对手,甚至成为可怕的敌对者。很显然,这是一种有重大缺陷的人力资源管理制度。

"不上市,就可能称霸世界!"任正非私底下这么说。这句话至少包含三层意思。一是团队的战斗精神。过多的"馅饼"会腐蚀一个人、一个组织的活力,会败坏团队的"精气神",这是最可怕的"肌体坏死症";不上市,有国际业界标准的薪酬待遇,每年还有可观的奖金和相对稳定的分红,"既对团队有利益的吸引,同时又可保持斗志",这一点至少在华为实现了成功的平衡。

二是决策的可控性。以华为如此分散的股权结构,任何一家资本投资者都可以轻而易举地形成相对控制权。但当以短期逐利为本性的金融资本左右华为的发展格局时,华为就离垮台不远了。

三是华为人的目标追求。华为能走到今天,并超越一些西方巨头,成为一家极具竞争力的国际公司,就是因为华为总是"谋定而图远",以十年为目标来规划公司的未来,而不像其他业界同行,总是被资本市场的短期波动牵着鼻子走。资本是最没有温度的动物,也是最没有耐心的魔兽。"资本市场都是贪婪的,从某种程度上说,不上市成就了华为的成功。"

举例而言,当摩托罗拉投资 50 亿美元的"铱星计划"失败后,资本市场用脚投票,使摩托罗拉从此走向了衰败;而华为曾经在 3G 产品上投资接近 60 亿元人民币,很长时期颗粒无收(或"狸猫换太子"把 3G 产品当成 2G 卖),任正非又力排众议,不允许研发小灵通产品……

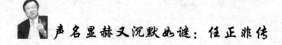

声名显赫又沉默如谜：任正非传

假如当时华为是上市公司，资本大鳄们将有何举措？结论不言自明，也许任正非早就下台了，也许华为早就衰亡了……

在 2013 年 4 月的股东代表大会上，任正非对媒体记者重申：在今后的 5～8 年内，甚至更长时间，华为不会考虑上市，也不会进行任何的资本运营，包括收购与兼并等。

任正非强调说：

我们要理解做出大贡献的员工，通过分享制，要比别人拿到手的多一些，或多得多。工作努力的一般员工的薪酬也应比社会高 20%～30%，当然工作效率也要高 20%～30%。我们要注意优秀种子的发现，以及给予他们成长的机会。

在互联网时代，学习能力很重要，只要自己多努力，多践行，努力奋斗的人，总会进步快一些，我们要创造一些机会让他去艰苦地区、艰苦岗位、艰难的项目去放射光芒。那些在安逸小窝中的小鸟，终归不能成为鲲鹏。

……

前期的成功，也许会使我们自信心膨胀。这种膨胀不合乎我们的真实情况与需求。我们还不知道未来的信息社会是什么样子，又怎么知道我们能领导主潮流。我们从包着白头巾，走出青纱帐，不过二十几年，知道全球化也只是近几年的事。我们要清醒地认识到，我们还担不起世界领袖的担子，任重而道远！虽然聚焦不一定能引领主潮流，但发散肯定不行。

二、华为要拥有全世界

不论华为方面如何解释，华为的不上市，仍被很多人认为是"不适时宜""封闭保守"，说任正非根本不懂资本运作，极大地限制了华为

第十章 | 保持节奏

的兼并扩张。然而，历史上很多大公司包括上市公司都是在非常成功之后走向大衰退的。全球化进程的加快，导致许多上市公司在小憩打盹、思考犹豫的时候，就被淘汰出局，曾经辉煌的西门子、摩托罗拉、松下等财团的衰退，无不说明全球化的残酷与"公正"。上市只能让企业成长得更快，但并不能保证它活得久。

任正非选择的道路是通过自身的资金积累或是融资，稳扎稳打，将自己的根底坐牢，一步步超越对手而不是吞并。因为那些能被吞并的企业并不是华为真正需要的，不会给华为带来新的活力。保持一个合理的扩张节奏，会使华为比其他公司走得更远、活得更长久。

不上市而称霸世界，这条务实之路艰巨而漫长。华为进入国际市场的10多年里，遭遇过层层阻击——政治的、商业的、文化的、技术的……

在美国，思科起诉华为那场灾难性的危机及扭转危机的过程中，华为已经学到了很多。持续近两年的诉讼，华为经历了法庭最为严厉的审查，几乎每一个毛孔都被放大镜照了个遍。自此以后，华为进入欧美尤其是美国市场，都要经历西方客户甚至政府机构的轮番"拷问"。

2012年10月10日，美国国会众议院情报委员会公布对华为的调查报告，报告中明确表述称，美国应该以怀疑的目光审查中国电信公司在美国电信市场的持续渗透，不管是政府还是私营部门，都不应该与华为合作，同时被怀疑的对象还有华为的老对手——中兴。

这次调查先后历时一年，但即使用了如此之久的时间查证，美国最终还是选择了"怀疑"华为。当然，美国人怀疑的不是华为的技术，恰恰相反，或许正是华为的技术让他们开始感觉害怕，所以无往不利的"危害国家安全"这个借口便被搬了出来，他们担心华为生产的设备会被用来从事不利于美国的间谍活动。

报告如此撰文："考虑到华为和中兴对于美国国家安全利益造成的威胁，美国外国投资委员会必须禁止涉及华为、中兴的并购、收购和兼并交易……美国政府系统，特别是敏感系统，不应该使用华为或中兴的设备以及零部件。"

此外，报告还强烈建议美国的网络提供商或系统开发商为他们的项目寻求另外的合作厂商，因为华为会对美国和他们的系统构成安全威胁。他们的建议甚至考虑到了立法层面。

报告一出，各方迅速反应，媒体争相报道，看热闹者有之，乐见其成者有之。

《60分钟时事杂志》在刊物上发表了对华为的观点。文章中提到，一个美国小镇的网络公司经理认为购买华为设备让乡村的网络速度变快，但不久之后两位特工就找上门来，要求他换一家供应商。

各方都伸长了脖子，想看一看任正非和他的华为会有什么反应。但任正非的反应很平淡，没有对此事做过多的评价，只是表示"美国的障碍很正常……"同时，他也不想就此远离美国市场。

一位国内政府部门的领导问任正非："华为进入国际市场有些什么经验，能否向别的企业介绍一下？"任正非答道："只有一条，就是遵守法律。一定要遵守对方国家的法律、联合国的法律……同时视美国国内法为国际法，因为美国太强大了，它可以依美国国内法在任何地方打击你。中国法制不健全，或者执行太灵活、无规则，使中国一些企业没有形成严格的管理。它们以为在国际市场上也可以浑水摸鱼，结果使自己陷入苦难。"

任正非告诫公司高层，不能让对手给华为下定论。商局是活的，就怕指挥者的头脑是僵化的。华为要想不被别人定义为"神秘的黑寡妇"和"鲁莽的角斗士"，就得全面走向开放。尽管华为自认为过去是开放的，正因为走了开放之路才有了发展，但别人仍然指责华为"封闭""另类"，说明华为的开放还是不够充分，所以华为还要更加开放。任正非打了个比喻：人家热情邀请你去做客，结果你却到人家客厅里脱鞋、挠脚丫子，势必会引起主人的厌恶和排斥。华为绝不做这样的无礼者，我们要以更开放的姿态向别人证明：华为是按照国际规则做事的。

那么，那华为能否走出"强则霸""大则傲"的历史性陷阱呢？在

第十章 保持节奏

一次高级干部会议上，任正非以极其冷峻的口吻告诫大家：任何强者都是在均衡中产生的。我们可以强大到不能再强大，但是，如果一个朋友都没有，我们能维持下去吗？显然不能。我们为什么要打倒别人，独自称霸世界？想要把别人消灭、独霸世界的成吉思汗和希特勒，最后都灭亡了。华为如果想独自称霸世界，最终也是要灭亡的。我们为什么不把大家团结起来，与强手合作呢？我们不要有狭隘的观点，想着去消灭谁。我们和强者要有竞争，也要有合作，只要有益于我们就行了。任正非在此强调的是，"拥有"比"消灭"更有利，不做"神秘的黑寡妇"。

由于美国以安全为借口对中国的电信设备企业设立屏障，华为一直未能进入庞大的美国无线市场。2013年11月，任正非的一篇内部讲话稿遭到曝光，在这份内部讲话中，任正非对于华为一直受阻的美国市场放出了豪言："总有一天我们会反攻进入美国的，什么叫潇洒走一回？光荣走进美国。"

任正非的这次发言被整理成讲话稿，群发给了所有华为员工。讲话中最为重要的一点，是任正非提出华为"要敢于打破自己的优势，形成新的优势"。他认为，华为过去在市场上走的是从下往上攻的路线，除了质优价低，没有别的方法。如果不能打破华为的传统优势，别人早晚也会来打破。他还提出，华为要学会给盟友分蛋糕。针对美国市场，他已经采取了慢慢渗透的策略。

在英国，2012年奥运会前夕，华为决定免费为伦敦地下铁路系统安装移动电话网络，涉及金额5 000万英镑。但华为的热脸贴了个大大的冷屁股。这个提议被伦敦市政府以武断的语气拒绝了。依然是文化差异，英国人的冷战思维固然让人生厌，但是，华为的唐突之举也未免让人心生疑窦。在没有建立起完全互信的关系，而且在缺少前期铺垫的情况下，这种事还是少做为妙，否则，被人打脸并且打肿，即使回头去看病，大夫诊断结论也必定是自己的自虐行为。不过，华为后来得以亡羊补牢——光明正大地联手Eurosport（欧洲体育）电视台，让华为广告和三星等一起轰炸了奥运欧洲荧屏，总算扳回一局。

在南非，华为差不多有十年时间没有做过大单，但任正非对南非始终保持高度关注并充满信心。功夫不负有心人，2013年，南非铁路集团客运服务公司（PRASA）终于与华为签约，采用华为先进的GSM-R移动通信系统和基础承载网络为其提供无线语音和数据服务。华为协助PRASA公司在开普敦、德班和豪登省境内，全长1 200公里路网沿线部署撒哈拉以南非洲地区的第一套GSMR移动通信系统。该项目建设不但将提升该区域铁路的运输效率，而且对南非及周边国家后续的铁路系统规划和建设具有重要指导意义。

印度与中国市场非常类似，人口众多，专利门槛不高，渠道分散，智能手机普及率仅占一成左右，互联网产业发展百废待兴，因此，不管是拓展市场还是缓解库存，以高性价比著称的华为手机在这里都有施展拳脚的空间。

任正非是一个"先知先觉、思维深邃"的智者，每一次寒冬到来的同时也带来全新的发展机遇。现在华为每天都有至少2 000人在天上飞。如果一架飞机上坐着一个华为员工，那么全世界有2 000架飞机上都有华为员工，所以只要坐飞机，特别是跨国航班，一般都能遇见华为人。任正非的全球布局就是通过他们的奔劳去完成的，伟大的事业就是通过一天天的奋斗、一点点的进步去实现的。到2014年底，华为的产品和服务遍及170多个国家，服务于全球约1/3人口，其全球智能手机出货量位列第三，在美国、德国、瑞典、俄罗斯、印度及国内设立了16个研发中心。消费者业务是华为三大业务之一，产品全面覆盖手机、移动宽带和家庭终端。基于华为20多年通信行业的深厚沉淀，凭借自身的全球化网络优势、全球化运营能力和全球化合作伙伴，华为消费者业务致力于将最新的科技带给消费者，让世界各地更多的人享受到技术进步的喜悦，以行践言，实现梦想。

2015年初，华为终端官方公众号"华为终情"发布了任正非在2015年市场工作会议上的讲话。任正非在讲话中表示，华为全体员工要清醒地认识到，目前华为还担不起世界领袖的担子。"要明白我们不是万能的,大象踩死一只蚂蚁,是必然可能的,没有什么稀奇的。在主航道外,争做鸡头的方法是不好的。"

任正非想在电商模式上多作点文章,他没有把线上渠道仅仅当成一个线下渠道的补充,而是做了特别规划,比如把传统渠道与电商销售的手机截然分开,甚至让一款新推出的主流手机,先在电商上销售,传统渠道完全没有铺货。这样做有两个好处:一是可以看出华为对电商的重视和培养,二是有目的地避免传统渠道与电商渠道的"打架",避免造成价格体系混乱。最具人气的手机华为荣耀四核在电商上的销售非常火爆,最高一天订货达到5万台。

电商成立不到一年,已经盈利。华为电商的试水非常符合任正非对终端发展的预期,甚至让他对互联网销售有了切实的感觉和更大的设想,包括卖阿根廷牛肉。华为在全球150多个国家经营多年的人脉,可以利用起来。据一位从巴西回来的朋友称,巴西当地人把中国人分为三类:一是早期移民,二是华为人,三是近年来的旅游者。由此可见,华为在全球各地的扎根之深。

在2014年上海订货会期间,任正非对华为终端的渠道发展形成了因地制宜发展渠道的核心思路,即以尽量少的编制,优先发展低成本渠道,达到最大化的销售覆盖。在以开放市场为主的国家中,华为将通过加强与大零售、大国包的合作,实现快速和高效的渠道覆盖;而对有电商基础和发展潜力的区域,则会采取优先发展电商模式。先做好手机电商,打开互联网销售通道,进而依托全球150多个国家的货源,玩一把大的。谋划一个华为电商梦,这就是任正非正在下的另一盘棋。

三、基业常青的秘诀

华为在任正非的带领下,实现了一个又一个的目标,如今的电商梦又会如何收场呢?我们拭目以待。不得不承认的是,华为历经二十几年的发展，获得了今天的地位，依靠的是技术创新能力以及海外市场的经营绩效。当过去的通信产业巨擘摩托罗拉、阿尔卡特－朗讯、诺基亚、西门子等都面临衰退危机时，华为却在过去十年间持续成长。

那么，华为基业常青的秘诀是什么呢？

1. 树立理想，愿景驱动

任何一个组织存在的本质，是一群人为了完成一个共同的目标走到了一起。每一个成功的人心底都必然坚守着一种信念、目标和精神支柱。任正非在华为还只有十几个人七八条枪时，就确立了在电信业三分天下的战略目标（或者说是蓝色狂想），他始终在向员工灌输华为是一个有志之人成就梦想的地方，让一帮有文化的人才相信他们不是在华为打工，而是在创立一项了不起的事业。在华为，有舞台让他们展示自己的才能，使他们日夜奋战，自觉加班，不计报酬，甚至不惜累垮身体。

而任正非自己也是"一根筋"，对事业充满着奋斗的激情，为将华为办成世界一流企业而拼命，"不撞南墙不回头"，甚至撞破了头也要"撞个洞"，坚决从陡峭、人迹罕至的地方攀登，向技术的制高点挺进。他知道"开发不是一件容易的事，要做好投入几十个亿，几年不冒泡的准备"，但他仍坚定不移地走下去，从困境中走出一条全新的路来。

华为创立之初，任正非就提出以技术立足，独立自主，决不向跨国巨头低头，为此他"泼金如水"，保证每年把销售收入的10%投入研发中，聚集了大批研发人员，顶着负债和破产的压力，毫不畏惧。在做房地产可以一夜暴富的诱惑下，他仍选择苦行僧一般的活法，以苦修的方式研发产品，让华为活下去，再慢慢长大。电信行业是一个竞争残酷的行业，世界上任何电信公司不是发展，就是灭亡，没有第三条路可走。华为同样如此，没有退路，要生存就得发展。任正非是个"偏执狂"，即使是在华为充满危机的时刻，依然对华为的前景表现出不可救药的乐观，坚守着信念。

目标明确，思路清晰，又有严格的纪律，有灵魂统帅全员的思想，华为自然战无不胜。

2. 团队保持活力，组织结构"均衡发展"

任何一家企业在经过持续的高速发展后，企业的资源就会有几近枯竭之感。如同打仗一样，被消耗掉的东西要得到及时补充，人员疲惫需要休整，以便团队始终保持活力。任正非最初采取的措施是用饿狼替代饱狼，并且效果很好。

但是，当企业发展到一定规模时，饱狼会很多，尤其是华为这样高速发展的科技企业。如果一定要用饿狼替代饱狼，会使人员波动过大，使企业组织不稳定，技术研发出现断层。扩张与效益，团队与个性，控制与活力，过程与结果……这些都是企业管理中既相互对立又相互依存的矛盾，矛盾的哪一方都不可偏废，它们是共同推动企业发展的两股力量。企业组织的主要功效，就是要像拧麻花一样，通过扭力将两股力量扭合在一起。也就是说，企业内部的许多矛盾都可以通过组织结构变革来解决。

为此，华为先后几次进行了治理结构调整，构建起矩阵式管理模式，并形成了干部轮岗制度。干部轮岗采取两种方式：一种是业务轮换，如研发人员去搞中试、生产、服务，使他们真正理解什么叫作商品，才能成为高层资深技术人员，如果没有相关经验，就不能叫资深。因此，"资深"两字就控制了他们，使他们朝这个方向努力。另一种是岗位轮换，让高中级干部的职务发生变动，一是有利于公司管理技巧的传播，形成均衡发展；二是有利于优秀干部快速成长。他们有实践经验，在各个岗位上进步很快，又推动新的员工投入这种循环。

但是，不久，任正非又发现了新的问题：在矩阵式管理模式下，相互平行的部门之间因没有隶属关系而缺少沟通和主动配合，求助者往往得不到及时的援助，公司的共享资源不能发挥最大效益。摩擦增多，内耗加大，庞大机器运转不畅。同时，各部门分工不同、实力有差距，收益（报酬）也有很大差别。组织结构是低效率的运作结构。就像一个桶装水多少取决于最短的一块木板一样，不均衡的地方就是流程的瓶颈。比如，公司初创时期处于饥寒交迫、等米下锅的境地。华为创立初期十分重视研发、营销，以快速适应市场的做法是正确的。活不下去，哪来的科学管理？但是，随着创业初期的过去，这种偏向并没有向科学合理转变，因为晋升到高层的干部多来自研发、营销部门，他们在处理问题、价值评价时，有不自觉的习惯倾向，使强的部门更强，弱的部门更弱。有时，一些高层干部指责计划与预算不准确，成本核算与控制没有进入项目，会计账目的分产品、分层、分区域、分项目的核算做得不好，现金流还达不到先进水平……公司从上到下都重视研发、营销，但不重视理货系统、中央收发系统、出纳系统、订单系统等方面，这些不被重视的系统就是短木板，前面干得再好，后面发不出货，还是等于没干。

针对这些问题，2000年底任正非提出了"均衡发展"的原则。他指出，均衡发展就是抓企业最短的一块木板，基本措施是建立起统一的价值评价体系，统一的考评体系，使人员在内部流动和平衡成为可能。比如有人说搞研发创新很厉害，但创新的价值如何体现，创新必须通过转化成商品，才能产生价值。任正非认为，重视技术、重视营销，这并没有错，但每一个链条都是很重要的。一个用户服务工程师可能要比研发人员的综合处理能力更强一些，如果售后服务体系不给予认同，那么这个体系就永远不是由优秀人才组成的。不是由优秀人才组成的组织，就是高成本的组织。

华为的每个阶段都有不同的治理结构，也就是说，持续的管理变革是团队保持活力，组织结构"均衡发展"的保证。

3. 走正道，努力打造一个有灵魂的企业

企业要活着就得有灵魂，灵魂是企业文化的核心。在华为人的大脑中，文化不是静止的，文化是运动着的，它是经过挖掘、总结、提炼，进而塑造出独具自身特色又充满恒久活力的企业文化，在这个过程中，文化能最大限度地被企业的员工接受，固化下来变成企业的一部分。华为从"床垫文化""狼文化"和"运动文化"中提炼出了核心部分：以客户为中心，以奋斗者为本，长期坚持艰苦奋斗。任正非说："这就是华为超越竞争对手的全部秘密，这就是华为由胜利走向更大胜利的'三个根本保障'。我们提出的'三个根本保障'并非先知先觉，而是对公司以往发展实践的总结。这三个方面，也是个铁三角，有内在联系，而且相互支撑。以客户为中心是长期坚持艰苦奋斗的方向；艰苦奋斗是实现以客户为中心的手段和途径；以奋斗者为本是驱动长期坚持艰苦奋斗的活力源泉，是保持以客户为中心的内在动力。"

4. 结成"生命共同体"，让华为人万众一心

在华为工作，高压力与高薪并存，高薪并非单纯的薪酬高。实际上，华为的基本酬劳与其他同类企业并无太大区别，高薪主要来自于华为给员工配发的股份所产生的分红，华为在过去二十几年里一直保持着人才优势，配股政策功不可没。

首先，任正非"肯给"，有员工一年就拿 120 万元股利，从而诞生出最拼团队。

华为没有上市，而是把 98.6% 的股权开放给员工，任正非作为创始人仅拥有公司 1.4% 的股权。除了不能表决、出售、拥有股票之外，股东可以享受分红与利润。而且每年所赚取的净利，几乎是百分之百分配给股东。

2010 年，华为净利达到 238 亿元人民币，配出了一股人民币 2.98 元的股息。若以一名在华为工作 10 年、绩效优良的资深主管来配股，可达 40 万股，该年光是股利就将近人民币 120 万。这个数字，甚至比许多同类外企的高级经理人还要高。

"我们不像一般领薪水的打工仔，公司营运好不好，到了年底会非常感同身受，"2002 年加入华为的 LTE TDD 产品线副总裁邱恒说，"你拼命的程度，直接反映在薪资收入上。"

以他自己为例，2009 年因为遭遇金融海啸，整体环境不佳，公司成长幅度不如以往，他的底薪不变，分红跟着缩水。隔年，华为的净利创下历史新高，他的分红超过前一年的一倍。

这等于是把公司的利益与员工的个人利益紧紧绑在一起。在华为，

一个外派非洲的基础工程师如果能为公司服务好客户，争取到一张订单，年终获得的配股额度、股利以及年终奖金总额，会比一个坐在办公室但绩效未达标的高级主管还要高。

事实上，即使一个刚刚加入公司的本科毕业生，起薪也比一般企业高，以第一年月薪人民9 000元换算，加上年终奖金，年薪至少人民币15万起。

员工在华为工作2～3年，便具备配股分红资格。在华为有"1+1+1"的说法，也就是工资、奖金、分红比例是相同的。随着年资与绩效增长，分红与奖金的比例将大幅超过工资。这在即使号称重视员工福利的欧美企业都很罕见，而这个源头竟然只是为了三个字："活下去"。

其次，任正非的生存理念是要活大家一起活，始终坚持利益共享。

这与任正非的成长经历有很大关系。出身贵州贫寒家庭的任正非，家中有七个兄弟姊妹，"我们家当时是每餐实行严格分饭制，控制所有人欲望的配给制，保证人人都能活下来。否则，恐怕会有一两个弟妹活不到今天。"任正非回忆，即使是每天辛苦工作十几个小时养活一家人的父母，或是年幼的弟妹，从来都不会多吃一口。

"要活，大家一起活！"这意念从此深植于任正非心中，成为他创业后坚持利益共享的基础。

再次，绑定客户的利益。华为的企业文化中，第一条就是"以客户为中心"。这句话说起来容易，事实上，很多公司嘴上说维护客户的利益，实际上是维护自己的利益，两者经常发生冲突。通信产业会因为技术标准、频率波段不同，衍生出不同的产品，一个电信商可能会为了满足消费者，需要用到三种技术标准，采购三套不同的机台，其中的安装与后续维修费用，甚至高过于购买机台本身。以一个制造商的角度，自然希望客户买更多产品，才能赚取更多的服务费。这个算盘连小学生都会打，但华为走了一个逆向的路：帮客户省钱！华为站在电信商的角度思考，主动研发出把三套标准整合在一个机台的设备，帮客户省下了50%的成本。

第十章 保持节奏

客户省下的钱，可以用于其他投资，研发出更新的产品，从消费者端赚来更多的钱，再回头来跟你合作，双方一起成长。

在许多场合，任正非屡次称赞战国时代李冰修筑的都江堰工程。李冰留下"深淘滩，低作堰"的治堰准则，是都江堰长盛不衰的主要"诀窍"。淘滩是指都江堰飞沙堰一段、内江一段河道要深淘，深淘的标准是古人在河底深处预埋的"卧铁"。岁修淘滩要淘到卧铁为止，才算恰到好处，才能保证灌区用水。低作堰就是说飞沙堰有一定高度，高了进水多，低了进水少，都不合适。古时飞沙堰，是用竹笼卵石堆砌的临时工程；如今已改用混凝土浇筑，以一劳永逸。2000多年前的都江堰至今仍造福人民，可谓泽被千秋，功著万代。任正非在阐释企业核心价值观时，用了这个贴切形象的说法：要深淘滩、低作堰。

华为若想长久生存，就要不断地挖掘内部潜力，降低运作成本，为客户提供更有价值的服务。客户不肯为你的光鲜以及高额的福利多付出一分钱。低作堰，就是节制自己的贪欲，自己留存的利润低一些，多让一些利给客户，以及善待上游供应商。将来的竞争就是一条产业链与另一条产业链的竞争。从上游到下游的产业链的整体强健，是华为的生存之本。

商业活动的基本规律是等价交换，华为员工能够为客户提供及时、准确、优质、低成本的服务，也必然可以获取合理的回报，这些回报有些表现为当期商业利益，有些表现为中长期商业利益，但最终都必须体现在公司的收入、利润、现金流等经营结果上。华为员工因为把自己当成老板，待得越久，领的股份与分红越多，所以大部分人不会为了追求一年两年的短期业绩目标而牺牲客户利益，而是想尽办法服务好客户，让客户愿意长期与华为合作，形成一种正向循环。

"你们脑袋要对着客户，屁股要对着领导"，任正非一再强调这一行为准则。他认为，大部分公司会腐败，就是因为员工把力气花在讨好主管上，而非思考客户需求。因此，他明文禁止上司接受下属招待，就连开车到机场接机，都会被他痛骂一顿："客户才是你的衣食父母，你应该把时间和精力放在客户身上!"淘滩的过程并没有想象的简单,对一些人来说是更痛苦的过程,但华为员工都在朝一个方向努力。

2011年,在日本福岛核灾的恐怖威胁下,华为员工仍然展现了服务到底的精神,不仅没有因为危机而撤离,反而加派人手,在一天内就协助客户,抢通了300多个基站。自愿前往日本协助的员工,需要经过身体与心理素质的筛选,足够强壮的人才会被派到现场。

客户非常惊讶:"别家公司的人都跑掉了,你们为什么还在这里?""只要客户还在,我们就一定在,"当时负责的华为员工回答得理所当然,"反正我们都亲身经历过汶川大地震。"

任正非在1994年底发表过一篇《致新员工书》的讲话稿,20多年来,这篇讲话稿修订了五六次,2015年再次发表,它阐释的主题就是华为共同的价值体系,也是华为基业常青的秘诀之一。

华为的成功不仅仅是它创造了巨大的物质财富,更在于它创造了丰富的精神财富。任正非作为一个精神领袖,解决了企业的战略与目标问题,得以在自己的旗帜下面召集更多的能人志士。他也是一个非常有危机感的企业家,总在想着明天华为就会倒掉。在华为面临困难时,他能够带领大家面对困难;在华为发展较为顺畅时,他能够提醒华为员工可能面临的问题;在电信行业跟随了20多年后,他知道及时要求华为人怎么做好一个领跑者。

2014年,任正非已经跨进70岁的门槛。对于普通中国人来说,"人生七十古来稀,从心所欲不逾矩",意味着含饴弄孙的美好退休岁月,但任正非似乎还没有功成身退之想。

早春的一天,任正非站在桌前,凝视着华为的"芭蕾脚"广告,沉思默想。岁月不饶人啊,不管你是坐着还是站着,岁月都在那个时候,悄悄流逝。他这样感叹,准备对"芭蕾脚"广告词做一次修改。

"芭蕾脚"广告借助美国摄影艺术家亨利·路特威勒的"芭蕾脚"摄影作品,画面是一双跳芭蕾舞的脚,一只是坏脚,累累伤痕,一只包裹在华美的芭蕾舞鞋中。这幅作品构图对比鲜明、充满冲击力,华为人用它作为主题广告,上面配有一句话:我们的人生,痛,并快乐着。广告宣扬的是一种"奋斗、坚持、奉献、快乐"的精神,让人们看到芭蕾舞演员的极致美丽与背后的汗水。

从创办华为那天起,任正非一直如履薄冰,唯恐它过早夭折。为了让华为活下来,他经历了一次又一次的磨砺,一只脚都磨烂了,但只要还有一只脚,他就要坚持走下去,走向辉煌之巅。罗曼·罗兰说过"伟大的背后都是苦难"!如今华为已成业界老大,任正非似乎可以功成身退了。但他还放不下,觉得还有许多未竟的事业需要他继续奋斗,不应该有丝毫的犹豫。

任正非思索良久之后,建议将广告词改为:人们总是崇尚伟大,但当他们真的看到伟大的面目时,却却步了。广告的内涵是延续的,契合华为理念的。任正非反复强调"在大机会时代,千万不要机会主义",华为要有战略耐性,一定要坚持艰苦奋斗的优良传统,坚持自己的战略,坚持自己的价值观,坚持自己已经明晰的道路与方法,稳步地前进。华为凭着一双很烂的脚走向了世界,眼下还要凭借这双烂脚走向未来。

但华为的未来到底是什么样子的呢?任正非说过,华为的未来就是死亡。但这只是一个没有时空定义的概念。任正非希望自己能为华为规划未来,他用27年时间缔造了一个庞大的全球通信帝国,关于接班人的问题几度传闻甚嚣尘上。但他已经决定从家族企业传承的桎梏中解脱出来,淡化子女接班的问题,试图创建一个全新的制度——集体接班人制度。这也可能是对现行的"CEO轮值制度"的升级。他在2015年的一次高管会议上谈到了华为未来的胜利保障,主要有三个要素:

第一,要形成一个坚强、有力的领导集团,但这个核心集团要听得进批评。

第二,要有严格、有序的制度和规则,这个制度与规则是进取的。什么叫规则?就是确定性,以确定性应对不确定性,用规则约束发展的边界。

第三，要拥有一个庞大的、勤劳勇敢的奋斗群体，这个群体的特征是善于学习。

这三个要素在华为是有可能具备的。在未来三五年变革的过程中，华为要坚定不移地基于"面对客户，创造价值"，不断简化管理、优化流程，那么，华为就有可能在这三个要素的基础上，获得更大的成功。

会后，不少媒体又关心起华为的接班人及未来发展问题。任正非拒绝了很多媒体采访，却与福布斯英文网"中国企业的国际愿景"专栏主编杨林进行了一次座谈。杨林最后从任正非的谈话中，提炼出了主题：我们除了胜利，已经无路可走了！

是的，华为现在是行业甚至是中国企业国际化的领头大哥，路带错了，失败的就不只是华为，所以任正非深感重任在肩。他还有梦想：完成全球布局，做业界霸主。所以，这个"体面的小老头"70出头了还在努力。

现在，任正非仍将主攻方向放在欧美。华为15年前就在英国贝辛斯托克设立了欧洲总部，后来又设置了研究所和分公司。

华为英国分公司坐落在伦敦雷丁南橡树路300号。在这里，越来越多的本地人渴望到这个注重研发的信息通信公司工作，无论是华为智能手机的现身，还是电信基础设施的改造，当地人都无法忽视这个巨型跨国公司的存在。据2015年第一季度统计，华为在英国设有15个办公室，共计1 030名员工，按照预测，2017年员工数量将增至1 500人。有意思的是，在华为英国公司中，英国人的比例已达70%～75%。截至2014年，华为通过三个渠道在英国新增7 386个就业岗位。在2012～2014年三年期间，华为对英国经济的贡献为9.56亿英镑，其中包括2.31亿英镑的直接经济贡献、4.35亿英镑的间接贡献以及2.90亿英镑的伴生经济贡献，另外产生约4.11亿英镑的英国税收。

尽管华为在美国市场遇到了关于信任安全方面的阻力，但任正非相信，华为可以帮助欧洲传统制造商和行业与互联网实现对接，欧洲完全有能力引领全球工业的数字化。这也暴露了他在欧洲的商业野心。

第十章　保持节奏

2015年10月21日，正在英国进行国事访问的习近平主席，在任正非的陪同下，参观了华为英国分公司。习近平听取了华为公司在英国发展情况的汇报，肯定了华为积极推动理念创新和组织创新。随后，习近平走进公司展厅，驻足参观机械手和终端产品展示，与发明设计的英国员工亲切交谈，不时询问有关情况。

任正非宣称，华为将耗资数百万英镑投资一个由曼彻斯特大学国家石墨烯研究所牵头的研究项目。该项目将分析石墨烯在信息和通信技术方面的应用。

石墨烯仅有一个原子的厚度，就像是高科技版的保鲜膜，是一种能够导电的透明材料，可以用于手机或平板电脑的玻璃表面，将其变成触摸屏。相对于当前的技术，石墨烯更薄、强度更大、弹性更好，对于柔性智能手表及可折叠成智能手机的平板电脑等未来的电子设备来说，石墨烯是极为理想的材料。2004年在曼彻斯特大学被两名科学家发现之后，石墨烯的问世已经催生了多家独立公司，这些公司都希望挖掘这种材料蕴含的商业价值。

石墨烯比钢铁强韧200倍，被称为"改变未来世界"的新材料。外界认为它在燃料电池、飞机机翼、净水科技，以及更加方便耐用的电池（这一点对华为很重要）等诸多领域将有广泛应用。

早前，手机巨头三星和苹果已经在石墨烯领域展开了激烈竞争，并且愈演愈烈。华为某材料实验室人员也出席了2014中国国际石墨烯产业创新大会，并参加了石墨烯在触摸屏领域的应用主题论坛。

华为和曼彻斯特大学国家石墨烯研究所宣布石墨烯应用为合作项目。新材料作为新兴产业的重要组成，已纳入"十三五"国家战略性发展规划，而石墨烯又将被列为重点发展对象。

任正非十分看好石墨烯。他认为，未来10~20年内将爆发一场技术革命，这个时代将来最大的颠覆事件，是石墨烯时代取代硅时代。因此，华为年报在行业趋势展望的环节着重提及了石墨烯在材料领域的价值。

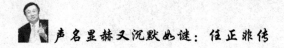

如今，在英国参与投资运营的众多中国企业中，无论是国际化程度、管理运营水平，还是科学研发力度，华为都是一个重量级的企业。近几年，任正非在英国乃至欧洲接连斥巨资布局投资蓝图，愈发显示出他失意美国市场后转战英国的雄心。华为将如何用受伤的脚走下去，令世人瞩目！正如任正非所说："我们还担不起世界领袖的担子，任重而道远。"

每一个时代，都会涌现出一大批英雄人物，而任正非正是我们这个时代的英雄。他经营华为期间所主导的一次次精彩的攻城略地战役、大气磅礴的全球性布局、游刃有余的竞争策略，终使华为成长为最值得国人骄傲的民营企业。他的经营思想，也得到了许多国家和学者的重视和传播。从现实出发，我们在企业管理和经营方面，的确可以以任正非为楷模，以任正非为方向，以任正非为导师。